Burkhard G. Busch

Denken mit dem Bauch

Burkhard G. Busch

Denken mit dem Bauch

Intuitiv das Richtige tun

Kösel

Die Empfehlungen in diesem Buch sind vom Autor sorgfältig geprüft und recherchiert. Dennoch übernehmen Autor und Verlag oder dessen Beauftragte keinerlei Haftung für etwaige Personen-, Sach- oder Vermögensschäden. Alle Namen und Orte der Beispiele und Denkmodelle sind frei erfunden. Jede Ähnlichkeit mit lebenden oder toten Personen wäre unbeabsichtigt und rein zufällig. Die Rechte an dem in diesem Buch enthaltenen psychologischen Testverfahren UII-02/01 liegen beim Autor und beim Kösel-Verlag. Jede widerrechtliche Nutzung des Tests, jede Weiterverwendung, die Übernahme auf jede Form von elektronischen Datenträgern, insbesondere die gewerbliche Nutzung, sind untersagt.

Dieses Werk wurde vermittelt durch die Literarische Agentur
Thomas Schlück GmbH, 30827 Garbsen

Druck und Bindung: Kösel, Kempten
Umschlagmotiv: IFA Bilderteam/tpl
Umschlaggestaltung: Kaselow-Design, München
ISBN 3-466-34447-6

Gedruckt auf umweltfreundlich hergestelltem Werkdruckpapier
(säurefrei und chlorfrei gebleicht)

Für Patty

Inhalt

Vorwort

Wer ein Buch über das »Denken mit dem Bauch« schreibt, kann schnell in den Verdacht geraten, etwas sehr Theoretisches zu tun. Dem ist nicht so. Denn in diesem Buch zählt auch das »Praktische«; der praktische »Nährwert« sozusagen. Wer also wissen will, wie es steht mit dem »Bauchdenken« und welchen Nutzen man aus dem neuen Wissen ziehen kann, hat zum richtigen Buch gegriffen. Denn es ist keines über Neurologie. Es ist auch keines über die medizinische Wissenschaft oder über das, was wir im Bauch anatomisch und neurologisch so alles finden. Es nähert sich diesem Phänomen so, wie es Ihnen zeitlebens vermutlich immer wieder einmal auf die ein oder andere Weise begegnet ist. Und schon sind wir mittendrin im Thema ...

Das Denken mit dem Bauch ist stets da, wir alle haben es in uns, wir alle tun es und stets hat es zwei Seiten. Das Denken mit dem Bauch ist *moralisch gut*; es kann helfen, uns den richtigen (den moralisch wertvollen) Weg zu weisen. Dann wirkt es konstruktiv. Das Denken mit dem Bauch ist *moralisch bedenklich*; es kann uns ebenso dazu verleiten, den weniger moralischen Entscheidungsweg zu wählen. Dann schädigt es uns oder andere und wirkt destruktiv.

Am 11. September 2001 (und weit vor diesem 11. September) entschied eine Gruppe von Menschen muslimischen Glaubens, die wir Terroristen nennen, die Türme von New York zu zerstören und Tausende von Menschen zu töten. Mitte Oktober des Jahres 2001 entschied eine Gruppe von Menschen christlichen Glaubens, die wir Politiker nennen, die Gruppe der Terroristen abzustrafen und Afghanistan zu bombardieren. Beide Entscheidungsprozesse, jener der Terroristen und jener der Politiker, waren reine Bauchentscheidungen – keine rational-kognitiven Entscheidungen. Hätten die »Ratio« (lat. = die Vernunft des Denkens, die Logik) und der »Kognos« (lat. = die Erkenntnis, das kopfmäßige Verstehen eines Zusammenhangs) die Oberhand in den Köpfen der Entscheider gehabt, wäre beides nicht passiert – weder New York noch Afghanistan. Auch das Drama von New York kennzeichnet so auf seine traurige Art ein Stück weit die aktuelle Dimension unseres Themas »Denken mit dem Bauch«.

Wir Menschen neigen offenbar (weltweit und kollektiv) dazu, das Denken mit dem Bauch, das rein archaische Ur-Denken, dem kognitiven Denken vorzuziehen. Und zwar immer dann, wenn's »dicke« kommt – das heißt, wenn es der Sorgen viele gibt und plausible kognitive, rationale Lösungsvarianten knapp sind. Ja, sagen die Wissenschaftler, das sei so. Dass es so ist, hat wohl etwas damit zu tun, dass wir in einer sehr komplexen, unübersichtlichen, mit Sorgen und Nöten gut bestückten Welt leben. Das archaische Ur-Denken mit dem Bauch dominiert (skurrilerweise) in unserer modernen Hightechwelt menschliche, soziale, politische, ökologische und ökonomische Entscheidungen in einer Vielzahl, dass einem angst und bange werden kann. Worauf dieses Bangen gründet, werden wir in diesem Buch noch sehen und nachvollziehen können. Die Forschungen dazu liegen auf dem Tisch und sind in den folgenden Kapiteln weitgehend verarbeitet.

Bauchentscheidungen mögen sich für den Einzelnen positiv auswirken, können aber – sofern sie große soziale oder gar internationale Tragweite haben – auch fatale Folgen zeigen, denn die Entscheider sind entweder Militärs oder Politiker – oder beides. Manchmal entscheiden auch Parlamente oder andere soziale Gruppen aus dem kollektiven »Bauch« heraus und richten damit Schaden an.

Gerade die Deutschen sind gewissermaßen »gebrannte Kinder«, wenn es um solcherlei kollektives Bauchverhalten geht, und können eine Reihe von entsetzlichen Beispielen anführen: von der SA über die NSDAP bis hin zur Kristallnacht, der SS und dem Holocaust und allem anderen folgenden Elend. Und nicht eine einzige aller dieser kollektiven Elendsentscheidungen kam aus rational-klugen Köpfen. Keiner der Köpfe der Nazi-Ära ging mit moralischer Kraft, ethischer Weitsicht und intelligentem Abstand an die Dinge heran. Alle Entscheidungen kamen aus den Bäuchen der unterschiedlichsten Gruppen und Grüppchen. Vielleicht auch deshalb, eben wegen dieser unangenehmen Bauchvergangenheit, war dem Deutschen Bundestag im November 2001 bei seiner Entscheidung, Bundeswehrtruppen in die Afghanistan-Region zu senden, so mulmig und erwuchs aus dieser parlamentarischen Entscheidungssituation ein fast staatskrisenähnlicher Zustand.

Was war der Auslöser? Eine diffuse (unbestimmte, undurchsichtige) Angst des Parlaments. Die Angst, eine unlogische, eine unkognitive Entscheidung zu treffen. Die Angst, nicht alles, aber auch wirklich alles beachtet zu haben, bis hin zu den groß angelegten gesellschaftlichen, moralischen und auch den individuellen Konsequenzen. Was, wenn in den Gazetten beispielsweise die Schlagzeile zu lesen wäre: *Bundeswehrsoldat in Kabul erschossen ...*? Der Auslöser für den staatskrisenähnlichen Zustand war die Angst aller politischen Parteien, der Regierung inklusive, mit ihrer Entscheidung wieder einmal Schaden anzurichten. Dass es sich bei diesen möglicherweise voreiligen, komplexen »Denk-« und »Entscheidungsprozessen« um reines Bauchdenken handeln könnte, ist den betroffenen und beteiligten Entscheidern vermutlich gar nicht bewusst.

Andererseits kann, wie erwähnt, das Denken mit dem Bauch auch überaus Positives bewirken – je nachdem. Jeder kennt das: Eine Entscheidung steht an. Die Kenntnis der Sachlage ist unübersichtlich und schwach. Hilfestellung von außen ist nicht in Sicht. Die Entscheidung drängt. Wir entscheiden dann aus dem Bauch heraus – und zwar hundertprozentig richtig. Und häufig lehnen wir uns nach der richtigen Entscheidung zufrieden zurück und meinen: »Verflixt, da hab ich doch intuitiv richtig entschieden ... so ein Zufall.« Nein, kein Zufall, sondern Bauchdenken.

Zufall, so definiert das Bertelsmann-Lexikon: ... *»ist der Begriff für alles, was nicht notwendigerweise, geplant oder mit Absicht passiert. Zufall ist das meist zeitnahe Zusammentreffen von nicht absehbaren, nicht planbaren Ereignissen. Setzt man die absolute Gültigkeit des Kausalitätsprinzips (Ursache = Wirkung) voraus, das heißt einen umfassenden Weltmechanismus, bei dem nichts eine Wirkung erlangt, ohne Ursache, dann gibt es keine Zufälle.«*

Schau an ... da könnte man doch glatt vermuten, dass der kluge Bauch diese Definition auswendig gelernt hat, denn er hält sich mit bemerkenswerter Sturheit daran. Für das Bauchdenken gibt es keine Zufälle und keine Zufallsentscheidungen – auch wenn das häufig vordergründig zunächst so aussehen mag.

Wie man das Bauchdenken auf eine Weise einsetzt, dass es uns Menschen hilft, die für uns (und andere) eher positiven Entscheidungen vorzubereiten, ist eines unserer Themen im ersten Teil dieses Buches. Wie man das Bauchdenken so einsetzt, dass man nicht dem ungünstigen Ur-Rivalitätsdenken unterliegt, dem rein archaischen Bauchdenken also, wird Thema des zweiten Teils dieses Buches sein. Dem Bauch bei seinen angeblichen Zufallsentscheidungen auf die Schliche zu kommen ist ebenfalls ein Thema. Alles in allem: Es gibt einiges Neues über die Intuition und über das »Denken mit dem Bauch« zu berichten.

Kann man wirklich mit dem Bauch denken? Vielleicht sogar in einer Art denken, wie es der Kopf kann? Könnte man diese Bauchdenkströme etwa sogar konkret messen? Mit einem EEG (ein Gehirnstrommesssystem) oder der C-Tomographie (einem computerunterstützten Messsystem) vielleicht? Wir werden dazu einiges erfahren ... Unser Thema verbiegt keine Wissenschaft und es manipuliert nicht an ihr herum. Auch nicht am Leser. Es ist ein Buch über neurobiologische Wirkungsmechanismen, die zwar bekanntlich auf dem ziemlich »staubtrockenen« Boden der naturwissenschaftlichen Tatsachen stehen – sich allerdings höchst spannend präsentieren werden! Und das Ergebnis dieser angeblich »trockenen«, naturwissenschaftlichen Tatsachen verblüfft: In der Tat, der Bauch kann denken.

Und die aktuellen Forschungen verblüffen noch einmal: Immer wenn es komplex wird, kompliziert, verworren oder aussichtslos – immer dann neigen wir Menschen eher dazu, die Dinge aus dem Bauch heraus zu entscheiden. Je hoffnungsloser die Lebenssituation, umso mehr Bauchentscheidungen – weltweit, wo man auch hinschaut, individuell und kollektiv.

Aber wohlgemerkt! Die Botschaft lautet: Nicht *ich* kann mit dem Bauch denken, sondern der *Bauch* denkt. Er kann so etwas wie Remind-Leistungen (Erinnerungen an Vergangenes) erbringen und in gewisser Hinsicht sogar prognostizieren, zukünftig stattfindende Geschehnisse oder Zustände scheinbar »erahnen«.

Im Wesentlichen allerdings beschränkt er sich auf das Erinnern. Der Bauch greift zurück auf Erfahrungen und beeinflusst damit die Meinungen, Einstellungen und Haltungen in unserem Kopf – manchmal auch zukünftige Meinungen, Einstellungen und Haltungen. Im weitesten Sinne kann der Bauch also tatsächlich »denken«. Dazu müssten wir allerdings den Denkbegriff und die Begriffe emotionale Intelligenz und Handlungsabsicht etwas anders ausleuchten, sie in einem erweiterten Sinne definieren. Das werden wir später tun.

Wir werden uns jedoch von der Vorstellung verabschieden müssen, dass Menschen den Bauch aktiv und planbar denken lassen können, etwa wenn das Gehirn beschädigt ist – das ist reine Fiktion. Kein Schlaganfallpatient beispielsweise, dessen Denkzentrum mehr oder weniger beschädigt ist, könnte dieses Defizit durch Bauchdenken kompensieren.

Wie aber das »Bauchdenken« tatsächlich funktioniert, was es leistet, was es nicht leisten kann, wie wir persönlich davon betroffen sind und wo der praktische Nährwert dieser Erkenntnisse liegt, wird in diesem Buch nachzulesen sein.

Früher dachte ich einmal, dass Autor oder gar Schriftsteller ein Beruf ist, den anzustreben das höchste aller Gefühle sei. Ich stellte mir vor, allein am Meer zu sitzen, mit einer alten Schreibmaschine (so wie ehemals Hemingway), mich von Ideen und Gedanken beflügeln zu lassen, auf das Meer zu schauen und – zu schreiben.

Das war ein fataler Irrtum.

Nach diesem Buch weiß ich: Es gibt kein Meer beim Schreiben, keine Fischerboote, keine Sonnenuntergänge, keine klapprige Schreibmaschine. Es gibt nur Forschungslaboratorien, Kliniken, Institute, Untersuchungsberichte, Analysen, Hightechrechner, einen Haufen Reisekosten, eine Masse von Teamsitzungen und vierzehn Stunden Arbeit am Tag. Von den Papierbergen, die dabei gewälzt werden müssen, mal ganz zu schweigen.

Und von wegen »allein« ... Dieses Buch ist mit der Hilfe von fast sechzig Köpfen entstanden. Das, was meine Kollegen und Helfer in ihren klugen Köpfen erdachten und erforschten, an den Universitäten und Kliniken in den USA oder in Frankreich, in Wien oder in Utrecht, ergab eine Fusion von Wissen – und ergab dieses Buch.

Bei all diesen klugen Köpfen und freundlichen Helfern möchte ich mich herzlich bedanken. Allen voran gilt mein besonderer Dank Prof. Dr. Englebert von der Universität Wien; Prof. Dr. Gaas und seinem Team aus Utrecht in Holland und den Kollegen der Universiteit van Amsterdam Biomedical Centre, Prof. Dr. van de Klaat, Dr. Miriam Hasvoort und Dr. Karla Cornellissen. Großen Dank auch den Kollegen vom Columbia-Presbiterian Medical Center und den Kollegen vom Department of Psychiatry der Columbia University New York. Dank auch meinem Kollegen, dem Psychologen und Therapeuten A. Hölzner und seiner Frau Sylvia, die zeitintensive Recherchen und sehr unübliche Arbeitszeiten aushalten mussten. Dank auch an Jochen Jessen von der Literaturagentur Schlück in Garbsen, der das Buchprojekt von Anfang an betreute. Auch meiner Sekretärin Petra gilt großer Dank für ihre fixe Schreibe und semantische Routine. Last not least Dank auch meiner Lektorin Ulrike Reverey, ohne deren Abstand und ruhige Weitsicht das eine oder andere unklar geblieben wäre.

Burkhard G. Busch
München, im März 2002

1

Neues über die Intuition

Unter Intuition versteht man die Fähigkeit gewisser Leute,
eine Lage in Sekundenschnelle falsch zu beurteilen.

Friedrich Dürrenmatt

Der Frosch und der Skorpion

Unser Thema ist das »Bauchdenken«. Anders ausgedrückt und dem Untertitel folgend: Thema ist die Intuition. Der Begriff »Intuition« stammt aus dem lateinischen Sprachgebrauch. Wenn wir in ein Deutsch-Latein-Wörterbuch schauen, finden wir als Übersetzung die Begriffe »Anschauung« und »Ansicht« über irgendetwas.

Folgen wir der allgemeinen Meinung und der Umgangssprache, erweitert sich die Übersetzung in »unbestimmte innere Eingebung« oder »vages inneres Gefühl«. Fragt man den Bürger auf der Straße nach dem Begriff »Intuition«, erhält man in der Regel nämlich die Antwort: »Das ist eine innere Eingebung, so eine Art Gefühl, keine Ahnung, wo das herkommt.« Schauen wir in ein Lexikon, finden wir wieder die an den lateinischen Sprachgebrauch angelehnte Definition. Im Lexikon ist von der umgangssprachlichen Definition nichts zu finden. In diesem Buch, das wird man schnell bemerken, gehe ich von einer ganz anderen Definition des Begriffs »Intuition« aus als zum Beispiel das angesehene Meyer'sche Lexikon. Dort ist nachzulesen:

»Intuition ist eine Anschauung, eine übersinnliche Schau. Sie beinhaltet die unmittelbare gewisse Erkenntnis von Wesenszusammenhängen. Bei der Intuition kommt es auf den erlebten Inhalt an. Die Intuition kann mittels der Reflexion überdacht werden, sie kann sich aber auch jeder Kontrolle und Kritik entziehen. Sie dient häufig zur Begründung metaphysischer Aussagen. Sie kann Gewissheit eines Übernatürlichen, eines Irrationalen sein. In der Intuitionsphilosophie geht man davon aus, dass jede Intuition den gegebenen Moralvorstellungen folgt und die sittlichen und ethischen Werte Bestandteil der Intuition sind.«

Auch andere Nachschlagewerke (und die Philosophie) gehen davon aus, dass Intuition etwas mit Gefühl und Moral zu tun hat. So weit die Informationen aus den Lexika ... doch nirgendwo steht dort geschrieben, *wo* wir denn die Intuition finden, wie sie reagiert, was sie bewirken kann – und was nicht. Und moralisch ist sie, die Intuition? Ein paar hundert meiner Kollegen und ich haben da eher massive Zweifel ob der Moralqualitäten menschlicher Intuition. Wir werden sehen, dass der eine oder andere Merksatz aus den Lexika mit der Definition von »Intuition« aus Sicht der Neuropsychologie nicht ganz so gut zusammenpasst. Das liegt daran, dass die Lexika ausschließlich von der philosophischen Seite an das Thema »Intuition« herangehen – und wir Neuropsychologen nicht. Uns interessiert die Mikrobiologie, die Biochemie, die Genetik und die Neuropsychologie – und ein wenig die klassische Psychologie, sonst nichts. Daraus resultiert unsere »andere« Definition.

Diese andere Definition ist so interessant, dass ich ihr das erste Kapitel »Der Frosch und der Skorpion« gewidmet habe. Sozusagen als Basis und Sockel für das, was noch kommt.

Was also ist Intuition?

Intuition ist etwas, wie wir inzwischen wissen, was nicht irgendwo in uns herumlungert, sondern sich an ganz überprüfbaren Plätzen aufhält. Im Gehirn und im Bauch nämlich. Dass sie sich auch im Bauch aufhält, wussten die Wissenschaftler lange Zeit nicht. Jahrzehntelang ging man davon aus, dass Intuition etwas ist, was im Großhirn und im Mandelkernbereich des Gehirns abläuft. Dort nämlich, wo die Emotionen und die tiefsten Gefühle bearbeitet werden. Dass Intuition auch im Bauch entsteht und abläuft, ist eine ziemlich neue Erkenntnis. Sie ist so spannend, dass deren Entdecker, eine kleine Hand voll US-Neurobiologen und Neuropsychologen, inzwischen unfreiwillig dafür gesorgt haben, dass das Thema in aller (Wissenschafts-)Munde ist. Inzwischen forschen fast alle medizinischen Hochschulen der USA im Bauch herum, immer auf der Jagd nach der Intuition und ihren genauen Umständen. Die Niederländer sind dabei, gefolgt von Österreich, Großbritannien, Frankreich, Schweden und Israel.

Nur in Deutschland scheint das Thema niemanden sonderlich zu interessieren. Allein das Max-Planck-Institut hat ein gewisses Interesse bekundet. Vielleicht hat dies auch etwas mit der (Un-)Finanzierbarkeit von neurophysiologischer, neuropsychologischer und biogenetischer Forschung in der Bundesrepublik Deutschland zu tun. Wir sind schon noch eine Diaspora, wenn es um wissenschaftliche Forschungsgelder für diese kritischen Arbeitsbereiche geht. Das ist einerseits traurig, andererseits offenbar ein Produkt der Staatlichkeit medizinischer Universitäten und medizinischer Hochschulen, denn dort fließt freies Forschungsgeld nicht gern hin.

Vermutlich liegt es auch daran, dass uns das Dritte Reich so böse mitgespielt hat: Bei allem, was mit Erbsubstanz, Neurologie, Neurobiologie und insbesondere Biogenetik zu tun hat, macht die Industrie einen großen Bogen um die Forschung. Viel zu ungern und viel zu schnell sieht man internationale Schlagzeilen, die nach »Ausleseforschung« oder »Genmanipulation« riechen, noch bevor die Druckerschwärze trocken wäre. In den USA hingegen kann die ambitionierte Alleinerziehende sich per Katalog und mit über 700 Kriterien zur Auswahl ein passendes Spermatom ins Ei einsetzen lassen. Wem das zu mühsam ist, für den gibt's für 55 000 Dollar die Leih-Gebärmutter noch dazu. Das Ganze kann man auch geklont haben.

So liegen sich wahrlich Welten gegenüber, die nicht nur vom endlosen Atlantik getrennt sind. In den USA gehört die Biogenetik zum täglichen Handwerkzeug der Institute. In Deutschland hingegen werden gezüchtete, embryonale Stammzellen schwarz importiert und als einfache Zellproben deklariert. Dass der Ethikrat über die weitere bundesdeutsche Entwicklung dieses so sensiblen Forschungsbereiches nachdenkt und in ein paar Jahren zu einem Ergebnis kommt, ist einerseits sehr verantwortungsvoll, andererseits wird nun woanders geforscht – aber nicht in Deutschland.

In den USA, in Holland, Großbritannien und anderen Ländern wird diese Art kritischer Diagnostik-Forschung (eigentlich die gesamte biogenetische Forschung) größtenteils von der dortigen Pharma-Industrie finanziert. Daraus ergeben sich natürlich neue, manchmal unplanbare oder gar sehr bedenkliche Abhängigkeiten, die wir in Deutschland glücklicherweise so nicht kennen. Das ist ein großer Unabhängigkeitsvorteil. Dafür hinken wir drei bis vier Jahre hinter den Berkeleys und Columbias, den Utrechts und Oxfords hinterher. So hat alles seine zwei Seiten – mindestens.

Die jüngsten amerikanischen, biogenetischen und neurobiologischen Forschungen zum Thema »Intuition« waren jedenfalls so ergiebig, dass es Grund zum Staunen gibt. Wesentliches Ergebnis: Die Intuition sitzt im Bauch. Sozusagen in einem »Nylonstrumpf« (siehe Seite 39, 58 ff.). Und sie kommuniziert mit dem Gehirn. Was es mit dem so genannten »Nylonstrumpf« auf sich hat, werden wir noch sehen.

Der Bauch hat sein Programm

Eine ganz wesentliche Erkenntnis der neuen Intuitionsforschung ist, dass die Intuition nicht frei fliegen kann. Intuition ist nichts Beliebiges, nichts Endloses, nichts wirklich Phantasievolles. Sie ist in so genannten Programmen gefangen. Sie kann nicht einfach entscheiden, wie sie will, auch wenn das manchmal oberflächlich betrachtet so aussehen mag.

Sie ist also nicht frei, unsere Intuition. Sie kann also nicht beliebig entscheiden, die Dinge nicht einfach mal aus einer anderen Warte heraus sehen. Die menschliche Intuition würde vor Gericht wegen »Befangenheit« abgelehnt werden, sagte Boyd Friedman, US-Forscher und wesentlicher Bahnbrecher zu diesem neuen Thema.

Sie ist be- und gefangen durch unsere ganz persönlichen »Programme«. Unter »Programm« versteht man allgemein eine Art von folgerichtigem Ablaufplan von irgendetwas. Computer arbeiten mit Programmen, also mit folgerichtigen Rechenoperationen, die sich ewig wiederholen. Wenn solch ein Programm abstürzt, ist der Computer nicht mehr arbeitsfähig oder er »friert« ein. Dann bewegt sich nicht einmal mehr die Maus.

Auch an anderen Orten finden wir »Programme«: Theaterprogramme, Veranstaltungsprogramme oder politische Programme zum Beispiel. Sie alle haben einen Zweck: Sie bringen Ordnung in etwas, machen dieses »Etwas« berechenbarer, nachvollziehbarer oder überprüfbarer.

Und genau das meint Prof. Boyd Friedman, wenn er sagt, die Intuition sei befangen. Die Intuition eines Menschen sitzt in ihrem ganz persönlichen Ordnungssystem fest wie in einem Programmnetzwerk. Das heißt, sie kann nur in gewissen, vorbestimmten Bahnen intuitiv sein. Sie ist nur sehr begrenzt kreativ und manchmal ziemlich unmoralisch, sagen die Neuropsychologen.

So ist die Intuition eigentlich vergleichbar mit einem armen Kerl, der unschuldig im »Knast« sitzt, lebenslänglich. Der arme Kerl stößt ständig an Grenzen, kommt nicht raus und wird Tag für Tag in ein strenges Programm eingebunden, ob er das will oder nicht. Und er muss tun, was seine Wärter ihm auftragen. Dass er unschuldig ist, interessiert niemanden. Das Urteil ist rechtskräftig. So ähnlich geht es der menschlichen Intuition auch. Sie ist eine Gefangene der genetischen Programme und kommt aus diesem Käfig nie heraus. Sie hat »lebenslänglich«.

Zu Hause, im Bauch, läuft dort das vorbestimmte Intuitions-Bio-Programm ab. Und es gibt keineswegs nur ein einziges. Wir Menschen verfügen über mehrere, unterschiedliche, sich fortwährend wiederholende Intuitionsprogramme. Manche Menschen verfügen sogar über sich widersprechende Programme, wie wir noch sehen werden.

Um einen komplizierten oder komplexen Zusammenhang verständlicher zu machen, greifen Wissenschaftler häufig zu vereinfachten »Modellen«. Und Autoren, die für Märchen zuständig waren (wie Grimm, Andersen, Hauff & Co.) wählten dafür sehr oft »Fabeln« oder »Gleichnisse«. An einer solch uralten Fabel aus Spanien möchte ich das menschliche »Intuitions-Programmphänomen« verdeutlichen.

Die Fabel: Der Frosch und der Skorpion

Es war an einem sonnigen Tag, irgendwo im schönen Andalusien. Da kam ein kleiner Skorpion des Weges. Es war einer von der Art der eingewanderten, nordafrikanischen Skorpione, ziemlich giftig, aber ziemlich klein. Der Skorpion war guter Dinge, denn es war ein herrlicher Tag und die Grillen zirpten und die Käfer krabbelten umher. Manchmal sonnten die Käfer sich auf einem warmen Stein. Das gefiel dem Skorpion ganz besonders, denn so waren sie leichte Beute.

Der Skorpion krabbelte des Weges dahin und sah einen fetten Frosch am Rande eines Baches sitzen. Der Frosch lauerte auf Fliegen.

»Hallo, guten Tag, Frosch …«, sagte der Skorpion freundlich, »Was machst du da …¿«

»Ich lauere auf Fliegen, stör mich nicht …!«, quakte der Frosch und schnappte nach einer Fliege. Die Fliege war schneller und entwischte ihm. Der Frosch sah zum Skorpion hin. Er war etwas böse wegen der verpassten Fliege und quakte den Skorpion an: »Stör mich nicht, sagte ich … was willst du überhaupt¿«

Der Skorpion lächelte freundlich, als wäre nichts gewesen: »Du kannst doch schwimmen, oder¿«

»Quak, quak … pssst, leise, halt den Schnabel … ich fange gerade Fliegen, … ich möchte nicht noch mehr Fliegen verpassen, nur weil du so neugierig bist … ja, ich kann gut schwimmen, aber wieso fragst du das?«, flüsterte der Frosch.

»Na ja, hier ist die Sonne hell, auf dieser Uferseite. Und es ist sehr heiß. Dort drüben, am anderen Ufer, dort im Schatten der Bäume, da gibt es bestimmt viel mehr Fliegen als hier in der Hitze der Mittagssonne, oder?«

»Mag sein … aber halte bitte jetzt den Schnabel … ich muss Fliegen fangen …«

Der Skorpion nickte und meinte: »Ja … ich verstehe … aber es wäre sehr viel besser, wenn du die Fliegen im warmen, feuchten Schatten der Bäume jagen würdest? Du könntest in null Komma nichts satt sein.«

»Im feuchten Schatten?«, fragte der Frosch. Er dachte einen Moment nach und sagte: »Da ist etwas dran …«

Er zog seine lange Zunge ein und sah den kleinen Skorpion an.

»Da ist etwas dran …«, … wiederholte der Frosch und grinste. Er machte sich auf den Weg zur Böschung des Baches. Der kleine Skorpion hüpfte dem Frosch hinterher und rief: »Hee … Frosch … warte … du könntest mich mitnehmen und dort drüben am Ufer des Baches absetzen, falls du die Absicht hättest, hinüberzuschwimmen. Ich helfe dir drüben auch gerne, ein paar Käfer zu fangen, als Lohn für den Fährmann, sozusagen.«

Der Frosch hielt inne, sah sich um und glotzte den Skorpion listig an: »Du musst mich ja für ziemlich dumm halten, Skorpion … Ich bin doch nicht so blöde, dich Skorpion auf meinen Buckel zu nehmen und mit dir an das andere Ufer zu schwimmen. So blöde kann gar niemand sein. Du stichst mich mitten im Bach und dann bin ich tot. Nein, nein, ich nehme dich nicht mit, Skorpion, niemals.«

»El Locco, du Verrückter, was für ein Unfug«, sagte der Skorpion. »Niemals werde ich dich stechen. Und doch schon gar nicht mitten im Bach, du Dummkopf. Dann würde ich doch mit dir untergehen und tot sein. Ich kann doch nicht schwimmen. Denk doch einmal logisch und folgerichtig,

Frosch. Das würde ich doch nie tun, mich selber in eine solch tödliche Gefahr bringen.«

Der Frosch grübelte einen Moment nach, schnappte dabei eine Fliege und dachte logisch und folgerichtig. Dann nickte er. Er kam zu dem Schluss, dass der Skorpion Recht haben musste. Es wäre wirklich ziemlich unlogisch vom Skorpion und wenig folgerichtig, wenn er zustechen würde, um dann jämmerlich zu ertrinken und tot zu sein. So etwas tut wirklich kein vernünftig denkendes Wesen.

»In Ordnung«, sagte der Frosch, »hört sich sehr logisch an, ist sehr vernünftig, was du sagst, Skorpion. Steig auf, ich schwimme gleich los. Es kostet zwei Käfer.«

»Ist in Ordnung, das ist ein guter Preis. Die fange ich dir drüben, am anderen Ufer in Sekunden ...«, sagte der Skorpion. Der Skorpion sprang mit einem Satz auf den Rücken des Frosches. Der hüpfte in den Bach und paddelte los.

»Siehst du«, sagte der Skorpion, »geht doch alles gut. Du musst nur logisch denken.«

Der Frosch nickte zufrieden und paddelte kräftig weiter. Er war gerade in der Mitte des Baches angelangt, als ihm ein furchtbarer Schmerz durch den Rücken fuhr. Er bäumte sich auf und schrie erbärmlich: »Bist du des Wahnsinns? Du hast mich gestochen, Skorpion. Jetzt gehe ich unter und du wirst auch sterben. Wo ist deine Logik geblieben, du dummer Skorpion?«

»Die ist wie weggeflogen, Frosch«, sagte der Skorpion, und stach erneut kräftig zu: »Weißt du, Fröschlein«, lächelte der Skorpion, »die Logik ist gut – aber ich kann sie nicht benutzen ... denn mein ewiges Programm lautet: Ich muss Frösche stechen ... das ist nun mal mein Programm. Also komm mir nicht mit Logik und solcherlei Unfug.«

Diese Geschichte ist über dreihundert Jahre alt. Sie ist recht präzise übersetzt worden und skizziert sehr deutlich, dass es uns Menschen oft nicht anders ergeht als dem Frosch: Wir gehen mit unserem angeblich »klugen« Kopf völlig logisch an eine Sache heran, paddeln kräftig los, sind in der Mitte des Baches und wundern uns wirklich, dass wir gegen alle Logik gestochen werden.

Oder andersherum: Wir entscheiden etwas sozial Verträgliches, Logisches, hüpfen auf den Rücken eines anderen und fügen ihm dann dennoch Schaden zu. Und selbst wenn wir mit ihm untergehen – wir machen ihn fix und fertig.

Das gibt es nicht? O ja … das gibt es jeden Tag. Man muss nicht einmal lange suchen.

Zum Beispiel: Menschen wählen einen Partner oder heiraten, weil sie einer Bauchentscheidung folgen. Wer heiratet, geht (in der Regel) davon aus, dass er ein Leben lang mit dem Partner zusammenbleibt (bleiben möchte). Kein Ehekandidat ist sich im Moment der großen Liebe darüber klar, dass er oder sie rein statistisch vermutlich nach sieben Jahren geschieden ist und vor einem finanziellen, sozialen, psychischen oder gar physischen Desaster steht.

Die Verliebten springen sozusagen auf den Buckel des anderen, weil der Bauch nickt und sagt: »Okay, mit dem kannst du ein Leben lang … « Mitten im Bach stechen sie zu, lügen, betrügen, gehen fremd, wenden sich irgendwie vom anderen ab. Der andere geht unter, ersäuft. Sie ersaufen zwar nicht immer mit, aber manchmal. Von diesem Bauchphänomen lebt ein ganzer Berufsstand: die Scheidungsanwälte, die zuständig sind für die Aufräumarbeiten im schmutzigen Wäschekorb oder aber für das »Fertigmachen« des jeweils anderen – je nachdem, wie der Bauch denkt und entscheidet. Fragt man ein solchermaßen gebeuteltes Scheidungsopfer, wie es ihm geht, kommt die stereotype Antwort: »Danke, jetzt geht es mir viel besser. Der Typ (die Frau) war der größte Irrtum meines Lebens. Ich bin so heilfroh, dass ich ihn/sie los bin.«

Konnten sich die ehemals Liebenden damals nicht logisch entscheiden? Fehlte es ihnen an Informationen? Befanden sie sich im Zustand des temporären, partiellen Irrsinns, als sie heirateten? War ihre Wahrnehmung verzerrt? Konnte man das kommende Desaster nicht absehen?

Ja. Alles zusammen.

Der Bauch hatte seine Intuitionsprogramme befragt, dann entschieden und den Kopf über seine Entscheidung lediglich informiert. Vielleicht hat der Kopf auch mal kurz gegen die Entscheidung rebelliert. Aber der Bauch hat sich durchgesetzt und dem Mandelkern des Kopfhirns ganz klar gesagt, was hier Sache ist, basta.

Besonders gut gefällt mir dazu die Szene in einem TV-Spielfilm: Alle Hochzeitsgäste sind in der Kirche versammelt. Braut und Bräutigam stehen vor dem Altar. Der Pfarrer fragt die göttliche Frage: »Willst du ...«, und so weiter. Und die Braut sagt: »Nein, ich hab's mir gerade anders überlegt ...« Das wäre dann auch eine reine Bauchentscheidung, last minute, sozusagen. Die Eltern, die Gäste, der Pfarrer, alle sind ernstlich erschüttert. Der Brautvater völlig verzweifelt zur Braut: »Mein Gott, Kind, überleg doch mal, was du da tust?« »Ich hab da so 'n komisches Gefühl im Bauch«, sagt die Braut und geht. Sie hat sich halt geweigert, den Skorpion auf dem Buckel ans andere Ufer zu transportieren, weil es da angeblich die besseren Fliegen gibt.

Zugegeben, es gibt auch genügend Beispiele, in denen es gut geht. Aber dieses illustriert ganz wunderbar, wie dramatisch Bauchentscheidungen sein können, zeitlich »unpassend«, ungeachtet aller Konventionen ablaufend.

Zum Schluss der Fabel nennt der Skorpion den Frosch »Fröschlein«. Also war der Skorpion bei der Erfüllung seines Programms gelöst und zufrieden, er lächelte. So ähnlich geht es uns Menschen auch – ist unser Bauchprogramm erfolgreich abgelaufen, sind wir zufrieden.

Und einen Fährpreis haben die beiden vereinbart: zwei Käfer. Wie im wirklichen Leben. Auch wir Menschen zahlen mitunter einen anständigen Preis für das in Aussicht Gestellte bzw. wir erhalten einen solchen Preis. Doch ungeachtet dessen stechen wir zu, sobald unser Programm aktiv wird – Erlass oder Rückerstattung der Kosten ausgeschlossen.

Wenn der Bauch nicht will, kann der Kopf nichts machen

Nicht nur der Skorpion in der Fabel folgt einem fixierten Entscheidungsprogramm, einer übergeordneten »Intuition«, ob er will oder nicht. Auch wir Menschen folgen unseren ganz persönlichen Programmen, die im Wesentlichen in unserer DNA installiert sind. Diese Installationen sind erstens genetisch bedingt und einfach nur ererbt. Zweitens werden die ererbten Installationen in der frühen Kindheit, in der frühen Jugendlichkeit und im jungen Erwachsensein durch unsere Erfahrungen und die Einflüsse von außen ergänzt, manchmal auch ein wenig verändert. Der »Quellcode« allerdings, das Grundmuster des Intuitionsprogramms, bleibt identisch, ein ganzes Leben lang.

So ist unsere »DNA-Festplatte« gewissermaßen schreibgeschützt und nur die zugelassenen Änderungen werden akzeptiert. Und keine Logik der Welt kann uns Menschen dazu bewegen, unseren intuitiven Verhaltens- und Entscheidungsprogrammen kognitiv (logisch, mit dem Kopf) zu widersprechen. Einfach ausgedrückt: Der Kopf kommt letztendlich gegen den Bauch nicht an. Der Kopf kann machen, was er will. Es wird ihm so ohne weiteres nicht gelingen, den listigen, eigensinnigen, schlauen Bauch in seine Schranken zu weisen.

Vielleicht ist das ... nein, hundertprozentig ... ist das der Grund, warum Ernest Hemingway vier Mal geheiratet hat – und alle vier Ehen gingen absolut schief. Denn seine Programme verlangten nach »schief«.

Vielleicht ist das ... nein ... hundertprozentig ... ist das der Grund, warum Menschen ein Leben lang den gleichen Fehler konsequent wiederholen. Wie zum Beispiel eine 44-jährige Freundin von mir, hochintelligent, sensibel, gebildet und von Beruf Psychologin. Sie ist nun zum fünften Mal mit einem Mann zusammen, der säuft und prügelt. Mit zweien dieser Trinker war sie sogar verheiratet. Sie wird den fünften bald verlassen – um sich dann, früher oder später, einen neuen Säufer suchen. Den sechsten, hundertprozentig. Sie folgt ihrem Programm. Das Programm lautet im Groben: »Du musst einen Trinker haben ... Du musst psychisch fertig gemacht sein ... Du musst verlieren ... Leid ist angenehm ... Du brauchst das Leid, um wirklich seelisch entspannt zu sein.« Ich habe ihr einen guten Therapeuten empfohlen, wissend, dass auch der nicht viel ausrichten kann, wenn der Schreibschutz der Festplatte nur gut genug programmiert ist. Und in den genetischen Programmen wird so schnell nichts gelöscht oder neu beschrieben.

Von diesen Intuitionsprogrammen sind unsere Bauchentscheidungen also abhängig. Ob das dem Kopf passt oder nicht, interessiert den Bauch nicht. Ob die Intuition logisch und moralisch richtig ist oder gar moralisch wertvoll, interessiert den Bauch ebenfalls nicht. Das Einzige, was ihn wirklich interessiert, ist, dass der Eigentümer des Bauches (ich selbst nämlich) mitsamt der Intuition dem Programm folgt. Und dass der Eigentümer des Bauches subjektiv keinen Schaden erleidet, dass er überlebt.

Wie bitte? Zeigten die genannten Beispiele etwa nicht, wie sehr Frosch und Mensch Schaden erlitten? Wenn »Schadensfreiheit« tatsächlich das Ziel der Intuition und der Programme ist, warum, zum Kuckuck, wirkt sich dann manche Bauchentscheidung so katastrophal für den Einzelnen aus? Diese Frage ist so spannend, dass wir ihr ganz genau auf den Grund gehen werden, damit wir sehen, wie der Bauch »Schadensfreiheit« eigentlich definiert. Mehr darüber im nächsten Kapitel.

FAZIT

- Wir Menschen folgen in unseren Intuitionen genetisch bedingten Entscheidungsprogrammen.
- Diese Programme sind nicht logisch. Die Programme *müssen* nicht moralisch sein, sie *können* aber moralisch sein.
- Unser intuitives Verhalten bei anstehenden Entscheidungen ist nicht frei, es ist eingegrenzt durch die Programme und durch unsere Lebenserfahrungen.
- Die Lebenserfahrungen wirken in unseren Programmen schwächer als der jeweilige »Quellcode« der Programme. Das jeweilige Programm behält fast immer die Oberhand und kann nur mit allergrößtem Aufwand verändert werden.
- Die Definition von Intuition im neuropsychologischen Sinne ist Welten von der philosophischen Definition entfernt.
- Das bedeutet nicht, dass die Definition der Naturwissenschaftler richtiger ist. Es bedeutet nur, dass es zwei Definitionen gibt.
- In diesem Buch interessiert uns die naturwissenschaftliche Definition.

Das Kribbeln im Bauch

Sie lesen gerade Buchstaben, die sich im Gehirn in einer neuen Gesamtheit formen – dem Wort. Die Worte formen sich zu Sätzen, die Sätze zum Sinn. Was läuft ab, wenn die Gedanken den Worten folgen? Was treiben die Nervenzellen, wenn ein Film so traurig ist, wenn ein Roman uns fesselt oder ein Komiker wirklich komisch ist? Was ist mit uns, wenn wir vor Wut kochen oder uns vor Stress übergeben müssen? Und läuft das nur im Gehirn ab? Oder auch anderswo? Im Bauch vielleicht?

»Aus dem Bauch heraus« zu entscheiden ist inzwischen schon zum geflügelten Wort geworden. Die Dinge aus dem Bauch heraus zu sehen, empfehle ich alle drei Tage meinen Studenten. Und ich meine damit etwas, was uns täglich begleitet, obwohl keiner so genau sagen kann, was damit eigentlich gemeint ist. Vielleicht meinen wir eher eine gewisse, unbestimmte Art von Intuition? Oder meinen wir, aus dem Gefühl heraus zu entscheiden, die Dinge also rein emotional zu sehen? Oder meinen wir mit »Aus dem Bauch heraus ...«, dass wir auf unser körperliches Befinden horchen sollten? Und – dies klang schon im vorangegangenen Kapitel an: Wie steht es mit der Frage nach der Moral, nach Gut und Böse?

Da wir Menschen stets auf der Suche nach moralischen Bewertungen unsere Welt durchforsten, ist diese Frage sehr berechtigt. Ist Bauchdenken moralisch gut? Oder ist Bauchdenken moralisch schlecht? Ist es förderlich? Oder ist es eher hinderlich?

In unserem menschlichen Gehirn arbeiten etwa 500 Billionen Schaltstellen, die so genannten Synapsen. Sie sorgen dafür, dass wir gezielt denken können, die Dinge bewerten, Zusammenhänge lernen und mit der neuen Kenntnis der Zusammenhange folgerichtig (sinnvoll und logisch) entscheiden. Was nicht bedeutet, dass wir das auch immer tun. Die Synapsen sorgen auch dafür, dass wir uns erinnern können – aber nicht alle Erinnerungen gleichzeitig im Kopf auftauchen. Dann nämlich würden wir durch die Erinnerungsüberflutung verrückt werden. Unser Erinnerungsapparat würde ganz einfach zusammenbrechen – und wir mit ihm.

Erinnerungen abspeichern können auch die Milliarden von Körperzellen. Jede unserer Körperzellen hat in seinem Inneren eine Art Gedächtnis, fast so wie im Gehirn. In unseren Genen steckt ein riesiges Reservoir von Programmen, Erinnerungen und Befehlen. Wenn wir dieses Zellgedächtnis sichtbar machen wollten, müsste man in winzigste Dimensionen einsteigen. Würde man ein einziges Zellgedächtnis in der Größe eines Streichholzkopfes sichtbar machen, wäre der dazugehörige Mensch etwa 900 000 Kilometer groß. Eine Entfernung, die so weit wäre, dass der dazugehörige Mensch den Mond wie einen Apfel in der Hand halten könnte. Und doch können diese winzigen Zellgedächtnisse gewissermaßen denken. Zwar nicht jedes für sich, aber alle vereint vollbringen sie geradezu gigantische Denkleistungen. Man kann sich das etwa so vorstellen wie die kollektive Intelligenz eines Ameisenhaufens. Eine einzelne Ameise kann nicht denken. Nicht einmal eine denkähnliche Leistung könnte sie vollbringen. Aber die Summe aller Ameisen eines Haufens ist in der Lage, hochintelligente Sozialsysteme zu organisieren und damit das Überleben der Art zu sichern.

Ein geradezu unglaubliches Beispiel für diese Art von kollektiver Intelligenz lieferten die Frauen in den europäischen Ländern nach dem 1. und 2. Weltkrieg. Da in diesen Kriegen unzählige Männer auf den Schlachtfeldern blieben, fehlten den Gesellschaften (den Ländern) die Männer. Um diesen leer gelaufenen Tank aufzufüllen, gebaren die Frauen nach den Kriegen mehr männliche Kinder als weibliche. In der

Regel verteilt die Natur Männlich-Weiblich-Geburten ziemlich genau im Verhältnis 1:1. Nach den Kriegen veränderte es sich so lange zugunsten der Männer, bis das soziale Defizit aufgefüllt war. Dann kehrte das Verhältnis zum alten 1:1 zurück.

Wir finden dieses kollektive Intelligenzsystem in der gesamten belebten Natur wieder, bei Walen oder Delphinen, bei Ameisen oder Gorillas, bei Bäumen oder Sträuchern, bei Insekten oder Vögeln. Wem es gelingt, die Speichersystematik und die Speicherlogik der Zellen zu entziffern, nach dem dieses System abläuft, ist reif für den Nobelpreis. Wir Menschen haben noch nicht verstanden, wie die Natur an die nötigen Informationen kommt, um so intelligent zu reagieren. Dass sie die Informationen erlangt, ist klar ... aber wie? Der Datenträger der Information allerdings ist bekannt.

Ein eiweißähnliches Molekül mit dem Namen »Soctophobin« ist der Träger dieses »Gedächtnisapparates«. Prof. George Ungar von der Universität in Houston, Texas, entdeckte schon in den frühen 1970er-Jahren dieses Molekül und er kam diesem Stoff eher zufällig auf die Schliche.

Prof. Ungar bearbeitete damals einen ganz anderen Forschungsauftrag, der mit Zelldenken (geschweige denn mit Intuitionsprogrammen) nicht das Geringste zu tun hatte. Er arbeitete für einen Pharmakonzern und sollte herausfinden, ob ein bestimmter chemischer Wirkstoff Depressionen mindern oder gar ganz beheben könnte. Irgendwie kam er nicht so recht weiter. Er hatte schon alle möglichen Versuche mit Ratten angestellt. Durch künstliche Stressoren (Überpopulation, Kälte, Hitze, Licht, Lärm, Futterentzug usw. ...) wurden die Ratten in die Depression getrieben – und dann mit den verschiedensten chemischen Mitteln geimpft. Doch die Tiere blieben depressiv – die Versuche brachten keine brauchbaren Ergebnisse. Ungar wusste jedoch, dass depressive Säuger, Ratten zum Beispiel, in gewisser Hinsicht noch lichtscheuer sind als ihre Artgenossen (aha ... nicht nur depressive Menschen lieben das Dunkel!).

Aus irgendeiner unkonkreten Absicht heraus dressierte er nun gestresste Ratten darauf, ganz entgegen ihrer natürlichen Anlage, dem Licht entgegenzulaufen. Vielleicht vermutete er, dass die so dressierten Licht-Ratten im Umkehrschluss (im Gegenversuch) vielleicht schneller depressiv würden, wenn man sie im Dunkel hielte. Er stieß bei seiner Dressurabsicht jedoch auf den vehementen Widerstand der Ratten. Denn keine ordentliche Kanalratte (und eine gestresste schon gar nicht) würde freiwillig einer Lichtquelle entgegenlaufen – sondern eher in das dunkelste Loch schlüpfen wollen. Prof. Ungar dressierte sie trotzdem. In der vierten Ratten-Generation gelang der Dressurakt endlich. Gestresste Ratten liefen tatsächlich einer Lichtquelle entgegen. Dabei entdeckte Ungar das Phänomen, dass die Lichtgier offenbar von Generation zu Generation vererbt worden war. Er sah sich das Ergebnis seiner Dressur an und konnte mit dem Ergebnis nichts Konkretes anfangen. Doch dann kam er – nach dem damaligen Stand der mikrobiologischen Forschung – auf eine ziemlich absurde Idee:

Ein paar »Licht-Ratten« der vierten Generation wurden getötet und einige von deren Gehirnzellen, vermischt mit einer den körperlichen Abstoßungseffekt vermindernden Trägersubstanz, ganz normalen, nicht trainierten Ratten gespritzt. Prof. Ungar staunte nicht schlecht: Die nicht trainierten Ratten rannten nach kurzer Zeit, nach weniger als zwei Tagen, ebenfalls auf jede Lichtquelle zu, ganz entgegen ihrem natürlichen Programm. Prof. Ungar stellte sich damals die Frage, wie es wohl kommt, dass dieser Eiweißstoff »Soctophobin« offenbar einen Lerninhalt transportieren kann. Dieser merkwürdige Versuch zeigte zum ersten Mal deutlich, dass eine einzelne Zelle offenbar ein ganzes Lernprogramm abspeichern kann.

Heute wissen wir, dass es gar kein Lerninhalt, kein Lernprogramm war – es war lediglich eine einfache biochemische Information, die aus lichtscheuen Ratten lichtgeile Nager machte. Der Versuch des Prof. Ungar zeigte aber damals schon sehr deutlich: Irgendwo und irgendwie können alle lebenden Zellen biochemisch »denken« und Informationen abspeichern, die nicht ursächlich aus der Erbinformation stammen. Und die Zellen können das »Erdachte« auch langfristig behalten und, wenn nötig, abrufen, anwenden und sogar an eine nächste Generation vererben.

Damit war zum ersten Mal bewiesen, dass eine Zellinformation keine rein genetische Information ist, sondern so eine Art Mischmasch aus DNA-Information und einer irgendwie von außen eingebrachten Information. Wie diese von außen kommende Information allerdings in die Zelle gelangt, dort an einem konkreten Ankerplatz abgelagert wird, um zu gegebener Zeit punktgenau eingesetzt zu werden, kollektiv und zeitgleich, von Milliarden von Zellen ... dahinter steht ein großes Fragezeichen ... oder eben der besagte Nobelpreis.

Was hat all dies nun mit dem Bauch und unserem Thema zu tun? Viel.

Intuition beginnt in der Körperzelle

Wie bereits erwähnt, wissen wir inzwischen, dass die »Denkprozesse« des Bauches bestimmten, ziemlich klar definierten und fest fixierten Programmen folgen, die genetisch in uns installiert sind (siehe Seite 29).

Diese genetischen Programme sind im Verlauf des menschlichen Lebens annähernd unveränderbar, auch das wissen wir. Und wir wissen dank Prof. Ungar und den Forschungen seiner Kollegen, dass neben den DNA-Programminformationen auch andere Informationen in die Zellen gelangen können. Sie werden dort verarbeitet und abgespeichert, um zu gegebener Zeit ganz präzise im Sinne ihres Programmes aktiv zu werden – oder aber sich nicht zu melden, wenn es keine Veranlassung dazu gibt. Werden die Informationen irgendwann abgerufen, können die Zellen dann zum Beispiel ein

Verhalten beeinflussen bzw. eine Intuition auslösen oder eine Intuition verändern.

Das bedeutet, dass die Kommunikation mit uns selbst (die Intuition, die aus dem Bauch kommt und unser Gehirn beeinflusst) nicht nur den fixierten Programmen folgt, sondern auch auf eigene Informationen zurückgreifen kann, die jeweils in der Zelle als eine Art »biochemischer Lerninhalt« abgespeichert sind.

Wenn wir von »Denken mit Bauch« sprechen, meinen wir also im Grunde genommen die *Kommunikation*. Und zwar die Kommunikation zwischen unserem Kopf und unserem Bauch. Wie diese gegenseitige Kommunikation biochemisch konkret abläuft, ist, wie erwähnt, den Wissenschaftlern noch nicht so ganz klar – aber sie läuft ab. Wie die von außen wirksamen Impulse zu einem biochemischen Zell-Lern-Verhalten im Bauch führen, ist ebenfalls noch nicht hinreichend bekannt. Aber der Bauch kann denken und gewissermaßen sogar lernen, das ist sicher. Auch wissen wir, dass der denkende Bauch uns mit seiner Intuition so manches Mal in die Suppe spuckt – oder uns vor Schaden bewahrt, je nachdem.

Kann man die Kommunikation mit sich selbst, die Kommunikation zwischen dem Bauch und dem emotionalen Zentrum im Kopf bemerken? Kann man sie beeinflussen? Kann man sie irgendwie nutzbringend einsetzen? Im zweiten Teil dieses Buches erfahren Sie ab Seite 153, worauf es ankommt, um präziser (vielleicht sogar erfolgreicher) mit sich selber umzugehen, sich selbst verantwortungsvoller zuzuhören, wenn der eigene Bauch spricht – denn er meldet sich keineswegs nur übers hungrige Magenknurren.

Bei dieser Art von Kommunikation geht es gar nicht so sehr um die komplizierten biochemischen Prozesse, die zwischen Bauchdenken und Kognosdenken stattfinden. Sondern es geht mehr um die *Resultate* dieser Prozesse – und die kennen wir. Denn Entscheidungen aus dem Bauch heraus erleben wir jeden Tag. Gute Entscheidungen – schlechte Entscheidungen. Manchmal fragt man sich nach solchen Bauchentscheidungen: »Wieso eigentlich habe ich in dieser Situation richtig entschieden? Ich hatte doch gar keine Kenntnis von den Zusammenhängen, es war das reinste Pokerspiel ... und doch habe ich richtig gehandelt!«

»Richtig« würde in diesem Zusammenhang nur bedeuten, »richtig« im Sinne unserer ganz persönlichen Absicht, im Sinne unserer Zielvorstellung. Ob meine eigene Bauchentscheidung auch für Dritte, für Außenstehende immer »richtig« ist, kann man durchaus bezweifeln. Aber für mich selbst ist meine persönliche Bauchintuition fast immer »richtig«. Sie bringt mich meiner Zielerreichung, meiner Zielvorstellung näher. Meistens jedenfalls.

Wie gesagt ... alle drei Tage empfehle ich meinen Studenten, die Dinge mal aus dem Bauch heraus zu betrachten. Da ergibt sich schon, was es zu lernen gilt, und was eher vernachlässigt werden darf. Einige meiner Studenten haben manchmal das Gefühl, dass dies oder jenes niemals in einer Klausur auftauchen wird. Da muss man es ja auch gar nicht erst lernen, wenn es nicht klausurrelevant ist, oder? Oft liegen die Studiosi richtig mit diesen »Baucheingebungen«. Das ist auch der Grund, warum ich den jungen Leuten das Denken mit dem Bauch empfehle: Weil für die Planung des Lernpensums oder die Bewältigung der Stoffmenge meistens etwas Positives dabei herauskommt. Da werden tatsächlich häufig »richtige« Entscheidungen getroffen.

In anderen Lebensbereichen, bei anderen, komplexeren oder gar komplizierten, verzahnten Problemstellungen, werde ich mich jedoch hüten, irgendjemandem zu empfehlen, rein gefühlsmäßig an die Sache heranzugehen, die zur Entscheidung ansteht. Wenn auch bei den Bauchentscheidungen – rein tiefenpsychologisch betrachtet – fast immer »richtige« Entscheidungen für den Betroffenen herauskommen, ist der Begriff »richtig« hierbei brandgefährlich. Denn was für die jeweils betroffene Seele emotional »richtig« ist, kann für jeden Außenstehenden die reine Katastrophe sein. Diese komplizierte Verzahnung von angeblich »richtig« und angeblich »falsch« bei der menschlichen Entscheidungsvorbereitung und Entscheidungsfindung hält viele mentale Fallen für uns bereit, in die wir jeden Tag aufs Neue ganz blauäugig hineintappen.

Da kam mir die bereits auf Seite 22 erwähnte Studie der Amerikaner Emeran Mayer und Boyd Friedmann zum Thema »mentale Fallen« und Fehlentscheidungen gerade recht – und ich hatte beim Lesen da wieder so ein Gefühl, das Gefühl nämlich, dass mir das, was die Wissenschaftler der Berkeley-Universität nun bewiesen haben, schon längst bekannt war. Ich nannte es in der Vergangenheit nicht etwa »Bauchdenken«, wie die beiden amerikanischen Neuropsychologen, ich nannte es – wie Sie vermutlich auch – ganz einfach »Intuition«, und zwar ohne darauf zu achten, ob der Begriff mit der Ansicht der vielen Nachschlagewerke zusammenpasst. Für mich war »aus dem Bauch heraus« einfach nur Intuition, mehr nicht. Was für mich einfach nur so viel wie »innere Eingebung« bedeutet hat. Dass diese innere Eingebung tatsächlich irgendwo und irgendwie eingegeben wird, um dann irgendwo in uns zu existieren, war mir schon klar – aber woher sie kam, diese Intuition, und wo sie angesiedelt ist, das ist erst seit kurzem klar, und zwar glasklar: vom bzw. im Bauch.

Insoweit hat das Sprichwort vom »Gefühl im Bauch« eine völlig neue Dimension erlangt. Tatsächlich lässt sich ein großer Teil dieser »Bauchemotionalität« vermessen und wissenschaftlich nachweisen – und in Testanordnungen wiederholen, was ja für die Wissenschaftler ganz besonders wichtig ist. Wobei uns in diesem Buch nicht die Forschungen selber, sondern ganz besonders die Resultate der Forschungen interessieren – und deren Konsequenzen für uns Menschen und unser Entscheidungsverhalten.

»Handlungstheorie« nennen die Psychologen und Soziologen jenen psychologischen Wissenschaftsbereich, der sich mit der Vorbereitung und Findung von Entscheidungen beschäftigt. Wir Menschen treffen an einem ganz normalen Tag um die 80 000 bis 100 000 Entscheidungen. Vom affektiven Krümmen des kleinen Fingers bis hin zum riskanten Überholmanöver auf der Landstraße. Diese Masse von Entscheidungen läuft zu mehr als 90% rein emotional ab. Das mögen wir möglicherweise nicht so gern hören, aber es ist so. »Emotionale Entscheidungsvorbereitung« nennen die Psychologen das. Nur etwa 10% der täglichen Entscheidungen sind rein kognitiv (Kognos = aus dem Kopf heraus, folgerichtig, logisch). Das zeigt die Dimension, die unser Thema »Denken mit dem Bauch« hat.

Wie soll man sich entscheiden, was ist »richtig«, was ist »falsch«?

Eine Entscheidung zu treffen setzt voraus, dass wir Menschen überhaupt in der Lage sind, in einem gewissen freien Spielraum entscheiden zu können. Und es setzt weiterhin voraus, dass wir gewisse Kenntnisse (technische, soziale, ökonomische oder andere Kenntnisse) über die Dinge haben müssen, die es zu entscheiden gilt. Zugegeben, einige Leute entscheiden auch, ohne dass sie sich durch irgendwelche Kenntnisse der Dinge leiten lassen. Doch hier soll von denjenigen die Rede sein, die sich aufgrund von Daten und Fakten ein mehr oder weniger brauchbares Bild von der Situation machen – und dann entscheiden.

Stellen Sie sich vor, jemand würde Ihnen eine geladene, großkalibrige Waffe an die Schläfe halten, zum Beispiel einen 44er-Revolver vom Typ Smith & Wesson, wie wir ihn aus unzähligen Krimi-Serien her kennen. Jemand würde nun den Hahn der Waffe spannen (klick ...) und freundlich um die Herausgabe Ihres Bargeldes und Ihrer Kreditkarten bitten, nebst aller PINs versteht sich. Der Inhaber der Waffe würde Ihnen damit ein Angebot machen, das Sie nur unter Inkaufnahme einiger Schwierigkeiten ablehnen könnten. Durch die massive Bedrohung wäre Ihr persönlicher Entscheidungsspielraum erheblich eingeschränkt. Er läge genau genommen bei annähernd null. Es gäbe da nicht mehr viel zu entscheiden – wenn man überleben wollte. Vermutlich würden Sie dem Bedroher die Kreditkarten geben, das Geld auch, um mit heiler Haut davonzukommen.

Würden Sie allerdings die Bedrohlichkeit der Waffe nicht kennen bzw. hätten Sie solch eine Waffe noch nie gesehen, wäre die Sache sehr viel einfacher: Ohne Angst würden Sie lachend aufstehen, den Kopf schütteln und gehen – und möglicherweise erschossen werden.

Ob man eine solche Entscheidung rein kognitiv (Waffe plus Munition = tot) oder rein emotional (Angst vor dem Tod, Angst vor dem, was kommt) trifft, bleibt sich hier im Ergebnis ziemlich gleich. Bei diesem Beispiel wäre also in Wirklichkeit gar keine »echte« Entscheidungsmöglichkeit gegeben. Vermutlich würde bei den allermeisten Menschen der Bauch sofort Todesangst signalisieren und »Wohlverhalten« anordnen; Rambo, James Bond und Chuck Norris einmal ausgenommen.

Wichtig bei diesem Beispiel: Die »richtige« emotionale oder kognitive Reaktion des Betroffenen käme immer nur dann, wenn der Betreffende zumindest eine allgemein ausreichende Kenntnis über die technische Funktionsweise der Waffe hätte. »Richtige Entscheidung« steht hier ganz subjektiv für die Entscheidung, zu überleben. Dagegen würde ein hochdepressiver Mensch mit akuter Selbstmordabsicht und hoher Lebensangstbesetzung dem Täter, dem Inhaber der Waffe, vielleicht sogar dankbar sein, wenn der ihm die »Arbeit« abnimmt und abdrückt ... Ein solcher Mensch würde »richtig« in diesem Fall völlig anders definieren. Richtig wäre für ihn die Entscheidung, den Tod zu wählen.

Bei beiden Beispielen besteht zumindest eine ungefähre Vorstellung bezüglich der Funktion bzw. der Bedrohlichkeit einer Waffe. Wir werden aber feststellen, dass wir Menschen bei sehr vielen täglichen Entscheidungsprozessen überhaupt keine Kenntnis der tatsächlichen, kognitiv messbaren Zusammenhänge haben, weder technisch noch sozial noch sonst wie. Und noch schlimmer: Wir sind oft nicht einmal in der Lage, die nötigen Informationen für eine kognitive Entscheidung zu beschaffen – selbst wenn wir das wollten.

Nehmen wir jedoch einmal an, es wäre möglich, die nötigen Informationen für eine »richtige« Entscheidung tatsächlich in ausreichender Menge zur Verfügung zu haben. Doch das bedeutet noch lange nicht, dass wir in der Lage wären, sie auch richtig zu interpretieren. Denn wenn wir die neuen, zur Verfügung stehenden Informationen mit unseren alten inneren Theorien verbasteln, kommt bei der Entscheidungsvorbereitung auch nichts Brauchbares heraus. Wir müssten zusätzlich noch in der Lage sein, die richtige Balance zwischen Akkommodation (Anpassung der Information an unseren bisherigen Kenntnisstand) und Assimilation (Umsetzung der Information im Sinne einer Entscheidungsstrategie) zu finden.

Dass den allermeisten Menschen so viel theoretische Entscheidungsvorbereitung erstens suspekt und zweitens zu aufwändig ist und wieder andere Menschen (gar nicht so wenige) das intellektuell gar nicht leisten können, führt dazu, dass wir rein kognitive Entscheidungen kaum treffen. Wie eingangs des Kapitels schon bemerkt: 90% aller Entscheidungen sind Bauchentscheidungen.

Dieses ganz normale, menschliche Phänomen der Unfähigkeit, treffende, objektive und neutrale Informationen richtig zu beschaffen, richtig zu bewerten, richtig zu verarbeiten und im Sinne einer folgerichtigen Handlungsstrategie umzusetzen, macht es unserem Bauch so unheimlich einfach, bei dem Geschäft so richtig mitzumischen. Dem Bauch ist es nämlich ziemlich egal, über welchen Informationsstand der Dinge wir verfügen. Und ob wir die Informationen in die richtige Beziehung zueinander und zu unserem angestrebten Ziel setzen, ist dem Bauch ebenfalls völlig egal. Im Gegenteil – je weniger wir von etwas tatsächlich wissen, umso frecher, oberflächlicher und schneller entscheidet der Bauch. Deshalb liegt er manchmal auch ziemlich »daneben« bei seinen Entscheidungen.

Aber zunächst zurück zu unserem prinzipiellen Entscheidungsverhalten. Folgerichtiges (logisches) Entscheidungsverhalten benötigt also zwei wesentliche Voraussetzungen:

1. Eine »echte« kognitive Entscheidung bedingt mindestens zwei aktive Möglichkeiten (Variablen), die wir potenziell tatsächlich entscheiden könnten. Entweder wir tun das eine ... oder wir tun das andere ... Oder: Wir tun gar nichts. Das wäre nicht etwa die dritte Möglichkeit, es wäre nur der passive Ersatz für eine der zwei aktiven Möglichkeiten.
2. Wir müssen umfassende Kenntnisse über die Dinge haben, die da zu entscheiden sind. Besser noch: Wir sollten sogar die Konsequenzen einer möglichen Entscheidung kennen – sonst wäre es keine kognitive (logisch-folgerichtige) Entscheidung.

Wie immer wir entscheiden, selbst wenn wir gar nichts tun, hat das Folgen. Das heißt, wir verhalten uns immer irgendwie gegenüber der Situation, die auf uns einwirkt. Bereits Paul Watzlawick, einer der bekanntesten amerikanischen Psychologen, schrieb in seinem Buch über die Theorie der Entscheidungen 1979: *»Niemand kann nicht entscheiden, was nicht etwa bedeutet, dass irgendjemand objektiv richtig entscheidet. Denn ›richtig‹ ist ein sehr elastischer, sehr subjektiver Begriff, der viel mit der ganz spezifischen ›Moralwelt‹ des Entscheiders zu tun hat.«* Vergessen wir aber nicht, dass wir es nur bei 10% der täglichen Entscheidungen schaffen, kognitiv zu entscheiden: Erstens wegen mangelnder Information und zweitens, weil wir es gar nicht für nötig halten, über jeden unwichtigen Kram so lange nachzudenken. Dann wird eben mit dem Bauch entschieden. Daraus resultiert diese ungeheure Menge der schnell aufeinander folgenden, bewussten oder unbewussten Bauchentscheidungen (90% von allen), die wir jeden Tag treffen müssen.

Menschliches Entscheidungsverhalten ist also stets vorhanden, immer und ein Leben lang. Menschliches Entscheidungsverhalten ist auch dann vorhanden, wenn wir gar keine Kenntnis von den zu entscheidenden Dingen haben. Der Kopf ist dann Nebensache. Der Bauch spielt die Hauptrolle.

Diese Tatsache ist entwicklungsgeschichtlich erstens erforscht und zweitens logisch. In den früheren, einfachen Gesellschaftsformen (den primitiven Gesellschaften, wobei der Begriff »primitiv« hier rein wissenschaftlich benutzt wird) gab es gar keine kognitiven Entscheidungsfindungen. Eine Sippe oder Horde von Menschen hatte eine Vielzahl von so genannten Ritualen in der Gruppe unbewusst erlernt. Unter einem Ritual verstehen wir eine sich immer wiederholende Handlung. Ein Ritual benötigt keinen Kognos, kein logisches Denken. Ein Ritual kann auch durchaus unsinnig oder unlogisch sein, Hauptsache, es wiederholt sich.

Die Menschen der primitiven Kulturen führten diese Riten (Rituale) täglich aus. Dazu gehörte zum Beispiel Nahrung suchen, Essen einnehmen, mit den Alten im Clan palavern, nach Gefahr Ausschau halten und so weiter. Wenn es in der Sippe oder Gruppe etwas zu entscheiden gab, wurde die Entscheidung fast instinktiv am allgemeinen Ritus der Gruppe ausgerichtet.

Auch heute ist ein solch ritenunterstütztes, reines »Bauchverhalten« beispielsweise bei den Stämmen im westlichen Afrika noch zu finden. Fragt man ein Gruppenmitglied, warum es nun gerade dies oder jenes getan hat, weiß es keine Antwort darauf. Bei den Ureinwohnern in Zentralaustralien dient dieses lebensbestimmende »Bauchverhalten« heute noch dem Überleben und dem sozialen Zusammenhalt. Interessant ist übrigens auch, dass es beim reinen Bauchverhalten der frühen Aborigenes keine Kriminalität in den Gruppen und Sippen gab. Offenbar bedingt kriminelles Verhalten zwingend ausgeprägtes, kognitives Denken. In den heutigen Aborigenes-Reservaten in Zentralaustralien liegt die Kriminalitätsquote immer noch deutlich unter dem australischen Landesdurchschnitt (der in Australien ohnehin so niedrig ist wie kaum anderswo auf der Welt). Ob dieses weitgehend unkriminelle und sozial verträgliche Verhalten der heutigen Aborigenes auf deren sozialverträgliches Bauchdenken zurückzuführen ist, ist nahe liegend, aber noch nicht bewiesen.

Kognitive Entscheidungsstrategien, wie wir sie heute kennen, tauchten zuallererst in den archaisch historischen Gesellschaften im südöstlichen Asien auf. Da saßen wir Neu-Europäer noch in den Höhlen oberhalb von Nizza und waren gerade mal von Nordafrika über Spanien in das heutige Südfrankreich gekommen. Das war vor rund 470 000 Jahren. Kognitives Denken war damals nicht bekannt, logisches Denken schon gar nicht – die frühen Menschen wussten nicht einmal, dass sie da waren, hatten kein personalisiertes Ich-Bewusstsein und nahmen sich selber als eins mit der Natur wahr. Die Früh-Menschen entschieden alles instinktiv und nur aus dem Bauch heraus.

Die archaisch-historischen Gesellschaften im südöstlichen Asien um 470 000 v.Chr. waren ein Stückchen weiter als die damaligen Europäer. Die Asiaten hatten bereits eine zigtausende von Jahren dauernde Wanderung von Zentralafrika über Indien nach Asien hinter sich. Die Neu-Asiaten entwickelten die ersten, einfachsten Werkzeuge, die uns heute gar nicht mehr wie solche vorkommen, denn selbst die Faustkeile der älteren Steinzeit um 100 000 v.Chr. waren dagegen die reinsten Hightechgeräte. Um aber etwas als Werkzeug zu verwenden, braucht es eine gewisse Kognition (Logik, folgerichtiges Denken) und eine gewisse aktive Intelligenz. Jede Art Werkzeugtechnik und Werkzeuganwendung bedingt ein Minimum an folgerichtigem, logischem Denken und Handeln. Das kann der Bauch (die Intuition, der Instinkt) nicht leisten, das kann nur Kognos, der Kopf.

Wie der Bauch der Logik ein Schnippchen schlägt

Nun sind wir heute in einer Zeit angelangt, wo Kognition alles und Emotion (und instinktives Handeln) wenig oder gar nichts mehr bedeutet. Ich korrigiere: Wir sind heute in einer Zeit angelangt, wo Kognition *angeblich* alles bedeutet und Emotion *angeblich* wenig oder gar nichts mehr bedeutet. Was sagen Sie zu diesem Unterschied?

In der Tat ist der Trend unserer Zeit bei Logik und Kognos angesiedelt. Das allerdings hat nichts mit unserem tatsächlichen Verhalten zu tun. Unser tatsächliches menschliches Verhalten ist viel emotionaler, als der Zahn der Zeit das wahrhaben will. Die neuere neurobiologische Wissenschaft geht sogar noch einen Schritt weiter: Wir Neuzeit-Menschen haben in unserer gesamten Neuzeit-Entwicklung trotz aller logisch-kognitiven Fähigkeiten noch nie so viel aus dem Bauch heraus (emotional) entschieden wie in den letzten zweihundert Jahren. Interessant ist allerdings, dass die allgemeine Meinung, die allgemeine Selbstwahrnehmung der Menschen in ihren vielfältigen Kulturen davon ausgeht, dass wir heute in einer Zeit leben, in der gar nichts mehr emotional entschieden wird. Was für ein aberwitziger Irrtum! Der Irrtum ist kollektiv und umfassend, wie die Beispiele von New York und Afghanistan zeigen ...

Wenn es so ist, dass wir Menschen in dieser Zeit, im Hier und Jetzt, so intensiv Entscheidungen aus dem Bauch heraus treffen, wie ist dann zu verstehen, was die Soziologen und Gesellschaftswissenschaftler mit dem Begriff »Emotionale Verarmung der Gesellschaft« beschreiben? Wäre es dann nicht eher so, dass wir in einer emotional reichen Gesellschaft leben, wenn wir häufig und intensiv Bauchentscheidungen treffen? Nein, das eine schließt das andere nicht aus, im Gegenteil.

Wenn wir Menschen in einer sozial-emotional armen Welt leben (und das tun wir zweifellos), dann ist es nur folgerichtig, dass die Binnenentscheidungen, die Entscheidungen, die uns ganz persönlich betreffen, häufig Bauchentscheidungen sind. Man könnte sogar ein Regelwerk dazu aufstellen. Die Regel würde lauten: Je sozial vereinsamter ein Mensch, umso intensiver sein Dialog mit sich selber, sein Dialog zwischen Kopf und Bauch. Der sozial Vereinsamte hat viel mehr Anlass, mit sich und seinem Bauch in den Dialog zu gehen, mit wem sonst? Der sozial Reiche, der mit vielen Sozialkontakten, der mit viel emotionaler Rückmeldung, benötigt das gar nicht so sehr. Er kann sich eher den Luxus leisten, bei seinem Entscheidungsverhalten mit Kognos (dem Kopf) umzugehen.

Ein Beispiel aus der aktuellen Gesellschafts- und Soziologieforschung verdeutlicht meine Annahme dramatisch: In der Bundesrepublik Deutschland zählen wir 22,4 Millionen Familien. 12,8 Millionen der Familien haben Kinder. Bei rund 3 Millionen der Kinder-Familien handelt es sich um allein erziehende Mutter-Kind-Familien. (Quelle: Universität Bremen und Bundesamt für Datenverarbeitung und Statistik Bonn, Stand: Oktober 2001)

Da den allein erziehenden Müttern ganz einfach für viele emotionale Entscheidungen der konkrete, der hautnahe Kommunikationspartner fehlt, neigen sie mehr dazu, die anstehenden emotionalen Entscheidungen aus dem Bauch heraus zu treffen. Sie gehen also in den Bauch-Kopf-Dialog, weil ein anderer Dialog nicht so ohne weiteres möglich ist. Keine Gesellschaftsgruppe ist so sehr der Aggression der Versandhäuser und Versandhauskonzerne ausgeliefert wie diese allein erziehenden Mütter.

Jeder Produktmanager eines Versandhauses bekommt leuchtende Augen, wenn er irgendwo Adressenmaterial allein erziehender Mütter preiswert ergattern kann. Solch eine Adresse hat einen Marktwert von 2 bis 15 Euro, je nachdem, wie einsam die Mutter ist. Je einsamer, umso teurer. Allein erziehende Mütter mit zwei bewältigten Ehescheidungen, Schulden, kleinem Einkommen und Sozialwohnung sind die

Begehrtesten, weil sie vermutlich den größten sozialen Einsamkeitsstatus haben. Ist die einsame Mutti auch noch arbeitslos, umso schöner. Dann fehlt ihr auch noch die emotionale Rückmeldung der Kollegen. *»Die kaufen alles, wie die Besessenen ... du musst den Mist nur emotional geil verpacken ... dann schnappen die, aus dem Bauch heraus ...«* ... O-Ton eines Produktmanagers für Kinder- und Babykleidung bei einem der großen Versandhauskonzerne.

Warum kaufen diese Mütter wie die »Besessenen«? Die pfiffig gemachten Kataloge der Versender signalisieren eine Art Kommunikationsersatz. Und die Kataloge nehmen auf die Einsamkeit der Zielgruppe konkret Rücksicht. Die Ansprache an die einsame Mutti wird immer emotionaler, mit Vorname, Geburtstagskarte, Weihnachtsgruß und allem Drum und Dran.

Beim Ausfüllen des Bestellzettels spricht der Bauch. Und auch die internen und externen Hotlines der Versandhäuser wissen das. Die dort beschäftigten Call-Center-Agents werden von Psychotrainern knallhart darauf trainiert, der Mutter am Telefon als Partnerersatz zu dienen. Das kommt gut an. »Was trainieren Sie denn konkret mit den Call-Center-Agents der Versandhaus-Hotline?«, wollte ich von dem 38-jährigen, smarten Cheftrainer eines externen Call-Centers wissen, das auch für Versandhäuser arbeitet.

»Die jungen Damen und Herren hier im Call-Center werden gezielt darauf trainiert, die tiefen Emotionen der Zielgruppe anzusprechen. Die Agents treten am Telefon als echter Partner auf, fragen nach der Befindlichkeit der Kinder, was die Kinder so gerade machen, fragen, was es zu essen gab, wie die Dinge in der Schule stehen, wie die Mutti mit dem Geld klarkommt, und so weiter ... und die Agents müssen ihr Gespräch sofort unterbrechen, wenn die Mutti antwortet, das ist enorm wichtig. Die Agents müssen den Gesprächspartner unbedingt ausreden lassen ... dann haben die Mamis das subjektive Gefühl, sie führen im Gespräch ...«

»Und dann kaufen die allein erziehenden Mütter am Telefon mehr, als sie eigentlich beabsichtigt hatten?«

»Ja, ... klar ..., die treffen ihre Entscheidungen nur aus dem Bauch heraus. Da spielt es keine Rolle mehr, ob sie das Geld tatsächlich übrig haben oder nicht. Wir machen auch um die 60% unserer Outbound-Geschäfte über Ratata ...«

»Was ist Ratata ...¿«

»Ratata¿ Das ist so ein Branchenjargon, das ist Ratenzahlung, 6, 12, 24 oder 36 Monate, auch für kleinste Beträge. Und der Agent, der geht natürlich mit ...«

»Was heißt das ... er geht mit ...¿«

»Na ja ... das ist psychologisch klar. Der Call-Center-Agent am Telefon erzählt der Mami natürlich, dass er selber auch oft Ratenzahlungsgeschäfte macht und dass das ganz normal ist ... und alles okay ist ... und so ..., damit unterstützt er ihre emotionale Haltung und schafft eine gewissen Nähe der gemeinsamen Handlungsabsicht, und die Mami entscheidet dann aus dem Bauch heraus, gegen jede Logik, dass sie sich da noch ein Paket Raten mehr an die Hose heftet. Die Muttis wollen halt den netten Gesprächspartner der Hotline ja auch nicht enttäuschen oder verärgern, das ist klar. Wenn der Bauch sich warm anfühlt, wenn der sich emotional gut aufgehoben fühlt, dann kann alles nur gut gehen.

Wir sind hier jedenfalls mit der Bauchstrategie unheimlich erfolgreich. Wir haben ein paar echte Stars unter unseren Call-Center-Mitarbeitern, ein paar junge Männer mit dunkler, warmer, angenehmer Stimme, langsamer, partnerschaftlicher Sprechweise und Super-Kommunikationskills. Die schaffen es, aus einem einfachen Info-Anruf einer Mutti, die überhaupt keine Kaufabsicht hatte und nur wissen wollte, ob es den Body auch in Größe 42 gibt oder wo im Katalog Strampelhosen zu finden sind oder so ..., was zu machen. Da schreiben die Jungs dann einige Hundert Euro Umsatz. Und das jeden Tag, also nicht nur so aus Zufall ... Aber nicht tagsüber, meistens nachts. Deshalb halten wir unsere Hotline auch im 24-Stunden-Service, weil die Tanten nachts am einsamsten sind. Da haben wir die Schicht auch meist mit Männern besetzt, das kommt da stärker. Da entscheiden die alles nur noch aus dem Bauch heraus ... die Tanten, echt ... Sonst noch Fragen ...¿«

Nein, keine Fragen mehr ... Echt.

Die natürliche Neigung, die Dinge mit dem Bauch zu entscheiden und auf emotional gut verpackte Angebote unkritisch zu reagieren, wird einerseits von Werbung und Marketing gern genutzt – andererseits behaupten ausgerechnet diejenigen, die mit der Bauchemotionalität der Menschen so frech spielen, sie selber seien die eiskalten Logiker überhaupt und hätten alles fest im Griff. Traut man allerdings den Informatikwissenschaftlern und Marketingleuten rund um den Globus, dann wird demnächst der Chip, die Logik und der Computer zum Paradigma für alles. Keck sprechen die Hüter der Informatik gar von künstlicher Intelligenz, von künstlichen Emotionen – und das Merkwürdige ist, die meinen das auch so. Was für ein Unfug!

Denn es geht in der Hightechintelligenz um etwas ganz anderes. Es geht lediglich um bauchlose (emotionslose) Maschinen, die im Bruchteil einer Sekunde so viele folgerichtige Logikschritte absolvieren, dass es so aussehen könnte, als wäre der dumme Kasten intelligent. Dass es sich hierbei nur um ein rein intelligenzanaloges Rechenprogramm handelt, Pseudo-Intelligenz also, und jedes Kleinkind diesen Megarechner emotional deklassiert, ist den Informatikern zutiefst unangenehm. Den Neuropsychologen nicht.

»Da stoßen die Menschen mit großer Energie Luft aus den Lungen, unter Inkaufnahme von heftigen Tönen, die einem Gackern ähneln ...«, sagte der rein kognitive denkende Captain Spock in Folge 31 der *Enterprise*-Serie. Wir emotionalen Menschen nennen so etwas ganz einfach »Lachen«. Und das werden Computer immer nur simulieren, aber nie fühlen können. Keine Gehirnzelle in uns Menschen sagt uns: »Achtung, bitte Lachapparat vorbereiten, es könnte lustig werden, Lachen vorhalten, Blutdruck erhöhen, Luft ausstoßen ... jetzt lachen. Bei Verlust der Komik Lachen einstellen.« Wir Menschen lachen und weinen, weil wir ein Lach- oder Weingefühl haben. Und das kommt aus dem Bauch, nicht aus »Kognos«, dem Kopf. Zugegeben, ein paar Millionen Kopfzellen sind mittelbar beteiligt an den starken Gefühlen. Aber nur als Leitungs-

geber, als Drahtzieher sozusagen. Der Impuls entspringt der Intuition. Und die kommt aus dem Bauch und dem Mandelkerngehirn.

Die bereits erwähnten amerikanischen Wissenschaftler Emeran Meyer und Boyd Friedman erinnern uns massiv daran, dass wir Menschen nach wie vor (wie vor Tausenden von Jahren) ein grundsätzliches Bauchentscheidungsverhalten haben. Jeden Tag fühlen wir dieses »Kribbeln im Bauch«. Doch auch wenn allein erziehende Mütter, von Call-Center-Agents »gejagt« und zu Kaufentscheidungen verführt werden: Bauchentscheidungen sind nicht grundsätzlich vage oder gar gefährlich. Nicht jede Bauchentscheidung bringt den Eigentümer des Bauches in Schwierigkeiten. Es ist manchmal genau andersherum. Die Entscheidung bewahrt den Eigentümer des Bauches vor Schwierigkeiten. Hier ein ganz praktisches Beispiel, sozusagen aus dem täglichen Leben:

Das Jobangebot klang wie ein Sechser im Lotto: Ein Traumgehalt, großartige Aufstiegschancen, spannende Aufgaben, viel Verantwortung, sogar einen Dienstwagen wollte der neue Arbeitgeber bereitstellen. Und auf eine zu vereinbarende Probezeit wollte der neue Arbeitgeber großzügig verzichten. Sabine (32) war völlig aus dem Häuschen. Sie rief ihre Freundin Cornelia an und berichtete von dem Bewerbungsgespräch. Cornelia hörte aufmerksam zu und meinte: »Zugreifen – so eine Chance gibt es nicht alle Tage ...«

Sabine tat es und nahm den Job an. Drei Tage später unterschrieb sie den Arbeitsvertrag. Ziemlich irritiert stellte die Call-Center-Expertin fest, dass sie nach der Unterschrift ein mulmiges Gefühl bei der Sache hatte. Warum, wusste sie selbst nicht recht. Es waren richtige Bauchschmerzen, die kamen und gingen, begleitet mit Unwohlsein und einer merkwürdigen inneren Unruhe. Wieder besprach sie sich mit ihrer Freundin – und sagte am folgenden Tag schweren Herzens den Job wieder ab. Sie bat den potenziellen Arbeitgeber, die Sache zu stornieren, einfach zu vergessen. Der Chef, der eigentlich noch gar nicht ihr Chef war, wusste nicht, was er sagen sollte. Aber er war kulant, entgegenkommend und zerriss den Dienstvertrag. Die Bauchschmerzen von Sabine verschwanden, das Unwohlsein war weg und mit ihm auch dieses diffuse, kaum zu ortende, ungute Gefühl.

Für Sabine war die Sache erledigt. Woraufhin sich nun eine Kollegin sofort den Traumjob angelte. Ein Vierteljahr später saß diese Kollegin heulend bei Sabine im Büro: Der neue Chef hatte sich als übellauniger Besserwisser entpuppt; unter den Kollegen herrschten Neid und Misstrauen, die Arbeit machte keinen Spaß, keine Spur von Selbstständigkeit oder gar Verantwortung. Alles wurde einem bis ins letzte Detail vorgegeigt, und die wirtschaftliche Situation der Firma glich einer Gradwanderung – bereits das erste Gehalt wurde unpünktlich gezahlt. »Du hattest den richtigen Riecher«, sagte die unglückliche Kollegin. »Woher wusstest du das bloß?«

Das Spannende ist: Sabine wusste überhaupt nichts. Trotzdem hatte sie – aus dem Bauch heraus – eine goldrichtige Entscheidung getroffen. Es gibt wohl kaum jemanden, der nicht schon dieses »ungute Kribbeln« erlebte oder von sich gesagt hat, eine Sache liege ihm schwer im Magen. Vordergründig betrachtet könnte es sich hier um eine unsinnige Redensart handeln, deren Wahrheitsgehalt so etwa bei *null* läge. Hintergründig betrachtet handelt es sich um das Denken und Fühlen mit dem Bauch und der Wahrheitsgehalt ist oft beachtlich.

Bauchentscheidungen haben ihre eigene Moral

Was lernen wir daraus? Im Bauch sitzt eine zweite Kommandozentrale, die manchmal sogar kompetenter entscheidet als der Kopf – und vor allem unabhängiger und sehr viel schneller. Aber Vorsicht ... die Schaltzentrale »Bauch« kann auch gemein, wütend, unmoralisch, hinterlistig, unsozial und gar verbrecherisch entscheiden, je nachdem. Um es nochmals zu betonen: Der Bauch und der Mandelkern (die emotionale Gehirnschaltzentrale) sind nämlich grundsätzlich a-moralisch. Das bedeutet nicht etwa »unmoralisch«. Unmoralisch wäre etwas anderes, etwas moralisch Bewertendes. A-moralisch bedeutet viel mehr, Mandelkerngehirn und Bauch kennen weder Gut noch Böse, sie sind moral-neutral und ignorieren die Moralwerte der Umwelt. (Dies kollidiert natürlich wieder erheblich mit der philosophischen Definition von »Intuition« ... siehe Seite 19 f.)

Nur dieser eine, spezifische, persönliche (Überlebens-)Nutzen für diese eine Entscheidungslage ist für den Bauch jeweils interessant, egal, welche Konsequenzen dabei für andere herauskommen. Boyd Friedman sagte, der Bauch ist einfach asozial und egoistisch, im wissenschaftlichen Sinne des Wortes. Er nimmt keine Rücksicht auf irgendwen oder irgendetwas – nur auf sich selbst und seinen »Eigentümer« und dessen Befindlichkeit nimmt er Rücksicht – auf niemanden sonst. So ist es die Eigenart der Bauchentscheidungen, dass sie nur dazu dienen, den Eigentümer des Bauches vor etwas zu schützen oder den Eigentümer in irgendeiner Form voranzubringen, dessen Ziele zu unterstützen und damit letztendlich das »Überleben« zu sichern (siehe auch Seite 80 ff.).

Diese Entdeckung, dass unser Bauchdenken keinem geplanten oder vorinstalliertem Moralwert-Programm folgt, sondern a-moralisch ist, wirft die gesamte bisherige philosophische Intuitionstheorie über den Haufen.

Bisher (bis in die späten 1990er-Jahre hinein) gingen die Wissenschaftler (auch die Psychologen) davon aus, dass intuitive Entscheidungen allgemein gültigen Moralvorstellungen in der Regel nicht entgegenlaufen. Wurde eine unmoralische Entscheidung getroffen, also eine Entscheidung, die den Normen des sozialverträglichen Umgangs miteinander entgegenstehen würde, dann ging man davon aus, dass eine solche Entscheidung kognitiv begleitet oder gar rein kognitiv getroffen wurde.

Das stimmt nicht.

Sie erinnern sich? Der Entscheidungsprozess der Terroristen am 11. September 2001 war eine reine Bauchentscheidung – keine rational-kognitive Entscheidung und die Tat moralisch hochwertig. Nach unserer christlich-westlichen Moralansicht war diese Tat jedoch zutiefst unmoralisch. Nach Ansicht der strenggläubigen Muslime aus der Gruppe der Taliban wiederum war der Terrorakt moralisch verträglich, ja sogar erwünscht im Sinne des Heiligen Krieges. Für die Terroristen wiederum war die Reaktion der USA und der westlichen Welt zutiefst unmoralisch. Und alle Entscheidungen waren intuitive Bauchentscheidungen, keine Kopfentscheidungen.

Es lassen sich einige sehr markante (und bekannte) Entscheidungssituationen finden, die man der Gruppe der typischen Bauchentscheidungen zuordnen kann. Und die waren nicht immer für alle Beteiligten moralisch gut. Immer nur für den, der aus dem Bauch heraus entschieden hatte, war die Entscheidung offenbar moralisch tragfähig. Nicht für die Betroffenen und Beteiligten. Die sahen das ganz anders, wie die folgenden Beispiele zeigen:

Siouxhäuptling Sitting Bull (Tatanka Yotanka) entschied 1876 ohne jede Kenntnis der militärischen Lage oder der gegnerischen Truppenstärke, General Custer anzugreifen. Im Nachhinein wissen wir, dass Tatanka Yotanka richtig entschieden hatte, aus seiner Sichtweise jedenfalls. General Custer und seine Leute (besser: die paar Leute, die das Desaster überlebten) sahen das wohl ziemlich anders.

Nobelpreisträger Ernest Hemingway, ehemals Kriegsberichterstatter im Nahen Osten, war ebenfalls ein Meister in Sachen Bauchentscheidungen. Er lehnte die moderne, zivilisierte Gesellschaft mit ihren kognitiven Denkvorgängen einfach kategorisch ab. Er entschied alles aus dem Bauch heraus. Dass andere dies nicht taten, machte ihn ziemlich fertig, schreibt sein Biograf G.A. Astree. Am frühen Morgen des 2. 7. 1961 erschoss sich Hemingway, als er aus der Kneipe nach Hause kam und seine Frau Mary Welsh ihm mit irgendwelchen kognitiven Forderungen (es ging wohl um Geld und

Alkohol) »dumm« kam. Seine Frau hielt die Entscheidung des Selbstmords für unmoralisch und der Rest der Welt war erschrocken. Das zeigt, so der amerikanische Psychologe Astree, dass Bauchmenschen schnell zu Depressionen neigen können. Nicht etwa wegen andauernder Fehlentscheidungen – eher im Gegenteil –, aber wegen des kognitiven Widerstands seitens der Umwelt. Und in der Tat: Bauchmenschen neigen eher zu Depressionen und die Suizidrate der reinen Bauchdenker liegt deutlich über dem Durchschnitt – nicht nur in den USA.

Westpoint-Absolvent und Befehlshaber der US-Truppen am Golf General Norman Schwarzkopf schreibt in seinem Buch *Desert Storm*, dass er seine Truppen aus dem Bauch heraus geleitet hat. Nur seine untrügliche »Nase« zeigte ihm die richtigen Entscheidungen, denn die Aufklärungsarbeit des CIA sei miserabel gewesen. Wäre er den kognitiven, folgerichtigen Empfehlungen der CIA-Leute gefolgt, hätte er eine Fehlentscheidung nach der anderen getroffen. Die Truppen des Despoten Saddam Hussein sahen die Entscheidungen des Norman Schwarzkopf aus einer anderen moralischen Warte. Auch hier lief also eine Bauchentscheidung nur nach dem eigenen Moralmaßstab ab – nach nichts sonst.

Diese Aufzählung der großen, bekannten Bauchentscheider ließe sich bequem fortsetzen, von Harry Truman (entschied 1947 gegen alle internationalen Widerstände den Marshal Plan, den die Russen für unmoralisch hielten) über Thor Haiderdahl (segelte mit einem Binsenschiffchen von Marokko nach Argentinien – und alle erklärten ihn für völlig verrückt) bis hin zu Otto von Bismarck, dem man nachsagt, dass er seine pfiffigen Rückversicherungsverträge mit Polen, Russland und Österreich nur aus dem Bauch heraus entschieden hatte. 1879 brach Bismarck mit allen politischen Kräften, besonders mit den Nationalliberalen, und setzte seinen Willen erneut durch – aus dem Bauch heraus, schreibt A. Hillgruber in der Bismarck'schen Biographie. Frankreich hielt Bismarcks clevere Rückversicherungen für moralisch tief verwerflich.

Allen bekannten, spektakulären Bauchentscheidungen der Geschichte ist gemeinsam, dass sie moralische Standorte beziehen, die immer nur an der Messlatte des Entscheiders gemessen sind. Die Außenwirkungsparameter spielten für die Bauchentscheidung offenbar keine so große Rolle.

Aber es geht auch eine Nummer kleiner. Man braucht nicht Truman, Hemingway, Schwarzkopf oder Bismarck. Man braucht nur das tägliche Leben. Das ganz alltägliche Leben zeigt uns, dass wir Menschen offenbar nach wie vor in vielen (fast allen) Bereichen des Lebens nicht kognitiv, sondern intuitiv entscheiden. In Gefahrensituationen oder in Konfliktsituationen wird dies besonders deutlich. Denn wenn wir uns in solchen Situationen befinden, kommen unsere Entscheidungen sogar zu annähernd 100% aus dem Bauch heraus – und es sind oft die richtigen Entscheidungen, aber eben nicht immer.

Ein anderes, eher allgemeines Beispiel für eine typische Bauchentscheidungssituation: das Bewerbungsgespräch. Alfred ist Personalberater und kümmert sich um die Auswahl und Einstellung von leitenden Mitarbeitern für Call-Center- und E-Business-Firmen. Eigentlich braucht er Tausende von Informationen über den jeweiligen Kandidaten, um bei seinen Entscheidungsvorbereitungen auch nur halbwegs richtig zu liegen. Doch nach fünf Minuten Gespräch ist für ihn die Sache meist klar. »Reine Bauchentscheidung«, bestätigt er. Ist sie erst einmal getroffen, sammelt der Personalberater nur noch Eindrücke, die sein Urteil bestätigen. Natürlich kann der Bauch mit seiner Prognose auch mal danebenliegen, aber, wie Alfred betont, glücklicherweise selten.

FAZIT

- Bauchentscheidungen finden im Kleinen wie im Großen täglich statt. Fühlt der Bauch sich in seiner Haltung innerhalb seiner Programmgrenzen positiv bestätigt, neigt er dazu, das zu tun, was ihm und seinem Eigentümer emotional gut tut.
- Das kann auch eine objektiv katastrophale Entscheidung sein, die aber dem Entscheider emotional gut tut. Das passiert sogar viel öfter, als uns Menschen lieb sein kann.
- Bauchentscheidungen sind immer auch moralische Bewertungen einer Situation – und zwar (fast) ausschließlich aus der subjektiven Sichtweise des Entscheiders.
- Bauchentscheidungen werden immer dann vermehrt benutzt, wenn der Entscheider in einer sozial armen Umwelt lebt. Je ärmer seine Sozialkontakte, umso eher der innere Dialog mit dem Bauch.
- Je mehr Stress wir erleben, umso eher entscheiden wir aus dem Bauch heraus.
- Bauchentscheidungen sind nicht immer objektiv richtig, meistens objektiv fragwürdig.

Das enterische Nervensystem

Dass Entscheidungen aus dem Bauch heraus getroffen werden, ist, wie wir gesehen haben, so alt wie die Menschheit. Und dass Bauchentscheidungen nicht nur aus dem Kopf heraus organisiert werden, ist nicht etwa neu – es war schon immer so. Der biochemische Vorgang, dass tatsächlich der Bauch diese Entscheidungen trifft, ist ebenfalls so alt wie die Menschheit.

Lediglich die *Kenntnis* darüber, dass Bauchentscheidungen tatsächlich im Bauch getroffen werden, die ist tatsächlich brandneu. Wie bereits auf Seite 20 ff. angemerkt, gingen die Wissenschaftler bisher davon aus, dass unser emotionales System im Kopf die »Bauchentscheidungen« trifft. Das Nervensystem, das im Bauch die Entscheidungen vorbereitet und zusammen mit dem Gehirn in die Tat umsetzt (oder es unterlässt, was ja auch eine Handlung wäre), nennt man *enterisches Nervensystem*.

Ausgestattet mit hunderten von Millionen Nervenzellen, arbeitet dieses enterische Nervensystem (Bauchnervensystem) prinzipiell genauso wie das menschliche Rückenmark. Allerdings ist es sehr viel komplizierter aufgebaut. Und, es ist kaum zu fassen: Dieses Nervensystem liegt tatsächlich im Bauch – und nicht im Gehirn.

Wir müssen uns, wie erwähnt (siehe Seite 22), so eine Art »Nylonstrumpf« vorstellen, der den gesamten Magen-Darm-Trakt umschließt, von der Speiseröhre beginnend bis hin zum Darmausgang. Die enteralen Nervenzellen auf diesem »Nylonstrumpf« sind weder sympathisch noch parasympathisch. Das heißt, die Zellen können nicht bewusst angesprochen oder gesteuert werden. Sie können aber auch nicht über das unbewusste Nervensystem angesteuert werden – sie können überhaupt nicht angesteuert werden. Das enterale System im Bauch ist völlig autonom. Das enterale (enterische) Nervensystem hat auch keine direkte Verbindung zum Rückenmark oder zum Gehirn. Dennoch ist es offenbar in der Lage, bestimmte Gehirninformationen ständig zu überprüfen und weiterzuverarbeiten.

Immerhin, das Gehirn ist der Chef des ganzen Systems und bis zum Mageneingang bleibt es auch der Chef. Je tiefer man allerdings in den Magen-Darm-Trakt einsteigt, desto schwächer wird der direkte Einfluss des Gehirns auf das Geschehen. Im Magen sind die Befehle vom Chef noch deutlich spürbar. Die jeweiligen Anweisungen werden über die so genannten Vagusnerven vermittelt. Ab dem Magenausgang übernimmt das enterale Nervensystem die volle Verantwortung für das weitere Geschehen. Steigt man allerdings zu dem so genannten Magenpförtner (ein Muskel am Eingang zum Dünndarm) hinab, hat das Gehirn hier wieder etwas zu melden. Es entscheidet nämlich, wann der Magenpförtner sich öffnet oder schließt. Interessant ist die Tatsache, dass ein verletzter Magenpförtner, der chirurgisch entfernt wird (Pyloroplastik), dem menschlichen Organismus nicht weiter fehlt: Wie durch ein Wunder stellt der Magen sich ziemlich schnell auf das Fehlen dieses Muskels ein und übernimmt dann selbst die geplante, dosierte Abgabe von vorverdauter Nahrung an den Dünndarm, so wie ehemals der Magenpförtnermuskel.

Diese Fähigkeit, einen ganzen Muskel zu ersetzen und die Abgabe der vorverdauten Nahrung zu organisieren, hat das enterale Nervensystem komplett übernommen. Das ist ein weiterer Indikator für die unerhörte Eigendynamik, den Überlebenswillen und die biologische Cleverness des enteralen Systems.

Zugegeben, der Magen-Darm-Trakt ist nicht sonderlich sexy. Kein Drehbuchautor käme auf die Idee, über diese Thema einen Film zu machen. Nicht einmal in einer TV-Arztserie würde man darüber reden. Da kämen nur die

»schicken« Teile auf den Tisch. Eine anständige Fraktur (am besten ein Reitunfall, der kommt immer gut an), eine tolle Virusinfektion mit Seuchenalarm oder wenigstens ein dramatischer Krebs. Aber doch nicht der Darm! Der Darm ist glitschig, unangenehm und wenn man ihn öffnet, dann stinkt er. Man muss schon Neurobiologe oder Neuropsychologe sein, um sich mit »so etwas« ernsthaft zu beschäftigen. Aber das enterale Nervensystem, das »Bauchdenksystem« befindet sich nun einmal in einer Gegend des menschlichen Körpers, wo es nicht ganz so sexy ist. Da kann man nichts machen. Dort wird emotional entschieden, und zwar mehr, als uns manchmal lieb ist. Und dann auch noch ohne dass das Gehirn irgendeinen direkten Einfluss darauf ausüben kann. Der Chef des Organismus, das Gehirn, hat da unten, im Glibber und im Matsch, nichts mehr zu sagen. Dort regiert der Nylonstrumpf.

Der bereits erwähnte Prof. Emeran Mayer, Neurophysiologe an der Universität Kalifornien, konnte vor einem Jahr ganz konkret nachweisen, dass unser »Bauchgehirn Nylonstrumpf« fast alle unsere emotionalen Prozesse steuert oder zumindest steuernd begleitet. Das berühmte »gute oder schlechte Gefühl« wird also nicht nur vom Mandelkerngehirn ausgelöst. Das »Gefühl« für eine Entscheidungsfindung beruht auf ganz realen Erfahrungsgrundlagen dieses »Nylonstrumpfes« mit seinen Millionen von Nervenzellen. Nicht nur das Gehirn, sondern auch der Bauch speichert Erfahrungen, die ein Mensch im Lauf seines Lebens sammelt, und setzt diese dann im alltäglichen Leben um.

Das biochemische Programm des Bauchsystems ist dem des Gehirns sehr ähnlich. Zum Beispiel hat man bei Alzheimer-Patienten in deren enterischem Nervensystem die gleichen Zellveränderungsprozesse gefunden wie in deren Gehirnzellen. Das lässt annehmen, dass die Anlage und die biochemische Struktur des Gehirnzellensystem dem des enterischen Bauchzellensystems sehr ähnlich ist. Beide komplexen Zellsysteme, das Kopfsystem wie das Bauchsystem, sind an unseren vielfältigen, täglichen Entscheidungsprozessen beteiligt. Die rein emotionalen, rein intuitiven Entscheidungen allerdings trifft der Bauch weitgehend allein. Er informiert das Gehirn sozusagen: »Ich hab da'ne Entscheidung getroffen, nimm sie mal zur Kenntnis«, ... mehr nicht. Intuition sitzt eben, wie erwähnt, im Wesentlichen im Bauch und nicht allein im Mandelkerngehirn, wie wir noch vor ein paar Jahren dachten.

Und es geht noch weiter: Tatsache ist, dass wir zu rein rationalen Entscheidungen gar nicht fähig sind. Unser Hirn wäre heillos überfordert, wenn es in kürzester Zeit alle Informationen besorgen, bewerten und dann rein »kognitiv« entscheiden müsste (siehe auch Seite 42 f.). Deshalb greift das Gehirn auf das Ur-Programm des Bauches zurück, das ihm Denkabkürzungen – so genannte »mental shortcuts« – liefert.

Wie der Berliner Psychologe Gerd Gigerenzer am Max-Planck-Institut in Berlin herausfand, wählen wir in diesen Entscheidungsmomenten immer diejenige Entscheidungsvariante, die uns am vertrautesten, am bekanntesten erscheint. Gerade wenn die messbare Faktenlage einer anstehenden Entscheidung sehr dünn bis überaus mager ist, vergleicht das enterische Nervensystem ganz besonders, welche Erfahrungswerte gleicher oder ähnlicher Situationen wir haben – und trifft dann diese »Bauchentscheidungen«. Aus diesem typischen Verhalten des Bauchnervensystems lässt sich eine Regel ableiten:

Je weniger wir auf kognitive Fakten zurückgreifen können, auf messbare Informationen, Zahlen, Daten, Beweise oder logische Schlüsse – umso eher kommt die Entscheidungsvorbereitung aus dem enterischen Nervensystem. Verfügen wir bei einer anstehenden Entscheidung über null Faktenwissen – dann kommt die Entscheidung zu 100% aus dem Bauch. Und was dabei herauskommt, ist schon sehr bemerkenswert. Gerd Gigerenzer: »Es liegt häufig die Weisheit im Nichtwissen.«

In der Tat lässt es sich recht einfach beweisen, dass Nichtwissen oder Unkenntnis über eine Sache, einen Zusammenhang oder einen Zustand nicht zwangsläufig dazu führt, dass eine Fehlentscheidung getroffen würde. Das gilt nicht nur für die emotional so stark besetzten Bereiche wie Liebe, Familie, Partnerschaft oder Jobsuche. Auch im Business gilt die gleiche Regel: Der Bauch entscheidet oft schnell und meist sicher.

Aber manchmal liegt der Bauch auch ziemlich daneben. Der ntv-Börsenexperte Markus Koch meint, dass rund 70% aller Börsengeschäfte aus dem Bauch heraus entschieden werden und nicht aufgrund messbarer, überprüfbarer Fakten. Hätten die Anleger im Frühjahr 2001 die neuen Märkte, die Startups und E-Commerce-Firmen kritisch nach messbaren Fakten hinterfragt, bevor sie in diese Aktienwerte eingestiegen sind, hätte es ganz andere Entscheidungen gegeben und so manchem Anleger wäre der Totalverlust im Jahr 2001 erspart geblieben. Hier unterlag der Bauch offenbar einer gewissen kollektiven Euphorie, und zwar weltweit und interkulturell.

Aber auch umgekehrt wird ein Schuh daraus: Nach dem Terroranschlag vom 11. September 2001 fielen die Aktien der Fluggesellschaften ins Bodenlose. Die US-Airlines, die Swissair, die belgische Sabena, die bundesdeutsche LTU und auch andere Fluggesellschaften kamen wirtschaftlich furchtbar ins Trudeln. Dabei war das rein messbare, das faktische Risiko, in ein Flugzeug zu steigen und darin zu verunglücken, nun keineswegs höher als vor dem Anschlag – eher war das Risiko deutlich gesunken. Denn alle Fluggesellschaften der Welt erhöhten augenblicklich ihre Sicherheitsstandards um ein Etliches. Aber unsere menschliche Intuition signalisierte unkonkrete Furcht vor dem Fliegen – und das war's. Bergeweise wurden die Aktien an den Börsen verramscht – ohne jeden rational-kognitiven (logischen) Hintergrund.

Der kluge Bauch denkt auch – aber anders, als wir denken

Wie das Kopfgehirn arbeitet, kann man sich vorstellen – wie eine Computerfestplatte etwa. Wer wir sind und was wir kognitiv entscheiden, beruht im Wesentlichen auf der Masse der abgespeicherten Erfahrungswerte. Diese Lebenserfahrungen und Situationserfahrungen werden an den unterschiedlichsten Ankerplätzen im Kopf abgespeichert, sozusagen auf die »Platte« geschrieben. Unser emotionales Zentrum im Gehirn, der so genannte Mandelkernbereich, kann gezielt oder auch ungezielt (beim Träumen zum Beispiel) auf diese unendliche Masse von abgespeicherten Daten, Erlebnissen, Erinnerungen und erlebten Gefühlen zurückgreifen und damit unser jetziges und zukünftiges Entscheidungsverhalten und Erlebnisverhalten beeinflussen.

Aber wie »denkt« der Bauch? Hat das enterische Nervensystem, dieser merkwürdige Nylonstrumpf, auch so eine Art von »Festplatte«? Werden dort etwa auch Erlebnisse, Emotionen und Situationen gespeichert? Werden dort ebenfalls vergleichbare Ankerplätze für Gedanken angelegt, so wie im Gehirn etwa? Ja und Nein, also Jein.

Das enterische System arbeitet anders. Es braucht keine konkreten Informationen, keine abgelegten Gedanken an Vergangenes, keine Träume und keine direkten Emotionen. Das »Bauchgehirn« hat seine so genannten »somatischen Marker«, wie es der amerikanische Psychologe Antonio Damasio nennt. Zwar speichert das enterische Nervensystem eine unendliche Sammlung von Erfahrungen (da verhält es sich prinzipiell so wie das Gehirn), aber keine einzige dieser gespeicherten Erfahrungen ist für den Bauch konkret abrufbar. Die psychosomatischen Markierungspunkte sind unkonkret.

Sie funktionieren überaus einfach und folgen einem simplen Schaltsystem. Zur Verdeutlichung nehmen wir erneut das Beispiel von Sabine (siehe Seite 51). Sie erinnern sich ... das Jobangebot klang wie ein Sechser im Lotto: Ein Traumgehalt, großartige Aufstiegschancen, spannende Aufgaben, viel Verantwortung, sogar einen Dienstwagen wollte der neue Arbeitgeber bereitstellen ... und so weiter ... Dann lehnte Sabine »aus dem Bauch heraus« den neuen Job dennoch ab. Grund für die Ablehnung waren ihre »somatischen Marker«.

Was war geschehen?

Das Gehirn überprüfte alle Informationen des Jobangebotes und signalisierte: »Faktisch okay, Job annehmen ...« Das enterische Nervensystem erhielt ebenfalls diese Botschaft – und verglich das somatische (unterbewusste) Gefühl der eigenen körperlichen Befindlichkeit mit ähnlichen Befindlichkeiten aus der Vergangenheit. Das Bauchsystem verglich das »Hier und Jetzt« der Entscheidungsfindung mit dem, was es in der Vergangenheit schon einmal erlebt hatte. Diese somatischen Markierpunkte geben uns sozusagen einen »Körpergefühl-Vorgeschmack« darauf, wie wir uns nach einer zu treffenden Entscheidung fühlen werden.

Das war der Grund, warum Sabine den neuen Job dann doch noch kurzfristig abgelehnt hatte. Ihr Bauch hatte der jungen Dame einen Vorgeschmack auf das kommende Befinden geliefert, resultierend aus seinen Erfahrungen der Vergangenheit. Dabei muss Sabine nicht alle Erfahrungen bereits einmal gemacht haben. Es würde schon reichen, wenn zum Beispiel die Stimme des Chefs oder die Atmosphäre beim Bewerbungsgespräch für den Bauch irgendwie »bekannt« wären und der Nylonstrumpf dieses »bekannt«-Gefühl als unangenehm einstufen würde. Es wäre auch ausreichend, wenn ein oder zwei kleine Erlebnisse in Sabines Leben den Erlebnissen bei dem Bewerbungsgespräch ähneln würden – und diese vom »enterischen Nylonstrumpf« mit negativen Emotionen, mit einer Art Bedrohlichkeit, besetzt gewesen wären.

Manchmal reicht der Duft eines Raumes bereits aus, um eine komplette Ablehnungshaltung des Nylonstrumpfs zu erzielen. Er muss diese Duftrichtung nur ein einziges Mal im Leben als unangenehm erlebt haben – das genügt.

Das enterische System hat ein Gedächtnis wie ein Elefant. Wir wissen nur noch nicht genau, wie der Speichermechanismus dieses Gedächtnisses funktioniert. Die Wissenschaftler vermuten, dass der Nylonstrumpf ein eigenes Speichersystem besitzt und eigene Short-Cuts abspeichert, die irgendwie mit dem emotionalen Zentrum im Mandelkerngehirn kommunizieren können.

Das alles hat nichts mit Psychologie zu tun, nichts mit dem emotionalen Zentrum in unserem Kopf. Die somatischen Markierpunkte im enterischen Bauchgehirn arbeiten nach rein biologisch-neurologischen Regeln, rein naturwissenschaftlich sozusagen. Das ist auch der Grund, warum diese »Bauchgefühle« sich in der Regel erstaunlich eindeutig äußern und alle kognitiven Zweifel bei einer Entscheidungsvorbereitung schnell wegwischen. Aber nochmals Vorsicht: Das bedeutet nicht, dass das enterische System objektiv urteilen könnte. Es ist das subjektivste System, das wir uns nur vorstellen können. Wie gesagt, es ist fies, gemein, egoistisch und selbstbezogen. Den Nylonstrumpf interessiert nur, was ihm (und seinem Eigentümer) nutzt ... sonst nichts. Er kennt kein Gut oder Böse – er kennt nur sich und sein Überleben.

Der Nylonstrumpf irrt sich immer nur dann, wenn die erforderlichen Erfahrungswerte nicht vorliegen, wie beim Börsencrash zum Beispiel, wo die Erfahrungswerte von New-Economy nicht vorliegen konnten, weil alles zu neu war. Da entschieden Millionen von Bäuchen weltweit in die falsche Richtung.

Wir müssen verstehen, dass der Nylonstrumpf in unserem Bauch ein Ur-System ist und archaisch funktioniert. Das mit dem »Irren« ist deshalb so eine Sache – Ansichtssache nämlich. Der enterische Nylonstrumpf irrt natürlich, von außen betrachtet. Er entscheidet nämlich rein subjektiv. Und das, was er als rein subjektiv richtig einstuft, kann für einen Außenstehenden durchaus als völlig falsch eingestuft werden. Wie in New York. Die Bauchentscheidung der Terror-Täter war, wie erwähnt, für deren eigenes enterisches System subjektiv richtig, sonst hätten sie nicht die emotionale Energie aufgebracht, unter Inkaufnahme des eigenen Todes diesen Terrorakt auszuführen. Sie hätten auch nicht die nervliche und emotionale Energie gehabt, bis zum Eintritt des eigenen Todes (dem Aufprall) ein hochkomplexes technisches Gerät, ein Flugzeug, sicher an das beabsichtigte Ziel zu bringen. Das gelingt nur dann, wenn der Bauch subjektiv richtig entscheidet und wenn seine Entscheidung von keiner Zelle im Körper bezweifelt wird, auch nicht vom Mandelkern. Für den Rest der Welt war es keine Bauchentscheidung, sondern reiner Terrorismus.

Diese Ansicht der amerikanischen Bauchgehirn-Forscher, dass die enterischen Entscheidungsprozesse mit klassischer Psychologie nichts, aber auch gar nichts zu tun haben, behagt den klassischen Psychotherapeuten und Psychologen nicht so sehr. Deren Unbehagen resultiert aus der Ahnung, man würde menschliches Verhalten wieder einmal mehr auf einen rein naturwissenschaftlichen Sockel stellen wollen. Dass diese naturwissenschaftlich begründete Bauchtheorie des enterischen Systems der Berufsgruppe der Psychologen nicht so ganz in den Kram passt, ist leicht verständlich, wenn man bedenkt, dass die Psychologie und die Psychotherapie ihre gesamte therapeutische Wissenschaft auf empirische Annahmen stützt – und das seit rund einhundert Jahren.

Da sind allerdings auch empirisch-psychologische Annahmen dabei, die jeder ernsthaften medizinischen Naturwissenschaft entgegenstehen, was wiederum die Naturwissenschaftler nicht so sehr mögen. So haben sich im Laufe der letzten Jahre die Psychologen ziemlich weit von den Neuropsychologen und Neurophysiologen entfernt.

FAZIT

- Das enterische Nervensystem kann man sich vorstellen wie einen Nylonstrumpf.
- Das enterische System ist kein Ersatz für das emotionale Gehirn, es ist dessen Partner.
- Das Nylonsystem arbeitet prinzipiell wie das Gehirn.
- Das Bauchdenk-System irrt subjektiv immer dann, wenn bekannte Strukturen nicht an die neue aktuelle Entscheidungssituation akkommodiert (angepasst) werden können oder es nicht auf frühere Informationen zurückgreifen kann.
- Das Bauchsystem entscheidet immer subjektiv.

Der Bauch denkt ...

Stopp ... dieses Kapitel, das eigentlich genau hierher gehört, muss um ein paar Seiten verschoben werden. Um genau zu verstehen, was in unserem Nylonstrumpf und seinen Programmen abläuft, benötigen wir die wissenschaftliche Erklärung für »Stress«.

Wir reden ständig über Stress. Jeden Tag erleben wir ihn und beschweren uns auch häufig: »Oje ... zu viel Stress heute ...«, oder: »War das wieder ein stressiger Tag!«

Wir haben eine ungefähre Ahnung davon, was Stress ausmacht, zumindest eine gefühlsmäßige Ahnung. Wie sich Stress aber genau definiert, wissen nur die wenigsten. Würde ich den Bürger auf der Straße fragen (ich habe es getan), wie er Stress definiert, kommen die tollsten Anworten: »Stress ist, wenn man in Eile ist ...«, »Stress ist, wenn einem einer auf den Wecker geht ...«, »Stress ist, wenn jemand immer eins auf den Deckel kriegt ...«, »Stress ist, wenn der Vordermann nicht zügig weiterfährt ...«, »Stress ist, wenn mein Schreibtisch voll ist bis oben hin ...«, »Stress ist, wenn ich Krach mit meinem Partner habe ...«, und so weiter.

Alle Definitionen haben eines gemeinsam: Sie sind richtig. Aber jede der genannten Definitionen war nur ein kleiner Bruchteil dessen, was Stress wirklich ist. Die komplette Definition von Stress hat sehr viel mit unserem Nylonstrumpf im Bauch zu tun.

Der Begriff »Stress« kommt aus dem amerikanischen Sprachgebrauch und bezeichnet so etwas wie »gedrückt, Druck« oder im erweiterten Sinne »bedroht«. Das Meyer'sche Lexikon sagt dazu: *»Stress (engl. Druck, drücken), von H. Seyle 1936 geprägter Begriff für eine bei Tieren und beim Menschen zu* *beobachtende Reaktion auf lange, anhaltende, meist unspezifische Reize. Zum Beispiel Beunruhigungen, hohe Bevölkerungsdichte (Feldmaus-Interferenz), Ärger, Freude, Reizüberflutung. Stress kann zum Tode von Individuen führen.«* Stimmt. Da bleibt keine Frage offen. Stress setzt sich exakt aus drei voneinander unabhängigen Faktoren zusammen.

1. Stressfaktor: Der Impuls

Tagtäglich wirkt eine gewisse Menge von Impulsen auf uns ein (meist im Wachzustand, selten im Schlaf). Unter einem Impuls versteht man eine irgendwie geartete Information, die einen erreicht. Impulsinformationen können von uns nur über die Wahrnehmung unserer fünf Sinne aufgenommen werden. Das kann optisch oder akustisch sein, fühlend, riechend oder schmeckend. Mehr ist nicht möglich. Wird einem Menschen der optische und auch noch der akustische Eingang verwehrt, beispielsweise durch einen Unfall (Erblindung *und* Hörschaden), ist es fast unmöglich, sich in dieser Welt noch zurechtzufinden.

Nun soll es angeblich Menschen geben, die noch einen weiteren Sinn haben, den sechsten. Von dem wollen wir hier einmal absehen, weil er aus der Sicht der Neuropsychologie und der Neurobiologie in das Reich der Märchen gehört. Das würde bedeuten, dass es auch keine Wahrsager gibt, keine Hellseher, keine Zauberer, keine Hexen und keine echten übersinnlichen Wahrnehmungen. Eigentlich schade. Doch der ein oder andere wird vielleicht an diesen sechsten Sinn glauben und ihn mit seinem Bauchgefühl in Verbindung bringen. Und das ist gut so.

Haben wir alle Sinne zur Verfügung, kommen wir mit einer gewissen Impulsdichte (Menge der Impulse) meist ganz gut klar, auch wenn wir ja für diese moderne Welt gar nicht gebaut worden sind. Die Natur hatte überhaupt nie die Absicht, dass wir mit 200 Sachen, telefonierenderweise, mit zwei kreischenden Kindern auf dem Rücksitz und einem schimpfenden Partner nebenan über die Autobahn jagen. Unser gesamtes genetisches Set, unser ganzer Körper, ist mit dieser impulsintensiven Welt eigentlich grundsätzlich bereits so sehr überfordert, dass er öfter mal eine Auszeit bräuchte. Eigentlich sind wir für die Wiesen und Wälder gebaut, zum Sammeln und für die einfache Jagd – nicht zum Rasen und Jagen. Wirken also sehr viele Impulse gleichzeitig auf uns, mehr Impulse als wir auseinander halten sowie körperlich und seelisch verkraften können, dann macht uns das »Stress«.

Die US-Airforce und die US-Marine hat einen superfiesen Stresstest für ihre Pilotenanwärter entwickelt (übrigens von einem deutschen Psychologenteam): Die Fliegeranwärter (Freiwillige) sitzen dicht gedrängt in einer stockdunklen Druckkammer. Der Druckkammer wird langsam der Sauerstoff entzogen und stattdessen wird mit Stickstoff aufgefüllt. Während dieses Vorgangs müssen die jungen Damen und Herren Holzkugeln nach ihrer Größe fühlend sortieren, hören eine Geschichte über den Kopfhörer, die sie auf einer Tafel aufschreiben müssen. Dabei blitzt eine Stroboskoplampe ständig mit 5000 Watt im Sekundentakt. Hier kommen ganz plastisch alle Parameter brutal zusammen: Todesangst durch Sauerstoffentzug, die Forderung, die Kugeln richtig zu sortieren, Dunkelheit und Lichtblitze und letztlich die Forderung, die Story richtig aufzuschreiben. Impulsdichte satt und vermutlich die völlige Überforderung des gesamten sympathischen und parasymphatischen Nervensystems eines normalen Menschen. Dass da jeder Dritte der jungen Leute nach vier Minuten den Lebensgefahr-Button drückt, ist verständlich. Doch derjenige ist dann raus aus dem Rennen. Ein paar drücken nicht und reißen sich zusammen, wollen das Problem kognitiv lösen – und werden einfach ohnmächtig. Wir Menschen sind für eine solche Impulsdichte halt nicht gebaut.

Zurück zum Alltagsleben: Immer dann, wenn die auf uns wirksame Impulsmenge weiter gesteigert wird, reagiert der menschliche Körper mit ganz präzise ablaufenden Schutzmechanismen: mit psychosomatischen Verstimmungen, mit leichter oder schwerer Depression, mit erhöhter Herzfrequenz, mit Flucht, mit Blutdrucksteigerung oder gar mit einem Herzinfarkt. Wird die Menge der auf uns wirkenden Impulse noch einmal weiter erhöht, erfolgen stärkere körperliche Reaktionen. Denn der Körper reagiert auf den Stress nach einem genetisch bedingten, fest gefügten Programm: im leichten Fall mit Ohnmacht, im schlimmsten Fall mit Tod. Der Organismus steigt dann aus dem viel zu großen Impulswirrwar einfach aus. Besser so, denkt sich unser genetisches Programm, als dieses Stresstheater weiter mitzumachen.

2. Stressfaktor: Der Handlungsspielraum

Wir Menschen sind dafür gebaut, uns frei zu bewegen. Die Wiese oder die Höhle, die wir mögen, ist unsere. Die Natur hat nicht vorgesehen, dass irgendwer unseren Handlungsspielraum einengen könnte. In der modernen Gesellschaft finden wir aber gar nichts anderes mehr als eingeschränkten Handlungsspielraum. Kein Mensch auf der Welt ist frei in der Wahl seiner Handlungsspielräume. Diese Zeiten sind seit 300 000 Jahren vorbei. Und nur selten haben wir die Möglichkeit, die Bandbreite unserer Entscheidungen auszudehnen. Da entscheiden andere darüber, wo unsere Handlungsgrenzen liegen. Der Gesetzgeber, die Polizei, der Richter, der Chef, der Partner, die Gesellschaft und so weiter.

Würde die Bandbreite unserer potenziell möglichen Entscheidungen weiter und weiter eingeschränkt, führte das unweigerlich zu Stress. Hätten wir die Entscheidungsbandbreite null, würde dies Mega-Stress auslösen und wir müssten zwingend so oder so reagieren – bis hin zur Flucht in den Tod. Das wäre Stress in höchster Potenz.

3. Stressfaktor: Die Werte

Unter einer Wertevorstellung verstehen wir eine Regel, die wir erlernt haben. Es gibt moralische Regeln, ethische Regeln und Normregeln. Alle Regeln sollen das sozialverträgliche Umgehen mit anderen Menschen in engen Sozialgefügen sichern helfen. Philosophen zum Beispiel haben sich viele

Gedanken über die normativen Regeln des Umgangs gemacht. Anstatt Regeln könnte man auch Werte sagen, oder, noch genauer und psychologisch ausgedrückt: Wertevorstellungen. Wir Menschen verfügen über eine ganze Menge von Wertevorstellungen, die wir im Laufe unseres Lebens gesammelt haben. Das Sammeln von Werten hört nie auf. Bis zum Tode sammeln wir Werte, von denen wir meinen, dass sie uns nützlich sein können. Es sind meistens normative Werte und moralische, die allerdings mit den normativen in Einklang stehen müssen, sonst lehnen wir sie ab.

Ein Beispiel: Er ist ein einfältiger Macho und macht eine hübsche Blondine an. Er hat den Machowert übernommen: Blondinen sind doof und leicht zu erobern. Sie dagegen hat den Wert übernommen: Blondinen sind genauso schlau wie alle anderen Frauen und finden Machos doof. Also lässt sie ihn abblitzen, weil ihr Wert bedroht ist, und hat damit Stress vermieden.

Erinnern wir uns an die eingangs genannten Stressdefinitionen:

»Stress ist, wenn man in Eile ist« ... das ist Impulsstress und Stress wegen eingeschränktem Handlungsspielraum (ich muss pünktlich sein).

»Stress ist, wenn einem einer auf den Wecker geht«, ... das ist Bedrohungsstress, der die eigene Haltung und Einstellung, die eigene Meinung bedroht. Und es ist Impulsstress, wenn er häufig auftritt.

»Stress ist, wenn jemand immer eins auf den Deckel kriegt«, ... das ist Bedrohungsstress der Werte. Ich sehe die Dinge anders, sehe sie aber offenbar falsch – und kriege dafür einen Rüffel von demjenigen, der die Dinge offenbar richtiger sieht als ich. Diese Stressart ist die Grundlage für Mobbing.

»Stress ist, wenn der Vordermann nicht zügig weiterfährt«, ... das ist Bedrohungsstress und Stress des Handlungsspielraums. Ich kann nicht handeln, wie ich möchte, und werde gegen meinen Willen gebremst. Aber ich bin auch in meinen

Werten bedroht: Mein Wert ist Schnelligkeit und Dynamik – dein Wert ist Schleichen ... Sehr junge Autofahrer im Alter von 18 bis 22 Jahren erleben diese Stressbedrohung ungeheuer intensiv. Sie fühlen sich sehr schnell in ihrer Dynamik gehindert und gegängelt, wenn es nicht vorwärts geht. Das ist auch die Ursache für die hohen Unfallzahlen der jugendlichen Fahrer, sagt die Bundesanstalt für Straßenwesen.

»Stress ist, wenn mein Schreibtisch voll ist bis oben hin«, ... Impulsstress, weil zu viel in zu kurzer Zeit zu erledigen ist.

»Stress ist, wenn ich Krach mit meinem Partner habe«, ... Bedrohungsstress der Werte. Ich sehe die Sache anders als mein Partner, ich habe Recht, mein Partner hat Unrecht. Ich komme mit meiner Sicht der Dinge nicht durch und erlebe Stress.

Und was ist Mega-Stress?

Mega-Stress ergibt sich, wenn alle drei Faktoren zusammenwirken. In dem preisgekrönten Film *Schindlers Liste* wurde mit den Mitteln der Wertebedrohung, der Impulsdichte und der massiven Einschränkung des Handlungsspielraums künstlerisch bemerkenswert gearbeitet. Alle moralischen, ethischen und normativen Werte der Nazis waren nicht Schindlers Werte, sie waren ihm fremd und sprachen massiv gegen ihn. Er konnte sich nicht mehr frei entscheiden und frei bewegen. Die Situation wurde von Tag zu Tag schlimmer. Alle drei Stressfaktoren waren ganz massiv vorhanden und wirksam. Schindler erlebte Mega-Stress.

Aber auch im alltäglichen, meist betrieblichen Geschehen erleben Menschen manchmal Mega-Stress. Beispiel: Ein kaufmännischer Mitarbeiter eines Unternehmens hält sich für leistungsfähig und nett. Der neue Boss jedoch hält ihn für eine Niete und meint, der junge Mann sei ein Ekel. Da der Boss in einem hierarchischen, betrieblichen Geschehen in der Regel der Stärkere ist, wird er mit seinem Wert (mit seiner Wertvorstellung) den Mitarbeiter bedrohen. Und das macht Stress und führt zum Mobbing: Der Chef zieht nun alle Stressregister; er überhäuft den jungen Mann mit Arbeit, in der Erwartung, er könne das zeitlich und inhaltlich gar nicht leisten. Und er setzt Fristen und Regeln, die den Handlungsspielraum so stark eingrenzen, dass der Mitarbeiter gar nichts mehr allein entscheiden kann und nur noch unter Druck steht. Mega-Stress.

Glücklicherweise liegen die drei Faktoren im täglichen Leben meist nebeneinander – nicht überlappend zusammen, wie in dem genannten Beispiel, oder sie berühren sich hin und wieder. Jeden Tag erleben wir das im Job, in der Partnerschaft, in der Freizeit. Würden sich die drei Faktoren allerdings so nahe kommen, dass sie zeitgleich und mit extrem gleich hoher Wirkung auf uns treffen, würde dies zum Tod führen. Unser Organismus würde dann aussteigen aus einer Lebenssituation, die für ihn nicht mehr zu bewältigen wäre.

Nehmen wir noch einmal das dramatische Beispiel des 11. 9. 2001: Einige Menschen sprangen im 94. Stockwerk des brennenden Turms aus dem Fenster. Der Bauch – nicht der Kopf – traf unter unendlichem Stress diese »irre« Entscheidung, in der Annahme, es sei das kleinere Übel. Aus Sicht des Bauches verständlich: besser vier bis sechs Sekunden freier Fall bis zum Ende als langsam und vermutlich qualvoll umkommen. Dabei war Kognos, der Kopf, gänzlich ausgeschaltet. Und auch hier gilt es wieder zu beachten, wie individuell verschieden die jeweiligen Stressfaktoren empfunden wurden, denn nicht alle der Betroffenen trafen diese Entscheidung.

Stellt man nun die Frage, so wie die Universität Tübingen es in einer Studie kürzlich tat, warum Menschen freiwillig aus dem Leben scheiden, dann kommt man schnell dahinter, dass alle Selbstmörder wenigstens eines gemeinsam haben: Die drei Faktoren bilden keine nebeneinander liegenden Mengen mehr, sie überdecken sich fast völlig und treten zeitgleich auf.

Hohe Impulsdichte ... Kein Handlungsspielraum mehr in Sicht ... Ich fühle mich völlig wertlos ... alles zur gleichen Zeit und hochintensiv.

So »freiwillig« ist der Schritt in den Tod dann nämlich gar nicht, sagen die Neuropsychologen. Dieser letzte Schritt wäre nur letzte Konsequenz, das Faktorendilemma zu verlassen. Das wäre dann die Auswahl des subjektiv kleineren Übels. Diese Auswahl trifft allein unser Nylonstrumpf, und nicht der Kopf.

Böser Bär und Autobahn: Körperliche Auswirkung von Stress

Was passiert eigentlich aus medizinischer Sicht bei sich überdeckenden Stressfaktoren, bei Mega-Stress? Warum erleiden wir Menschen dann möglicherweise recht schnell körperlichen Schaden?

Unser Organismus, unser Körper, hat sich seit rund 420 000 Jahren nicht sehr verändert. Es dauert halt sehr lange, bis mutative oder genetische Veränderungen wirksam werden. Das bedeutet, wir leben in einer Welt, die wir im wahrsten Sinne des Wortes nicht begreifen. Es macht Stress, dass wir immer nur einen Ausschnitt des Ganzen begreifen. Und dass wir im Grunde körperlich so reagieren, als wären wir noch Jäger und Sammler. Das Stresshormon »Adrenalin« war ursprünglich dafür gedacht, dass wir Menschen uns aus dem Staub machten, wenn der Säbelzahntiger hinter dem Felsen brüllte. Und damit wir auch genug Kraftreserven hatten, sobald die Säbelzahnmieze brüllte, wurden beim Ausstoß von Adrenalin alle nicht nötigen Körperfunktionen annähernd auf null reduziert.

Bei Stress – also bei Adrenalinausstoß aus den Nebennieren an das Gehirn – hat kein Mensch mehr Hunger, Durst oder Lust auf Sex. Aber in die Hose macht man sich bei Mega-Stress schon mal. Das bedeutet, sogar die Energie, das eigene

Entsorgungssystem (Schließmuskelsystem) zu kontrollieren, wird vom Bauch abgezogen und in Fluchtenergie umgewandelt.

Das alles wäre im Grunde genommen in unserer heutigen Zeit ziemlich überflüssig. Wenn Ihr Lehrer, Ihr Boss, Ihr GmbH-Gesellschafter oder Ihr Shareholder mit Ihnen »Schlitten fährt«, können Sie eh nicht flüchten. Und den Kopf reißt Ihnen auch niemand mehr ab. Aber unser Körper weiß das nicht – er ist in der Entwicklung stehen geblieben. Er *will* flüchten. Adrenalin verdünnt das Blut und erhöht gleichzeitig den Blutdruck. Das hat zur Folge, dass man größere körperliche (Flucht-)Belastungen besser und länger aushält. Und das findet unser Körper heute noch sehr sinnvoll. Der Körper geht ja davon aus, dass die körperlichen Gefahren noch lauern und der böse Bär hinter der Lichtung auf uns wartet, um uns aufzufressen. Da macht das körperliche Vorbereiten einer gut organisierten Flucht schon Sinn – im Sinne von »Überleben«. Adrenalin in Verbindung mit ein paar anderen Botenstoffen ist in extremen Stressfällen sogar in der Lage, ein Menschenleben sofort und in Bruchteilen von Sekunden zu beenden.

Der beste Freund des Adrenalins ist eine noch viel gefährlichere Enzymverbindung: das *Cortisol*. Nicht zu verwechseln mit dem therapeutischen Universalmittel »Cortison«. Cortison ist ein Medikament. Cortisol hingegen ist das eigentlich böse Stresshormon. Es tritt im Körper immer dann auf, wenn Adrenalin abgesondert wird. Cortisol lässt sich sehr leicht durch eine Speichelprobe nachweisen, denn es hat eine wichtige Eigenschaft, die eher unangenehm ist: Bei jedem Ausstoß registriert es sich im Körper. Das heißt, der Cortisolausstoß wird vom Gehirn »aufgeschrieben« – und zwar notiert es *sämtliche* Cortisolmengen, die wir je abbekommen haben. Der Körper »sammelt« seine Kenntnis von Stress, sein persönliches »Stresserleben« ein Leben lang. Er ist sehr lernfähig und sehr nachtragend.

Daraus resultiert, dass Menschen mit hohen notierten Cortisolmengen eine ganz spezifische Stresskarriere hinter sich gebracht haben müssen. Hier liegt der Vergleich mit einer Suchtkrankheit nahe. Zwar nicht inhaltlich, aber prinzipiell. Bei einem Alkoholiker kennen wir ebenfalls den Begriff der so genannten »Alkoholkarriere«. Das heißt, niemand wird zum Alkoholiker, weil er »mal« was trinkt. Es braucht Jahre, um in das Gamma-Stadium des Alkoholikerdaseins zu kommen. Es ist jahrelange, mordsmäßige »Saufarbeit« nötig, um endlich ein anständiger Alkoholiker zu werden – und dem Tode ins Auge zu sehen.

So ähnlich verhält es sich auch mit der Stresskarriere: Jeder Cortisolausstoß bringt uns dem Tod ein bisschen näher. Denn Cortisol hat die Eigenart, Gehirnzellen zu zerstören. Je mehr Cortisol ein Mensch im Laufe der Jahre und Jahrzehnte in sich getragen hat, umso mehr Gehirnzellen werden in ihrer Funktionalität endgültig zerstört. Der Stress summiert sich, summiert sich, summiert sich ... Der Cortisoleffekt im Gehirn ist dem der Alzheimer'schen Krankheit sehr ähnlich.

Forschungen haben ergeben, dass Menschen, die über Jahre hinweg unter starkem, negativem Stress standen (meist unter starkem Wertebedrohungsstress), im Alter ganz erhebliche Wahrnehmungs- und Orientierungsschwierigkeiten haben. Und der gesammelte Stress kostet dann irgendwann echte Lebensjahre.

Ist ein Mensch weniger stressanfällig, besitzt er also etwa das »Frustrationstoleranz-Gen«, strömt bei ihm entsprechend weniger Cortisol durch den Organismus. Es gibt sogar Menschen, die selbst unter Todesstress einen völlig normalen Blutdruck, einen völlig normalen Hautspannungswiderstand, eine ganz normale Atmung, normalen Puls und keinerlei Stresssymptome haben. Diese seltenen Exemplare können dann auch staubtrocken Entscheidungen treffen – und keine der Entscheidungen kommt aus dem Bauch. Das ist allerdings wirklich sehr selten. Über diese Art von genetisch bedingter Stresswiderstandsfähigkeit verfügen nur 0,04% aller Menschen. Das wären nur 4 von 10 000 – James Bond, Rambo, Chuck Norris & Co. inklusive.

Wenn wir »Otto Normalos« nicht über das Anti-Frust-Gen verfügen, gibt es für uns den Psychowirkstoff »Benzodiazepin«. Darüber verfügt die nächste Apotheke. Man kann nämlich die Stressannahme konsequent verweigern. Zum Beispiel mit einem dieser »Benzo«-Produkte, was allerdings mit gefährlichen Nebenwirkungen einhergeht.

Was kann man gegen Stress und Cortisolpeinigung tun?

Überprüfen Sie ständig Ihr persönliches Stresspotenzial. Untersuchen Sie zunächst solche Lebensfaktoren, die ...

- Impulse vermehren ...
- Handlungsspielräume einschränken ...
- Werte bedrohen ...

Tun Sie das schriftlich. Erstellen Sie anhand von Tagesplänen für zwei oder drei Wochen einen persönlichen Impuls-, Handlungsspielraum- und Wertebedrohungsplan. Wenn Sie dadurch entdecken, was und wer den Stress in Ihnen auslöst, ist das schon die halbe Miete. Als Nächstes versuchen Sie, ganz bewusst solche Faktoren auszuschließen, die Ihre Werte bedrohen und Spielräume einschränken. An der Menge der Impulse – am ersten Faktor sozusagen – wird man nur schwer etwas ändern können, zum Beispiel in einem anstrengenden Job. Aber die beiden anderen Faktoren lassen sich durchaus »organisieren«.

Da Sie nun Kenntnis darüber haben, was »Stress« ausmacht und wie »Stress« funktioniert, sollten Sie die Faktoren zwei und drei »organisieren« lernen. Weg mit den Faktoren, weg mit der Wertebedrohung! Im Zweifel suchen Sie sich ein anderes Betätigungsfeld. Welche Konsequenzen der Bauch aus diesen Zusammenhängen entwickelt, werden wir noch sehen.

FAZIT

- Stress besteht aus drei wesentliche Faktoren, die auf uns Menschen einwirken. Eine Rolle spielen:
  1. die Impulsdichte, das heißt, die Menge der akustischen, optischen, taktilen oder anderer Impulse, die auf uns einwirken,
  2. die Einschränkung unseres Entscheidungsspielraums,
  3. die Bedrohung unserer eigenen Wertevorstellungen, Haltungen und Einstellungen.
- Unter Stresseinwirkung können wir Menschen nicht mehr kognitiv entscheiden. Wir überlassen die Entscheidungen unserem Bauchprogramm. Der Nylonstrumpf entscheidet mit dem emotionalen Zentrum in unserem Gehirn, was zu tun ist – und nicht mehr unser Kopf allein.
- Man kann zwei der drei Stressfaktoren ganz gut in den Griff kriegen.

Der Bauch denkt ... in Programmen

Unter einem Programm versteht man landläufig den vorgefertigten, sinnvoll geplanten Ablauf von etwas. Zum Beispiel könnte ein Theaterabend ein fixiertes, vorgefertigtes Programm haben, das den Ablauf des Abends regelt. Nach dem ersten Akt kommt der zweite Akt, dann die Pause, dann der dritte Akt des Theaterstücks und danach eine kleine Party mit den Schauspielern und Gästen. Solch ein geregeltes Programm gibt Sicherheit. Da kommt nichts mehr dazwischen, da geht nichts schief.

Auch der enterische Nylonstrumpf in unserem Bauch folgt einigen sehr fest fixierten Programmen. Im ersten Kapitel (Seite 22, 29 ff.) sowie im zweiten Kapitel (Seite 36 f.) bin ich auf diese Erkenntnis schon einmal eingegangen und will nun hier näher erläutern, was es mit der Funktion der Programme auf sich hat.

Das wesentlichste Programm des Nylonstrumpfs ist das archaische Ur-Programm. Es lautet: Tue nichts, was dein eigenes Überleben in Frage stellt. Treffe keine Entscheidungen, die dich (genau genommen den Eigentümer des Nylonstrumpfs) in Gefahr an Leib oder Leben bringen könnten. Auch unser Mandelkerngehirn kennt dieses Programm. Unser dort angesiedeltes Unterbewusstsein würde ebenfalls nichts entscheiden, was uns in Gefahr bringen würde. Es würde stattdessen immer versuchen, der Gefahr auszuweichen – koste es, was es wolle.

Wenn das tatsächlich so ist, dass dieses Ur-Programm so programmiert ist, warum nehmen dann zum Beispiel Terroristen den eigenen Tod in Kauf? Das passt doch nicht zu unserem angeblich in allen Menschen installierten archaischen Überlebensprogramm? Wenn eine solche Terrortat wie zum Beispiel in New York eine reine Bauchentscheidung ist, was stimmt denn da im Programm der Täter nicht? Haben die etwa ein anderes Programm? Zerstören Mandelkern und Nylonstrumpf sich nicht selbst bei einer solchen Selbstmordtat? Das wäre doch unlogisch, oder?

Wenn wir das Beispiel eines Selbstmörders betrachten, könnten wir auf die Idee kommen, dass sein Überlebensprogramm in einer gewissen Weise defekt sein müsste, denn es folgt ja nicht mehr dem Ziel des Überlebens im Sinne unseres Ur-Programms. Nein, bei einem Selbstmörder funktioniert das emotionale Schutzprogramm nach einer anderen Messlatte: Wenn das emotionale System den zukünftigen Tod subjektiv als angenehmer erlebt als das Weiterleben, dann kann eine reine Bauchentscheidung zum Tode führen, zum Selbstmord. Selbstmord ist, wie schon erwähnt, immer eine reine Bauchentscheidung, und Kognos – die Logik, das folgerichtige Denken – ist daran nicht beteiligt. Nur der Bauch entscheidet, was in einer bestimmten Situation der größtmögliche Erfolg wäre – auch wenn diese Entscheidung für Außenstehende unverständlich ist.

Die kriminologisch-wissenschaftliche Forschung unterstützt diese Ansicht mit einer ganz wesentlichen Erkenntnis. Bei Unfallopfern beispielsweise, die durch einen Verkehrsunfall zu Tode kommen, findet man bei der Obduktion überaus hohe Mengen des Botenstoffes »Cortisol« im Blut. Cortisol, das Stresshormon, Sie erinnern sich (siehe Seite 76 ff.)? Die Zeitverzögerung vom wirksamen Stressimpuls bis zum Absenden von Cortisol beläuft sich auf Zehntelsekundenbereiche. Das bedeutet: Ein Unfallopfer sieht und erlebt den nahenden Unfall, erstarrt vor Schreck, hat Stress bis an die Grenze von Herzinfarkt oder Gehirnschlag, hat einen Blutdruck, der fast die Kapillaren bersten lässt ... und dann, in der nächsten Sekunde, passiert der Unfall.

Auch bei Opfern von Flugzeugabstürzen findet man Cortisolmengen, die so hoch sind, dass man mit an Sicherheit grenzender Wahrscheinlichkeit annehmen kann, dass die Opfer den Absturz selbst nicht mehr bewusst erlebt haben. Sie starben vermutlich bereits Minuten vor dem Aufschlag an Herz- und Gehirninfarkt, einhergehend mit einem immens erhöhten Blutdruck.

Dieses Cortisol-Phänomen ist bei Selbstmördern jedoch nicht zu finden. Das bedeutet im Umkehrschluss, dass der emotionale Schutzmechanismus eines Selbstmörders den eigenen Tod (genau genommen den Prozess des eigenen Sterbens) als nicht bedrohlich erlebt. An diesem Cortisol-Phänomen erkennen die Gerichtsmediziner auch schnell, ob ein Selbstmord vorgetäuscht worden ist oder ob es sich eigentlich um Mord handelt. Beim vorgetäuschten Selbstmord fließt Cortisol in Mengen durch den Körper – beim echten Selbstmord nicht.

Also ist das Ur-Programm nicht defekt. Auch nicht bei einem Attentäter, der bei seinem Anschlag sein eigenes Sterben in Kauf nimmt. Voraussetzung für diese Verschiebung der Messlatte wäre allerdings, dass ein Attentäter (bzw. das Bauchsystem des Attentäters) im Tod den höheren subjektiven Wert sehen müsste. Und das ist bei den Selbstmord-Terroranschlägen in der Regel der Fall.

Die Fünf im Nylonstrumpf

Was hat es nun genau auf sich mit der Programmstruktur im Bauch? Das Ur-Überlebensprogramm ist nicht das einzige fixierte Programm im Nylonstrumpf. Wir kennen inzwischen weitere fünf Unterprogramme, die fest in unserem Bauchsystem installiert sind.

Das bedeutet, dass verschiedene Menschen verschiedenen Programmen folgen. Allerdings sind meist nicht alle Programme verfügbar – in der Regel haben wir nur Zugang zu zweien oder dreien, mehr nicht. Es ist sehr selten, dass ein Mensch über die bekannten fünf bzw. sechs Programme komplett verfügt. Bei neueren Forschungen wurde lediglich entdeckt, dass jemand, der innerhalb der weiteren fünf Bauchprogramme wechselt, also tatsächlich über alle verfügt, hochdepressiv, ziemlich erfolglos (im Sinne allgemeiner Erfolgskriterien unserer Industriegesellschaft) und wenig belastbar ist.

Ein komplexes Beispiel wird das Bauch-Programmsystem deutlich machen. Das Beispiel schildert die Geschichte von fünf Menschen, denen exakt das Gleiche widerfährt – alle fünf entscheiden aber völlig unterschiedlich aus dem Bauch heraus:

Ein kleiner Verpackungsbetrieb der Pharmazulieferbranche steckt in erheblichen wirtschaftlichen Schwierigkeiten. Der Betrieb steht kurz vor der Pleite. Erhebliche Außenstände scheinen uneinbringlich zu sein. Die Kunden zahlen nicht, der Sollsaldo auf dem Betriebskonto bei der örtlichen Bank wächst und wächst. Das führt dazu, dass fällige Rechnungen nicht mehr bezahlt werden können – was wiederum bewirkt, dass dem Betrieb allmählich seine Halbfertigwaren ausgehen, weil einige Lieferanten wegen der unbezahlten Rechnungen nicht mehr liefern. Die weitere Produktion des Betriebes ist damit gefährdet.

Die Bank ist inzwischen auch sehr nervös und hat gestern die Konten gesperrt. Der geschäftsführende Gesellschafter der Firma, Gerd W., fährt in die Stadt, um mit dem stellvertretenden Vorstand der Bank einen Krisenplan zu besprechen. Der Banker bleibt hart: »Personalabbau, basta. Da müssen fünf Leute gehen von den 18 Mitarbeitern in Ihrem Betrieb. Mit dem Abbau sparen wir monatlich fast 25 000 Euro inklusive der Personalnebenkosten. Dann kommen wir zunächst einmal zwei Monate weiter. Bis dahin könnten die Außenstände vielleicht zu 50% realisiert werden. Wenn Sie das Personal abbauen, öffnen wir die Konten wieder und erledigen die ausgehenden Rechnungen, sodass Sie weiter Verpackungen produzieren können. Die Auftragslage scheint in Ordnung zu sein, wenn Ihre Zahlen im Auftragsbuch stimmen.«

Der Geschäftsführer hat keine Wahl. Er muss fünf seiner Mitarbeiter nach Hause schicken. Aber wen? Er hat von allen Mitarbeitern den Eindruck, dass er nicht auf einen einzigen verzichten kann. Nun wird er zu diesem Schritt gezwungen, denn der Betrieb würde in der Tat dann viel Geld sparen. Er muss mit den betroffenen Leuten reden. Heute Abend wird er dann entscheiden, wer von den 18 Mitarbeitern gehen muss. Vielleicht hat er in einem Jahr wieder die Möglichkeit, die Leute erneut einzustellen. Keiner der fünf betroffenen Mitarbeiter, die gehen werden, hat sein Schicksal selbst verschuldet. Alle arbeiten sehr zufrieden stellend. Das macht die Entscheidung so schwierig.

Doch Gerd W. entscheidet schnell. Am nächsten Tag bereits hat er fünf Leute aus seinem Team entlassen. Sie konnten gleich gehen. Er rechnet nicht damit, dass ihm nun fünf Klagen vor dem Arbeitsgericht entgegenkommen. Die Mitarbeiter haben zugesagt, dass sie keinen »Stunk« machen werden. Denn bereits bei dem ersten verlorenen Prozess wäre die Firma gänzlich pleite und Gerd W. müsste die restlichen 13 Leute auch noch entlassen – und damit wäre nun wirklich niemandem geholfen. Betrachten wir nun aber einmal genau, wer entlassen worden ist:

Nr. 1 ... aus dem Entlassungs-Team ...

Der Arbeitnehmer Heinz K., 44 Jahre, Facharbeiter, stürzt nach der Entlassung in ein tiefes emotionales Loch. Ohne Arbeit hat er das Gefühl, nichts zu taugen. Arbeit, das bedeutete für ihn auch immer ein Stück Anerkennung. Und nun ist diese Anerkennung einfach weg. Er schämt sich wegen des Verlusts des Arbeitsplatzes. Kaum traut er sich, seinen Kindern davon zu erzählen. Nun gehört also auch er zu dem Heer der Verlierer, zu denen, die nichts mehr taugen, die zum alten Eisen gehören. Über Jahre hinweg war sein Angstbild, mit

Mitte 40 zum alten Eisen geworfen zu werden. Nun ist es Realität geworden. Seine Frau versucht ihn zu trösten. Heinz ist traurig und weint. Auch das ist ihm sehr peinlich, sogar gegenüber seiner eigenen Frau, mit der er nun schon seit 22 Jahren verheiratet ist. »Was sollen wir denn nun machen? Was soll nun werden«, fragt er sie mit erstickter Stimme. Aus seinen Worten sprechen Ratlosigkeit, Verzweiflung, Verbittertsein.

Nr. 2 ... aus dem Entlassungs-Team ...

Der Kollege Jürgen D., 36 Jahre, Ingenieur, fühlt sich sehr gut. Er reagiert auf diesen Schicksalsschlag beinahe richtig positiv. Er fand das tägliche Arbeiten schon immer eher lästig. Seine vielfältigen Interessen, Sport, Vereine und Familie lassen ihm kaum Zeit, über seine neu gewonnene Freiheit nachzudenken.

Nr. 3 ... aus dem Entlassungs-Team ...

Rita M., 39 Jahre, Teamsekretärin, weiß gar nicht, wie ihr geschieht. Sie war immer pünktlich, ordentlich, arbeitsam, zuverlässig und belastbar – und doch ist sie jetzt ohne Arbeit. Für sie bricht eine Welt zusammen. Hobbys hatte sie kaum, die Arbeit war ihr Leben, seit sie vor fünf Jahren geschieden worden war. Am nächsten Morgen bereits ist sie beim Arbeitsamt und reiht sich in die Gruppe der anderen ein, die zum Berater möchten. Mittags um 12 Uhr hat sie bereits drei Terminkarten in der Hand. Sie schreibt sofort blitzsaubere Bewerbungen, legt alle Zeugnisse bei, besorgt sich noch ein hübsches Foto von sich beim Fotografen an der Ecke – und sendet die Unterlagen an die drei Firmen, die ihr der Berater beim Arbeitsamt genannt hatte. Rita ist zwar nicht sehr flexibel, aber dafür sehr korrekt und flott. Und das führt dazu, dass sie drei Wochen nach der Entlassung wieder als Sekretärin in einem Verpackungsbetrieb in der Nachbarstadt Arbeit findet.

Nr. 4 ... aus dem Entlassungs-Team ...

Harald, 36 Jahre, Facharbeiter, ist ein sehr geselliger Typ, kennt Gott und die Welt im Ort und schmollt nicht sonderlich wegen des Arbeitsplatzverlustes. Er ist guter Dinge und ein unverbesserlicher Optimist. Der erste Weg führt ihn bereits am nächsten Tag zur örtlichen Arbeitsloseninitiative. Er übernimmt dort auch gleich die Funktion des Sekretärs. Der vorherige Sekretär ist ausgeschieden, weil er einen neuen Job gefunden hat. Die Chance für Harald, bald einen neuen Arbeitsplatz zu finden, scheint recht gut zu sein.

Nr. 5 ... aus dem Entlassungs-Team ...

Die anderen Kollegen sind mehr betroffen über die Entlassung von Ilona B., 54 Jahre, als die Facharbeiterin selbst. Ilona war so etwas wie die »Mama der Belegschaft«. Sie konnte zuhören wie keine andere und wusste immer einen Rat für das eine oder andere Problem. Allen tut es Leid, dass es auch Ilona getroffen hat. Sie hatte alle Geburtstage im Kopf, und ihre kleinen Geschenke zu Weihnachten und zu Nikolaus für die Kollegen waren immer rührend nett. Für Ilona ist die neue Situation als allein stehende Frau eher ein finanzielles Fiasko. Ihr ist klar, dass sie so schnell in diesem engen Arbeitsmarkt kaum eine neue Chance bekommt. So steckt sie ihre Energie dann auch sofort in die Dinge, die ihr außer der Arbeit bisher auch schon sehr wichtig waren: der Kirchenchor, die Arbeit bei der Arbeiterwohlfahrt und andere soziale Engagements. Sie fühlt sich wohl bei ihren neuen Aktivitäten und ist guter Dinge. Es wird sich in der Arbeitswelt schon noch eine Chance für sie ergeben. Da ist sie sich ziemlich sicher.

Die Geschichte dieser fünf völlig unterschiedlichen Menschen wird zeigen, nach welchen grundlegenden Programmen wir Menschen mit der Fähigkeit ausgestattet sind, mit dem Bauch zu »denken« – genauer gesagt, wie der *Bauch* in seinem jeweiligen Programm *denkt*. Denn wir können ja – um es nochmals zu betonen – dies gar nicht willentlich beeinflussen.

Die amerikanischen Neuropsychologen Cynthia Jonas, Merryl Reiman und David Rose machten 1999 eine geradezu bahnbrechende Entdeckung. Wir Menschen richten uns nach diesen verschiedenen Bauchprogrammen, und zwar wie folgt: Etwa 60% dieses jeweiligen »Programms« ist genetisch bedingt, also vererbt. Die anderen 40% werden von uns »erworben«, wie die Psychologen sagen. Das heißt, wir erlernen das entsprechende Bauchverhalten in der frühen bis späten Kindheit und in der Phase der frühen Jugendlichkeit – also vom 3. bis etwa zum 11. Lebensjahr – von den Eltern, von Vorbildern, vom Fernsehen, aus dem sozialen Umfeld. Beide Teile, die erlernten 60% und die erworbenen 40%, fügen sich zu einem neuen Ganzen zusammen und begleiten uns ein Leben lang bei allen Entscheidungen und Problemen, die wir versuchen, zu meistern.

Und noch ein Phänomen kommt hinzu: Derjenige, der 60% eines bestimmten Programms in sich trägt, ist bereit, die restlichen 40% »seines« Programms sehr schnell anzunehmen, zu »erwerben«. Es würde ihm sehr viel schwerer fallen, die fehlenden 40% aus einem anderen, ihm nicht bekannten Programm aufzufüllen.

Wenn uns der kognitive Entscheidungsspielraum zu klein wird oder wir kognitiv die Dinge nicht mehr in den Griff bekommen – dann entscheidet der Bauch mithilfe des Ur-Überlebensprogramms und mit der Hilfe eines oder mehrerer dieser fünf Unterprogramme. Besonders unter Stresseinwirkung greift der Bauch schnell auf eines dieser Programme zurück. Man kann sich das Bauch-Programmsystem am ehesten wie eine »Notbremse« vorstellen. Solange der Kopf alles im Griff hat im Leben, bleibt die Notbremse unbemerkt. Kommen die drei Stressfaktoren stärker auf uns zu (siehe Seite 69 ff.), wird von unseren Bauchprogrammen »notgebremst«. Bei höchstem Stress wird nur noch notgebremst und der Kopf ist der Notbremse völlig ausgeliefert.

Die fünf unterschiedlichen Verhaltensprogramme zu verändern ist ziemlich schwierig, sagen die Psychologen, es ist unmöglich, sagen die Neuropsychologen. Denn sie gehen davon aus, dass diese Programme weitgehend unveränderbar, biochemisch gesteuert im Bauch ablaufen. Und, so meinen sie weiter, diese Prozesse seien zwar von außen durchaus mit Medikamenten (Psychopharmaka) zu verändern, aber ohne von außen wirkende Einflüsse gäbe es auch keine Veränderung im Biosystem des Körpers (beispielsweise durch therapeutische Intervention, erhebliche persönliche Eingriffe in Lebensumstände wie Krankheit, Geburt, Tod usw.).

Das jeweilige Verhaltensprogramm bestimmt also unsere Stimmungslage, unser Temperament, unseren Umgang mit anderen und die grundsätzliche Strategie, wie wir an eine Entscheidung herangehen.

Und nun schauen wir uns einmal an, um welche fünf Programme es sich bei den entlassenen Mitarbeitern im genannten Beispiel handelt: Alle haben präzise das gleiche Problem – und reagieren doch völlig unterschiedlich darauf. Sie entwickeln fünf gänzlich verschiedene Entscheidungsstrategien für ein und dasselbe Problem: Jobverlust. Alle Entscheidungsstrategien der fünf betroffenen Leute kommen aus dem Bauch heraus und sind nicht kognitiv entschieden.

Nr. 1 ... aus dem Entlassungsteam ...

Der sensible, schüchterne Heinz K. ist ein Schulbeispiel für die Dominanz des Faktors »Nervosität und Sensibilität«. Diese beiden Begriffe bestimmen sein Leben und sein Entscheidungsverhalten. Das ist sein Bauchprogramm. An alles in seinem Leben, was nach »Problem« aussieht, geht er mit höchster Sensibilität und einer ausgeprägten Nervosität heran. Dinge distanziert zu betrachten, sie abzuwägen, mit dem Kopf an die Entscheidungen heranzugehen, ist in seinem Bauchprogramm nicht vorgesehen. Immer wenn er versuchte, kognitiv die Dinge zu sortieren, klarer, folgerichtiger zu sehen, war das seinem Bauch so unangenehm, dass Heinz K. es schnell wieder bleiben ließ, den Kopf zu befragen. Er kann sich deshalb nicht distanzierter verhalten, weil sein genetisches Set dies noch nie zugelassen hat. Denn da sind mehr als 60% Nervosität und Sensibilität bereits grundsätzlich fixiert.

Diese grundsätzliche Nervosität führt zu einem sensiblen Gemüt. Und das hat ihm schon so manche Sorge bereitet. Viel zu oft sieht er die Dinge eher zu kompliziert. Das geht nicht selten einher mit kollektiven, diffusen, nicht genau identifizierbaren Angstgefühlen. Ihm fehlt die Fähigkeit, das Wesentliche aus einer Sache herauszufiltern, um dann die Entscheidung konstruktiv anzugehen. Seine Entscheidungen aus dem Bauch sind Entscheidungen, die keine Stellung beziehen, nichts Konkretes bewirken. Er ist »indifferent« gegenüber den Faktoren, die auf ihn wirken. Sein Bauch hat Angst, etwas falsch zu entscheiden. Deshalb entscheidet er oft auch gar nicht und lässt die Dinge halt einfach laufen.

Nr. 2 ... aus dem Entlassungsteam ...

Der Kollege Jürgen D. zeigt, was die Dominanz des Programms von »Phantasie und Offenheit für Neues« aus einem Menschen machen kann. Er packt die Dinge an, als wäre nichts gewesen. Er fühlt sich durch die Entlassung weder behindert noch in seinen Werten bedroht. Durch seine Kreativität und seine Neugier wird es ihm gelingen, den Verlust des Arbeitsplatzes ohne jeden weiteren psychischen Schaden zu überstehen. Seine Bauchentscheidungen sind mutig und unbesorgt. Sein Bauch denkt über Komplikationen nicht nach. Der Bauch entscheidet schnell, manchmal allerdings zu schnell. Jürgen D. ist der typische Optimist. Seine Phantasie und seine Offenheit für Neues sind ihm allerdings auch manchmal hinderlich. Er kann sich für viele Dinge sehr schnell hochgradig begeistern – und die gleichen Dinge am nächsten Tag vehement ablehnen. Bei beiden Entscheidungsvorbereitungen ist er felsenfest davon überzeugt, richtig entschieden zu haben.

Dieses unreflektiert-kreative Entscheidungsverhalten kommt aus dem Bauch. Für eine Leitungsfunktion wäre er wenig geeignet. Man würde ihm vermutlich schnell nachsagen, dass er nicht so recht weiß, was er will.

Nr. 3 ... aus dem Entlassungsteam ...

Rita M. ist ein Mensch, für den Disziplin, Normverhalten und Ordnung eine große Rolle spielen. Kontrolle über die Dinge zu behalten ist die Leitlinie, der sie ein Leben lang folgt. Sie wird den persönlichen Erfolg nur über Disziplin und ordentliches Verhalten erreichen können. Ihre Bauchentscheidungen sind immer korrekt, nie verwegen oder phantasievoll.

Ihr Bauch reagiert immer dann positiv, wenn er einem Ordnungssystem folgen kann. Fehlt bei einer Entscheidung ein Ordnungssystem, reagiert sie aus dem Bauch heraus mit Verweigerung. Wenn man sich die Frage stellt, woher diese merkwürdige Starrheit kommt, die Sehnsucht, den vorgegebenen Leitlinien zu folgen, stoßen wir auf zwei Antworten: Erstens steht mit an Sicherheit grenzender Wahrscheinlichkeit fest, dass der genetisch dominante Elternteil über ein gleiches DNA-Set verfügt, also auch vorgegebenen Orientierungen und gegebenen Werten folgt. Dass die Eltern sich dann ihr eigenes Leben so einrichten, dass nichts gegen ihr Ordnungsprogramm läuft, ist klar. Rita M. hat dies also in ihrer Kindheit nie anders kennen gelernt – und sie verfügt über das gleiche Quellprogramm wie Vater oder Mutter.

So musste es zwangsweise dazu kommen, dass ihr Leben eine sehr feste Statik hat. Nur dann fühlt sie sich emotional wohl. Der Bauch bereitet ihre Entscheidungen natürlich entsprechend vor, statisch und unelastisch. Sie wird vermutlich niemals zu den Menschen gehören, die neue Ufer erkunden und in unbekannten Gefilden Triumphe feiern. Aber für sie definiert sich Erfolg auch anders: Erfolg ist, wenn man sich integriert und einen möglichst günstigen »CW« (Luftwiderstandsbeiwert) hat. So schlüpft sie stromlinienförmig durchs Leben. Das Risiko, dass sie dabei zu einer »Fälschung« wird und in Phantome schlüpft, ist groß. Und was das ganz konkret bedeutet, lesen Sie ab Seite 142.

Nr. 4 … aus dem Entlassungsteam …

Harald P. ist der »Extravertierte«, Kontaktfreude ist sein Kennzeichen. Ihm macht eine Niederlage nichts aus. Er weiß, dass er immer die richtigen Leute kennen lernen wird, um wieder Fuß zu fassen und sein Problem zu lösen. Er tut ganz unbewusst etwas dafür, sich an den richtigen Orten aufzuhalten, um in die Lage zu kommen, Menschen kennen zu lernen, die ihm dienlich sein können bzw. denen er dienlich sein kann. Dieser katzenhafte Automatismus bewahrt ihn vor fast jedem Schaden. Im Volksmund nennt man das »Der fällt immer wieder auf die Füße«. Es ist deshalb ein Automatismus, weil ihm gar nicht bewusst ist, dass er sich so verhält.

Nun gut: Jedes menschliche Programmverhalten ist in gewisser Hinsicht ein Automatismus. Aber bei Harald P. ist es etwas ganz Besonderes. Und zwar deshalb, weil es für den Bauch ziemlich schwierig ist, Bauchentscheidungen immer wieder an den Werten und Normsystemen von anderen auszurichten – nicht an den eigenen. Und die fremden Norm- und Moralwerte sind ja auch in jeder fremden, neuen Situation wieder neu definiert. Aber genau diese Elastizität hat der Bauch, damit Harald P. seine extrovertierten Entscheidungsvorbereitungen punktgenau treffen kann. Harald ist deshalb in der Lage, seine Werte- und Normsysteme zu wechseln, wie ein Chamäleon die Farbe. In der Politik würde das ein typischer »Wechselwähler« sein, der für die Parteilandschaft brandgefährlich ist. Denn keiner weiß, wie er morgen früh seinen Nutzen definiert und welchem Wert er folgt – und was er wählt.

Dieses chaotische Entscheidungsverhalten des Bauches ist aber nur vordergründig chaotisch. Schaut man hinter die Bauchkulisse und in die Biologie, dann finden wir in der Natur eine riesige Menge von Lebewesen, die sich prinzipiell (aber graduell abgestuft) so verhalten wie Harald P. Von den texanischen Wüstenmäusen bis zum Wasserbüffel, vom Delphin bis zum Schimpansen … alles Wechselwähler, bis hin zur Kanalratte. Die Wissenschaftler gehen davon aus, dass dieses Programm der Extravertiertheit und der elastischen Anpassung an fremde Werte und Normen erst dazu geführt hat, dass das Leben auf der Erde sich so hoch und intelligent hat entwickeln können. Harald P.s Programm ist eines der am weitesten verbreiteten Programme in uns Menschen. Es ist schon fast ein Überlebensprogramm.

Bei Harald P. ist es allerdings so dominant, dass die anderen Programme nur noch im Hintergrund ablaufen. Und das in fast allen Lebensbereichen und fast immer. Kognitives Denken liegt ihm gar nicht. Er kam bisher mit seinen selbstdarstellerischen Bauchentscheidungen gut durchs Leben. Sein Bauch ist ein Überlebenskünstler, der sich sofort schlitzohrig darauf einstellt, sich die passenden Partner zu beschaffen, an die er sich normativ und wertemäßig anlehnen kann. Ein Bauchgespür für »Vitamin B« liegt ihm fast schon im Blut.

Nr. 5 ... aus dem Entlassungsteam ...

Ilona B., Facharbeiterin, ist der Inbegriff von »Liebe und Fürsorge und sozialem Engagement.« Echte Hilfe am Nächsten ist für sie wichtig. Sie ist zufrieden und glücklich, wenn sie andere bemuttern kann. Ob da eine neue Arbeitsstelle kommt, das mag die Zukunft bringen. Sie muss sich zwar etwas einschränken, aber davon geht die Welt nicht unter. Sie ist optimistisch in der Grundhaltung und wird die Dinge schon meistern, davon ist sie überzeugt. Sie hat in ihrem Leben gelernt: Wie man in den Wald hineinruft, so schallt es auch heraus. Im Gegensatz zu Harald P. (dem Populisten) verhält sie sich allerdings authentischer beim »Rufen in den Wald«. Das heißt, sie neigt nicht dazu, ihre eigenen Norm- und Moralwerte an andere, fremde Norm- und Moralwerte zu adaptieren. Sie mag Menschen und daraus ergibt sich, dass auch sie gemocht wird. Deshalb hat sie es gar nicht so nötig, sich vordergründig friedfertig anzupassen.

Sie bekommt von ihrer Umwelt sehr viel herzliche Zuwendung und viel Anerkennung für ihr soziales Engagement. Ihre Bauchentscheidungen orientieren sich allerdings schon sehr an der möglichen Rückmeldung von anderen und durch andere. Und ihre Bauchentscheidungen sind immer dann sehr schnell, wenn subjektiv Aberkennung von außen signalisiert wird. Das kognitive Entscheiden ist nicht ihre Stärke. Der Bauch fühlt sich nur dann so richtig wohl, wenn er von anderen »gebauchpinselt« wird. So trifft sie auch fast alle ihrer Entscheidungen.

Das führt dazu, dass sie in ihrer Hilfsbereitschaft schon häufig ausgenutzt worden ist. Dem Bauch macht das aber nichts weiter aus. Er bemerkt das gar nicht. Für einen Job als Politikerin wäre die Dame absolut ungeeignet. Auch eine Leitungsfunktion im Betrieb würde ihr ganz erhebliche Schwierigkeiten bereiten – wenn sie unpopuläre und menschlich weitreichende Entscheidungen treffen müsste, Entlassungen oder Kündigungen zum Beispiel.

FAZIT

- Wir verfügen über ein 400 000 Jahre altes Bauch-Urprogramm das unser Überleben sichern soll.
- Zusätzlich verfügen wir Menschen interkulturell (also überall auf der Welt) über fünf weitere fixierte Unterprogramme, die der Bauch bestimmt. Diese fünf Programme sind die Leitlinie für unser Entscheidungsverhalten, doch wir reagieren in der Regel nur aus zwei oder drei Programmen heraus.
- Es kann sein, dass es noch andere Programme gibt, die der Bauch zur Entscheidung zur Verfügung hat. Die Wissenschaftler vermuten allerdings, dass es keine signifikanten weiteren inneren Programme gibt, denen wir folgen. Diese Logik resultiert aus den empirischen Erkenntnissen der Persönlichkeitsforschung.

Die Programme – und die Konsequenzen daraus

Die genannten fünf Bauchprogramme wirken so stark in uns Menschen, und zwar kulturunabhängig, dass wir uns niemals von ihnen so einfach entfernen können, und sind ziemlich statisch. Das bedeutet, Veränderungen innerhalb der Programme oder der Wechsel zu einem anderen Programm sind weitgehend ausgeschlossen. Ist das jeweilige Programm einmal im Thalamus (Gehirnbereich, der für das emotionale Erleben verantwortlich ist) und im enterischen Nervensystem installiert, bleibt die Festplatte unveränderbar, so, als ob sie mit einem Schreibschutz versehen worden wäre. Der Kreative wird unter keinen Umständen nervös oder wird sensible Bauchentscheidungen treffen. Der Jammernde wird niemals zum sozial engagierten Entscheider. Der Kontaktfreudige wird in allen Lebenslagen der Kontakter bleiben, mögen die Probleme auch noch so »dicke« kommen.

Die fünf Programme bestehen allerdings nicht in goldener Reinform. Häufig treffen wir auf Kombinationen und Mischformen, und eher selten kommt es vor, dass ein bestimmtes Programm 1 : 1 in einem Menschen installiert ist. Derjenige ist dann allerdings mit seinen Entscheidungen auch recht gut zu identifizieren – so, wie die fünf Angestellten in unserem Beispiel sehr klar und deutlich ihrem ganz persönlichen Programm folgen.

Selten ist es, dass mehr als zwei der Programme einander überlappen. Bei einigen Kombinationen der Programme tauchen neurotische Probleme auf. Zum Beispiel bei der Kombination »Liebe/Fürsorglichkeit« mit »Sensibilität/Nervosität«.

Menschen mit dieser Art von Kombination sind die heulendsten Sensibelchen überhaupt und es könnte sein, dass sie sich häufig hart an der Grenze der Lebensuntüchtigkeit bewegen. Sie treffen Bauchentscheidungen am laufenden Band und können den Kopf kaum mehr in ihr Entscheidungsverhalten mit einbeziehen.

Die Kombination zwischen »Offenheit/Phantasie« und »Extravertiertheit/Kontaktfreude« kann ebenfalls zu dramatischen Konsequenzen bei der Entscheidungsfindung führen. Da hätten wir es tatsächlich mit einem »Hans Dampf in allen Gassen« zu tun, der den Boden der Tatsachen nicht nur manchmal verlässt, sondern ständig in Phantasiegebilden herumfliegt wie zum Beispiel Peter Pan.

Aus der Erkenntnis, dass die fünf Unterprogramme erstens vorhanden und zweitens nicht so einfach veränderbar sind, ergeben sich zwei wesentliche Konsequenzen, wenn man tatsächlich vorhätte, sein Programm aktiv verändern zu wollen, weil man vielleicht mit seinem derzeitigen Programm nicht ganz so zufrieden ist oder eine Ergänzung oder Modifikation günstig wäre.

Ohne Nutzen tut der Bauch gar nichts

Unser eigenes Bauchentscheidungsprogramm ist uns nicht bewusst, wir kennen es nicht, aber wir leben darin. Wir sind die Allerletzten, die es bemerken. Wenn man je vorhätte, sein persönliches Bauchprogramm zu verändern (es könnte ja sein, dass man mit seinem derzeitigen Programm zu viele falsche Entscheidungen trifft und nicht zufrieden ist), dann müsste man wissen, zu welchem Typ man gehört – um erstens damit besser umzugehen und zweitens, um zu erkennen, ob es sich lohnt, den Aufwand zu betreiben, ein Programm verändern zu wollen, bzw. um die geeigneten Methoden des Veränderungsprozesses auswählen zu können. Hier reicht die reine Vermutung »Ich bin ein zu nervöser, sensibler Bauchentscheider« nicht aus. Wie sich das eigene Entscheidungsverhalten beobachten lässt und was man tun kann, um seinen Bauch »zu hören«, werden wir uns in Teil 2 des Buches näher anschauen (Seite 153 ff.).

Durch die Programme in uns wird auch unsere ganz spezifische Nutzenvorstellung zu Entscheidungsprozessen »eingestellt« oder »feinjustiert«. Wenn man davon ausgeht, dass kein Mensch auf der Welt irgendetwas tut oder unterlässt, ohne einen irgendwie gearteten Nutzen davon zu haben, im extremsten Fall den nackten Überlebensnutzen, dann ergibt sich daraus, dass die fünf Programme dafür sorgen, dass die jeweiligen Nutzenvorstellungen der Programminhaber grundsätzlich unterschiedlich sein können.

Was heißt das im Einzelnen? Nutzen definiert sich sehr klar und sehr übersichtlich. Oberflächlich betrachtet könnte man vermuten, dass es eine Unmenge von Nutzenphantasien gibt, die ein Mensch haben könnte. Tatsächlich jedoch sind unsere persönlichen Nutzenphantasien sehr begrenzt und ziemlich statisch. Es gibt nämlich nur deren *sieben* bei den Entscheidungsvorbereitungen – und nicht etwa Tausende, wie man vermuten könnte. Diese sieben Nutzenvorstellungen sind alle gleich wertvoll oder wertlos. Sie sind gleich stark, gleich berechtigt. Insofern ist die nachfolgende Nummerierung der für eine Entscheidung wichtigen Nutzenvorstellungen lediglich ein Hilfskonstrukt, das der Übersichtlichkeit dient.

1. Anerkennung und Prestige,

Vermeidung von Peinlichkeit und Lächerlichkeit. Die dahinter stehende Frage lautet: Bringt mir meine Entscheidung einen Vorsprung in Sachen Anerkennung und Prestige? Bin ich in der Lage, durch die Entscheidung in meiner spezifischen Öffentlichkeit eine stärkere Position zu erlangen? Wird die Rückmeldung der anderen positiv oder anerkennend oder gar neidvoll sein? Hebe ich mich von den anderen ab, rage ich aus meiner kleinen »Masse« (meiner Öffentlichkeit) heraus? Wenn all das positiv beantwortet werden kann, genauer gesagt, wenn dies alles *sinngemäß positiv* beantwortet ist – dann wird vom Bauch entschieden: Ja, das machen wir jetzt, das bringt Anerkennung und Prestige. In dieser Nutzenphantasie wird auch der Faktor »Macht« und »Machtstreben« abgehandelt.

2. Gesundheitsstreben,

Streben nach körperlicher Unversehrtheit, Vermeiden von Krankheit oder Verletzung. Die dahinter stehende Frage lautet: Gefährdet die Entscheidung mein Leben? Gehe ich eine gesundheitliche Gefahr ein? Wenn der Bauch überprüft hat, dass keine Gefahr besteht, wird entschieden.

3. Sicherheit,

Soziale, persönliche, finanzielle, ethische, moralische und alle anderen Sicherheiten, denen wir nachjagen. Die dahinter stehende Frage: Bringt mir meine Entscheidung ein Mehr an Sicherheit? Wie auch immer das im konkreten Fall definiert sein mag. Vermutet der Bauch ein Mehr an Sicherheit, wird entschieden.

4. Bequemlichkeit,

Bequem da durchkommen, nicht zu viel arbeiten, faul sein, möglichst wenig Aufwand betreiben. Die dahinter stehende Frage lautet: Bringt mir meine Entscheidung ein Mehr an Bequemlichkeit? Wird mein Aufwand minimiert?

5. Neugier und Entdeckungsfreude.

Die dahinter stehende Frage lautet: Bringt mir meine Entscheidung eine Befriedigung meiner Neugier und meiner Entdeckungsfreude?

6. Soziales Engagement,

Echtes Kümmern um andere. Die dahinter stehende Frage lautet: Bringt mir meine Entscheidung eine Befriedigung meiner ethischen und moralischen Ansprüche an das Helfen? Hier ist ganz klar das Intrinsische gemeint. Hier geht es also um echtes soziales Engagement – und nicht um die 5 Euro, die man dem Deutschen Roten Kreuz in die Blechbüchse legt, um danach moralisch ungestört seine Weihnachtseinkäufe zu erledigen ...

7. Das Bereicherungsstreben.

Die dahinter stehende Frage lautet: Bringt mir meine Entscheidung ein Mehr an Geld oder Besitz? Werden meine materiellen Werte durch die Entscheidung vermehrt? Vermeide ich durch meine Entscheidung materielle Verluste?

In dieses bauchbiologische Entscheidungsmodell lassen sich alle, aber auch wirklich *alle* Entscheidungen der Menschen einpacken. Das haben die Werbemacher schon seit Jahren verstanden – aber nicht so formuliert. Werbung, Agenturen, Fernsehmacher etc. tragen diesem Modell jeweils Rechnung – ohne dass sie es je kennen gelernt haben.

Nehmen wir nur ein oder zwei Beispiele aus dem Kaufverhalten von Menschen. Auf den Seiten 47 ff. war von den allein erziehenden Müttern und ihrem Bauchentscheidungsverhalten beim Telefonmarketing die Rede – ein Beispiel, was selbstverständlich auch auf andere weibliche bzw. männliche Personen zutreffen kann: Der Antrieb nämlich, mehr zu kaufen oder überhaupt zu kaufen – gegen den Kopf und die Ratio zu entscheiden oder sich gar zu verschulden, ist in dem Siebener-Modell ganz deutlich abzulesen: Der Antrieb ist eine Mischung aus der 5, der 4 und der 1. Insbesondere das Programm Nummer 1 (Anerkennung, Peinlichkeit vermeiden, Prestige erlangen) greift stark in das Entscheidungsverhalten der antelefonierten Kundin/des Kunden ein. Nun wäre es wirklich eine psychologische Glanzleistung aller erster Ordnung, den Bauch auszuschalten, die Nummer 1 (Prestige und Anerkennung) zu vergessen und den jungen Verkäufer am Telefon kräftig abblitzen zu lassen. Aber das gelingt kaum jemandem mehr.

Es lassen sich Tausende von Beispielen finden, an denen sich messerscharf nachweisen lässt, dass wir Menschen einem bestimmten Nutzenmodell folgen. Und zwar in allen Lebenslagen. Warum haben Sie sich in den Besitz dieses Buches gebracht und machen sich die Mühe, es zu lesen?

- Nutzenvorstellung *Anerkennung und Prestige:* Es kann sein, dass ich mich persönlich erfolgreicher positioniere, wenn ich mehr Kenntnis über die Zusammenhänge des intuitiven Denkens habe.
- Nutzenvorstellung *Sicherheitsstreben:* Wenn ich das Buch lese, dann kann es sein, dass ich den Sockel meines Lebens noch stabiler ausgestalte. Das schafft Sicherheit im Umgang mit anderen.
- Nutzenvorstellung *Neugier und Entdeckungsfreude:* Wenn ich es lese, erfahre ich Neues.
- Nutzenvorstellung *Bereicherungsstreben:* Wenn ich es lese, dann kann es sein, dass ich zukünftig rationaler an die Dinge herangehe. Das spart manchmal Geld.
- Die *Gesundheit,* das *soziale Engagement* und die *Bequemlichkeit* fehlen hier. Denn es ist nicht bequem, zu lesen. Es muss nicht immer gesund sein und dass es sozial engagiert wäre, ein Buch zu erwerben, ist zunächst einmal etwas zweifelhaft.

Durch die Programme in uns wird auch unsere ganz spezifische Nutzenvorstellung zu Entscheidungsprozessen »eingestellt« oder »feinjustiert«, wie bereits erwähnt. Die Brücke zu den fünf Programmen ist überaus einfach zu schlagen. Man kann sich leicht vorstellen, dass ein Mensch, der zum Beispiel dem Programm »Normverhalten ist wichtig« folgt, bestimmte Punkte im Entscheidungsmodell eher bevorzugt, indem er zum Beispiel eher auf die Vermeidung von Peinlichkeit und auf den Gewinn von Anerkennung achtet. Und jemand, der dem Programm »Kreativ und neu« unterliegt, neigt eher dazu, dem Modellpunkt »Neugier« als Entscheidungsgrundlage zu folgen. Ein amerikanischer Sänger der 1950er-Jahren sang einmal den Song »You are an open Book«. Das gilt ganz besonders für unser aller Entscheidungsverhalten. Gute Menschenkenntnis ist förderlich, doch wenn wir für andere ein offenes Buch sind, kann das im negativen Fall dazu führen, dass wir für manipulative Zwecke benutzt werden. Bauchprogramm sei wachsam!

FAZIT

- Wir sind uns unserer Bauchprogramme nicht bewusst, benutzen sie aber ständig. Genauer: Der Bauch benutzt sie.
- Die Programme sind sehr statisch. Das bedeutet, sie können nicht so ohne weiteres verändert werden.
- Es gibt nur sieben Gründe (Motive), etwas zu tun oder zu lassen. Das »Siebener-Modell« entspricht den Programmen. Hätte man Kenntnis über die Programmstruktur eines Menschen, könnte man ihn ohne großen Aufwand in jede beliebige Richtung manipulieren. Nicht immer, aber meistens. Werbewirtschaft, Verkaufsabteilungen, Sekten etc. tun dies unaufhörlich. Meist sehr erfolgreich.

In welcher Welt leben wir eigentlich?

Die Welt hat sich mächtig verändert in den letzten vierzig Jahren. Hätte man zum Beispiel im Jahre 1969, als der Astronaut Neil Armstrong als erster Mensch den Mond betrat, ernsthaft behauptet, dass dreißig Jahre später, im Jahre 1999, ein ganz normaler Pentium-PC über mehr Rechnerkapazität verfügt als der damalige Großrechner der NASA, der den Mondflug berechnete – alle hätten nur mitleidig gelächelt.

Französische Forscher stellten unlängst einigen Passanten in einer der Einkaufsstraßen von Paris ein paar »ganz einfache Fragen«. Es ging zum Beispiel um die Funktionsweise eines Mikrowellengerätes, wie es inzwischen viele in der Küche stehen haben. Die Antworten waren beeindruckend. Nur 0,4% der Befragten konnten die Funktionsweise einer solchen Maschine auch nur im Ansatz erklären (4 von 1000) – und keine der Erklärungen war komplett richtig.

Die Frage der Forscher nach der technischen Funktionsweise eines GSM-Handys hätte man sich eigentlich schenken können. Niemand der 1100 befragten Männer und Frauen konnte die technische Funktionsweise eines solchen Handys richtig erklären – aber sie telefonierten ständig damit. Die meisten Befragten meinten, die Handys würden ihre Signale zu den Satelliten funken, damit die Daten von dort zum Empfängertelefon geleitet würden. Die Frage nach dem Handy-System UMTS war ebenfalls überflüssig. Null Prozent der Befragten konnte erklären, was das genau ist – geschweige denn, wie es funktioniert. Die Funktionsweise eines Turbo-Dieselmotors konnten allerdings 0,8% richtig erklären. Die

Antworten auf andere Fragen nach anderen technisch-wissenschaftlichen Gegebenheiten fielen ganz ähnlich mager aus. Aber, wie sagen die Wissenschaftler? Kein Ergebnis ist auch ein Ergebnis.

Offenbar begreifen wir Menschen nicht mehr so recht die Welt, in der wir leben. Wenn wir sie begreifen würden, so die französischen Wissenschaftler, müsste unser Kopf einen Durchmesser von neun Metern haben – und die darin befindliche Gehirnmasse zu 100% aktiviert sein. Da wir aber mit einem Gehirn ausgestattet sind, das sich seit rund 450 000 Jahren in seiner grundsätzlichen Bausubstanz sowie Arbeits- und Wahrnehmungsweise nicht mehr groß verändert hat, hapert es mit Verstehen. Wenn dem so ist, dann wäre es logisch (folgerichtig), dass wir auch all die Entscheidungsprozesse, die täglich von uns gefordert werden, nicht so recht schlüssig vorbereiten, geschweige denn sicher und kognitiv gesteuert entscheiden können. In der Tat, so ist es.

Wir laufen in dieser Welt herum und verlassen uns darauf, dass irgendjemand schon weiß, wie sie funktioniert. Immerhin haben wir ja vor über 100 Jahren mühsam die industrielle Arbeitsteilung eingeführt. Jeder versteht nur noch das, was er kann (manchmal nicht mal mehr das) – und am nahen Tellerrand hört häufig alle Erkenntnis des Einzelnen auf. Zugegeben, die Fragen der Franzosen waren fies. Ich selbst wäre dabei vermutlich auch flott am Tellerrand angelangt und hätte wahrscheinlich zickig zurückgefragt: »Wozu so was wissen müssen? Hauptsache, die Mikrowelle funktioniert!«

Was hat der Ausflug in unseren (mangelnden) Kenntnisstand mit dem Bauchdenken zu tun? Mehr, als man zunächst oberflächlich vermuten könnte. Im zweiten Kapitel (Seite 38) klang schon einmal an: Die Entscheidungsprozesse von uns Menschen sind kognitiv (mit dem Kopf) nur dann möglich, wenn wir über eine ausreichende, möglichst sogar über eine umfassende Kenntnis der messbaren, tatsächlichen Fakten verfügen. Nur wenn wir die einzelnen Fakten einer Problemstellung richtig in Zusammenhang bringen können, wird eine neue Gesamtheit daraus. Nur dann lässt sich ein komplexer Zusammenhang richtig (möglichst objektiv) beurteilen.

Diese Fähigkeit scheinen wir nicht (mehr) zu besitzen. Wahrscheinlich haben wir sie einmal besessen, vor einigen Hunderttausend Jahren – und zwar dort nur für einen ganz kurzen Zeitraum von etwa 30 000 Jahren, sagen die Wissenschaftler. Damals muss es so gewesen sein, dass die regionale Welt, in der die Menschen lebten, so überschaubar war, dass sie über alles Wichtige in der zugehörigen Sippe oder sozialen Gruppe informiert waren. Dann kamen andere Gruppen hinzu, andere soziale Geflechte – und aus war es mit der Kognition und der Überschaubarkeit. Die Komplexität unserer heutigen Welt lässt die Menge der für uns verwertbaren Fakten (das, was wir von den Dingen noch verstehen und überblicken) bei unseren Entscheidungen häufig auf ein Minimum reduziert erscheinen. Vielen Menschen macht das Angst.

Bauchgefühl im Business

Wir scheuen uns dennoch nicht, die allerbesten, sozial vollwertigen Szenarien unserer Welt aufzumalen und »auszumalen«. Zum Beispiel finden wir unter den sozial erwünschten Welt-Szenarien Behauptungen wieder, die allen neurowissenschaftlichen Erkenntnissen massiv widersprechen. Wenn wir uns das Berufsleben der Menschen in den Industriestaaten anschauen, fallen diese Irrtümer ganz besonders auf.

Die nachfolgenden Irrtumsformulierungen stammen aus dem Firmenexposé eines bundesdeutschen New-Economy-Unternehmens, das ins Trudeln kam und heute pleite ist.

1. Berufsleben-Irrtum:

Das Unternehmen von morgen ist das moderne, menschliche, vernetzte Unternehmen. Es erkennt frühzeitig alle Veränderungen am

Markt und reagiert richtig und just in time. Es geht mit Menschen menschlich um und fördert die Vielfalt, den Teamgeist und das Engagement aller Beteiligten. Gleichzeitig arbeitet es mit anderen Unternehmen in virtuellen Netzwerken eng und partnerschaftlich zusammen.

Insbesondere in komplexen Geschehen treten Konflikte und Stress auf. Doch wir Menschen gehen in Konfliktsituationen und unter Stresseinwirkung nicht partnerschaftlich miteinander um, sondern wir rivalisieren, wenn es sein muss, bis zur psychischen, sozialen oder gar physischen Vernichtung des anderen. Wir greifen dann auf unser Ur-Programm zurück und verbinden das Überlebens-Ur-Programm mit unserem jeweiligen Typ-Programm – und danach entscheidet der Bauch die Dinge, die zur Entscheidung anstehen. Da hat dann der Kopf meist nicht mehr viel zu bestellen. Unter massiver Stresseinwirkung verstärkt sich dieser unangenehme Effekt noch. Das Gefühl, in einer rivalisierenden Situation Prestige oder Anerkennung zu verlieren, die eigene Position in der Gruppe (der kleinen Öffentlichkeit) zu gefährden oder gar darin unterzugehen, macht uns panische Angst.

Wir folgen einem Ur-Bauchprogramm, dass uns jetzt ganz klar sagt: Entweder du oder ich – und im Zweifel immer ICH. Um das oben beschriebene partnerschaftliche Unternehmen in menschlicher Wärme und humaner Ausprägung zu erreichen, wäre es nötig, das ganz persönliche Ur-Rivalitätsprogramm der beteiligten Menschen positiv in den Griff zu bekommen.

Das allerdings wird so schnell nicht gelingen. Zwar arbeiten ganze Branchen daran (meine Psychobranche auch), den Unternehmen und Unternehmern beizubringen, dass emotionaler Krieg im Unternehmen unsinnig ist. Ein Heer von so genannten und selbst ernannten »Trainern« lebt davon. Aber der Erfolg zeigt sich immer nur für eine kurze Zeit und nur in kleinsten Schritten. Dabei werden die tatsächlichen emotionalen Rivalitäten in einem Unternehmen nicht etwa beseitigt oder eingedämmt. Sie werden meistens nur mit vordergründiger Friedfertigkeit maskiert und kosmetisch bearbeitet. Beim nächsten Konflikt kracht es wieder, die Maske fällt und der Bauch spricht eine eindeutig rivalisierende Sprache. Die Psychotrainer kümmert das nicht weiter. Sie haben ihr Geld und sind längst weg.

In den Zeiten von »Friede-Freude-Eierkuchen« ist es wahrlich kein Kunststück, den Bauch in die Ecke zu stellen und anständig, fair, weitsichtig, human, vernünftig, menschlich und so weiter ... miteinander umzugehen, denn wir haben keinen Stress. Keine erhöhte Impulsdichte, keinen eingeschränkten Handlungsspielraum, keine Wertebedrohung – nichts Böses ist in Sicht. Aber was passiert in Krisenzeiten? Und die haben wir, mehrmals täglich. Gäbe es in Unternehmen eine Krisenbimmel, würde sie vermutlich von morgens bis abends ununterbrochen läuten.

Damit der Bauch endlich die Klappe hielte, müsste man das Neuro-Biosystem des Menschen verändern – und das geht, wie schon erwähnt, nicht so ohne weiteres. Jenen zu kündigen, die ständig nach dem Bauch leben, ist auch keine Lösung. Denn die Nachfolger sind ebenfalls in ihren Programmabläufen fixiert. Und in der betrieblichen Praxis ist ein menschliches Ekel, das Euros produziert, höher angesehen als ein Humanist, der Miese macht.

Ob die Zeit auf lange Sicht das menschliche Miteinander auf verträglichere Sockel setzt? Wir Menschen bräuchten für eine genetische Veränderung unseres Ur-Aggressionsprogramms ein paar Millionen Jahre. In dieser Zeitspanne müssten völliger Friede und herzliche Eintracht unter uns Menschen herrschen – sonst hat das genetische Ur-Aggressionsprogramm keine Veranlassung zu einer Veränderung. Wir würden niemals lernen, das Ur-Rivalitätsprogramm in ein echtes Partnerpogramm weiterzuentwickeln, wenn das nicht im Sinne der Arterhaltung sinnvoll wäre. Sinn machen würde eine solche Programmveränderung für die Arterhaltung jedoch nur dann, wenn die Arterhaltung schlüssig abhängig wäre von einem partnerschaftlichem Umgang miteinander.

Arterhaltung ist aber nichts Partnerschaftliches, es ist keine Teamleistung nötig. Teamleistung ist sogar hinderlich im ganz persönlichen Wettbewerb der Gene. Arterhaltung kann ohne Selektierung und Aggression überhaupt nicht funktionieren. Nur der Stärkere, der Bessere, der Größere wird überleben, lautet das archaische Programm. Das gilt prinzipiell für alle Lebensbereiche, auch für den Betrieb, wenn auch mit graduellen Abstufungen. Unser Bauch weiß: Partnerschaftlicher Umgang miteinander schafft keine Leistungsauslese innerhalb eines sozialen Systems. Nur die Rivalität bewirkt dies und zeigt den Unterschied zwischen Minderleistung und Hochleistung.

Auch die Idee, ein komplexes Marktgeschehen oder ein komplexes Sozialgeschehen richtig und treffend zu interpretieren, ist lediglich hübsch und wünschenswert – mehr nicht. Verzerrte kognitive Strategien zu entwickeln, die mit der Realität nichts zu tun haben, sind die Spezialität von uns Menschen. Das Gehirn erhält Bauch-Fehlinformation am laufenden Band. Diese Fehlinformationen, die zu den kognitiven Verzerrungen (Falschbewertungen von Zusammenhängen) führen, resultieren aus der schon erwähnten Sturheit des Bauches, sich nur an dem zu orientieren, was er kennt. Kennt er es nicht – beginnt er zu fabulieren und gibt dem Gehirn die Informationen, die sich aus der Vergangenheit finden lassen. Ob sie für die neue Situation auch nur halbwegs passend sind, ignoriert der Bauch. Hauptsache, sein Programm wird nicht gestört. Wie heißt es so schön¿: »Wat der Bur (der Bauer) nit kennt, dat fritt (frisst) er nit.« Fast alle Bäuche der Welt verhalten sich so oder ähnlich und wagen sich an Neues kaum heran. Ihrer nicht und meiner nicht.

Das, was für den Umgang im betrieblichen Geschehen gilt, gilt auch für das Marktgeschehen. Es ist noch niemandem gelungen, eine auch nur annähernd treffsichere Prognose über ein komplexes Marktgeschehen zu entwickeln. Dazu wäre es erstens nötig, alle (*alle*) relevanten Informationen zu erlangen – und diese Informationen dann völlig objektiv zu bewerten –, ohne jeden intuitiven Einfluss. Zweitens wäre es nötig allen (*alle*) Interessengruppen, die an solch einem komplexen Marktgeschehen teilnehmen, ihre grundsätzlichen Ur-Rivalitäten wegzunehmen bzw. ihr Rivalenprogramm zu verändern und liebe, berechenbare Menschen aus ihnen zu machen. Dann könnte es vielleicht sein, dass alle objektiven Fakten von allen Beteiligten auch objektiv und ohne individuelle Bauchinteressen gesehen würden. Eine Illusion ...

»Fair« und »Wettbewerb« schließen sich in unserem Bauchprogramm grundsätzlich aus. Unser menschliches Programm ist nicht »fair«, aber es ist für »Wettbewerb«. Das nennen wir in der Wirtschaft dann schlicht »Verdrängungswettbewerb«. Allerdings tun wir nach außen hin immer so, als hätten wir Friede, Freude und Eierkuchen geradezu gepachtet.

2. Berufsleben-Irrtum:

Der Mitarbeiter von morgen ist der faire Brainworker, der hochgradig teamfähig im Austausch mit seinen Kollegen zum Wohle des Unternehmens arbeitet und seine Intelligenz und Kreativität in ehrlicher Kommunikation zum Wohle aller einsetzt.

Wenn ich zum Beispiel von einem jungen Mann in einem Betrieb tatsächlich Höchstleistung fordere, fordere ich gleichzeitig immer auch seine Distanzierung von »Minderleistung«. Ein Turm ist nur dann relativ hoch, wenn ich einen relativ kleineren Turm kenne und ihn zum Vergleich heranziehen kann. Ein Kind ist nur dann relativ lieb, wenn mir bekannt ist, was relativ böse bedeuten kann. Sonst funktioniert die Bewertung von subjektiven Verhältnismäßigkeiten nicht und Forderungen wie Höchstleistung oder außergewöhnliche Leistung bleiben begrifflich abstrakt. Doch damit können wir nichts anfangen.

Also kreiere ich im Kern sofort erneut massive Rivalität, und zwar in dem Moment, wo ich einen Mitarbeiter zur Höchstleistung auch nur auffordere. In erster Linie zwinge ich ihn mit meiner Forderung dazu, seine Intelligenz und seinen Bauch nicht etwa zum Wohle anderer einzusetzen, sondern zum aggressiven Schaffen von Abstand zwischen ihm und den Minderleistenden. Erbringt der Mitarbeiter die Leistung, die den Abstand zum Gewöhnlichen deutlich macht oder sich idealerweise möglichst weit vom Gewöhnlichen entfernt, dann nennen wir das Erfolg. Dann könnte der Mitarbeiter erwarten, dass ihm eine irgendwie geartete Belohnung winken würde. Anerkennung (mehr Anerkennung als andere), Geld, Prestige (mehr Prestige als andere) und so weiter. Da soziale Anerkennung für uns Menschen wichtiger ist als alles andere, lebenswichtig sozusagen, wird der Mitarbeiter für das Ziel der sozialen Anerkennung bereit sein, fast alles zu tun.

Dass er dabei auch unfaire Kommunikation, Macht, Intrige, unmoralisches Handeln und das gesamte Bauchspektrum einsetzt, ist nur folgerichtig. Wenn er sich nicht durch Leistung abgrenzt, dann tut es ein anderer im Betrieb. Und die Sache wäre zu seinen Ungunsten entschieden.

Wenn aber nun dennoch der »faire« Umgang miteinander gefordert ist, zwinge ich den jungen Mitarbeiter in ein künstliches soziales Rollenverhalten, das nicht seinem Bauchprinzip entspricht und im Widerspruch zur als »weniger gut« demonstrierten Minderleistung steht. Zwar geht es im sozialen Miteinander (glücklicherweise) nicht anders, als sich an eine gewisse betriebliche Teamsituation zu adaptieren und weitgehend fair miteinander umzugehen. Aber nur die Druckparameter, das heißt, die von außen auf den Mitarbeiter wirksamen »betrieblichen Erwünschtheitsregeln«, halten ihn letztendlich im Zaum. Er steht in einer dauernden Interessenabwägung: Bin ich tatsächlich fair zu den anderen Teammitgliedern, kann ich nicht zur Höchstform auflaufen – bin ich unfair zu den anderen, fliege ich raus. Also bin ich so fair wie nötig – und so unfair, wie es für die anderen und die Firmenleitung gerade noch erträglich ist. Dann klappt's mit dem Erfolg. Als in dem Film »Wallstreet« (mit Michael Douglas) jemand zu seinem langjährigen Geschäftspartner und besten Freund kam und sich darüber beklagte, dass er ihn gerade an der Börse ruiniert habe, sagte der zu ihm: »Wenn du einen Freund brauchst, schaff dir einen Hund an ...«

Warum verliert ein Manager seinen Job? Er wurde eingestellt, weil er eine hohe fachliche Kompetenz hat, das belegen seine Berufserfahrung und seine Zeugnisse. Er wird gefeuert, weil er Bauchentscheidungen getroffen hat, die nicht in das sozial erwünschte Raster der Firma passen. Entweder hat er sich im Sinne von Ur-Rivalität mit seinem Boss angelegt oder aber durch andere Rivalitäten Ärger im Betrieb veranstaltet. Ein Manager wird also wegen »Kognos« eingestellt und wegen »Bauch« gefeuert. Das allerdings gilt nicht nur für Manager. Auch alle anderen Arbeitnehmer, die ihren Job wegen »chemischer« Turbulenzen verlieren, scheitern in der Regel an ihrem Bauchdenken, und nicht an »Kognos«, dem Kopf.

Die paar Lebens- bzw. Berufskünstler, die es tatsächlich schaffen, sich in einem Unternehmen langfristig machtvoll und stark zu positionieren und dabei menschlich nicht zu scheitern, haben meine volle Anerkennung.

3. Berufsleben-Irrtum:

Der Kunde von morgen ist ein aufgeklärter Kunde. Er trifft seine Entscheidungen mittels des Internet und erstklassiger kognitiv-logischer Decision-Trees. Mit unserem One-to-One-Marketing setzen wir den Kunden in das zentrale Interesse aller unserer Aktivitäten.

Der Kunde von morgen wird bestimmt nicht anders sein als der Kunde von heute. Es sei denn, wir würden sein Konsum-Bauchprogramm verändern. Wir wissen seit Jahren aus dem Marketing, der Werbeindustrie und unendlichen Verbraucherforschungen, dass ein Kunde seine Kaufentscheidungsprozesse auf alles Mögliche begründet – jedenfalls nicht auf Kognition und Logik. Logik ist das Letzte, was ein Mensch bei einem Kaufentscheidungsprozess in Anspruch nimmt. Der Mensch handelt nicht als Homo oeconomicus (= der wirtschaftlich sinnvoll denkende Mensch). Er handelt als Homo chaotis, ist in seinen Kaufentscheidungsprozessen irrational, unlogisch, emotional und bauchgesteuert.

Wie sonst würde die Werbeindustrie es schaffen, haarsträubend dumme Werbespots zu platzieren, die den Abverkauf von völlig überflüssigen Produkten fördern, die zu überhöhten Preisen angeboten werden? Dass der Kunde moralisch hochwertig im Mittelpunkt des Marketinginteresses von Unternehmen steht, ist richtig und wünschenswert. Der geldwerte »Moralaufwand« des Unternehmens wird aber immer nur so hoch sein können, wie der geldwerte »Moralertrag« aus dem Kaufverhalten des Kunden dies zulässt – sonst kann man den Laden nämlich zumachen. Hier befinden sich die Unternehmen im heiklen Bereich der so genannten Grenzmoral.

Unter Grenzmoral versteht man eine Moralhaltung, die mit der tatsächlichen, intrinsischen Moralvorstellung einer Mutter Teresa nichts gemeinsam hat. Der Kunde wird nur insoweit gepflegt, als dass er seine eigene »Pflege« anständig bezahlt. Wie im Altersheim. Bezahlt er die Pflege nicht mehr, steht er nicht mehr im Mittelpunkt des Firmeninteresses. Um das rauszukriegen, gibt es die brandneue US-Idee, eine so genannte Customer-Value-Analyse zu machen. Darunter verstehen die ganz großen Globalplayer ein Analysesystem, das preisgibt, welcher der Kunden es überhaupt wert ist, dass man ihn pflegt. Kunden mit zu hohen Pflegekosten werden gecancelt und nicht mehr beliefert. Oder sie kommen in die Underdog-Abteilung und kriegen ab sofort eine Billigpflege.

Verhaltensregeln als »Maulkorb« für den Bauch

Betriebe von heute, die Szenarien wie die eben genannten entwickeln, meinen es gut. Doch sie müssen auf jeden Fall berücksichtigen, dass es nicht genügt, den Mitarbeitern »Fair-Play-Regeln« zu vermitteln, sondern es muss auch der *Nutzen* dieses sozialverträglichen Umgangs miteinander erkennbar werden. Beherzigen sie dies nicht, wird ihre Philosophie über kurz oder lang wahrscheinlich scheitern. Das individuelle Rivalitätsprogramm hat große Macht. Und der Bauch kennt offenbar keine moralischen Maßstabe. Wir Menschen halten uns zwar an Regeln für einen sozialverträglichen Umgang, aber nur solange wir dazu angehalten werden – manchmal funktioniert das sogar nur mit Druck.

Wir Menschen folgen meist nur dann den selbst gegebenen Regeln, wenn eine von uns akzeptierte Instanz (der Staat, ein Gericht, die Polizei, eine Armee, ein Chef usw.) die Einhaltung der Regeln sicherstellt und das Nichteinhalten der Regeln mit irgendwelchen negativen Sanktionen belegt ist. Fällt eines oder gar mehrere der sozial akzeptierten Kontrollorgane weg oder wird ein solches plötzlich nicht mehr von den Menschen akzeptiert, fallen wir in reines Bauchdenken zurück. Das Ur-Rivalitätsdenken nimmt sich dann, was zu beschaffen ist und was ihm subjektiv gut tut. Auch zulasten anderer, unter Umständen mit krimineller Energie.

Man stelle sich einmal das folgende Szenario vor: Ein Staat verliert aus irgendwelchen Gründen die Polizeihoheit. Es steht zu erwarten, dass kein Polizeiwagen, keine BGS-Streife, kein Gericht, kein Staatsanwalt, überhaupt niemand mehr sich für die Ahndung einer strafbaren Handlung interessiert. Was wäre die Folge? Ein nicht mehr überschaubares, unkontrollierbares Chaos, das eine bedrohliche Eigendynamik entwickeln würde. Erinnern wir uns, was im damaligen Jugoslawien passierte, als die angestammte Ordnungsmacht keine Ordnung mehr schaffen konnte. Es gab einen furchtbaren und langen Krieg der einzelnen ethnischen Gruppen. Kognos war völlig ausgeschaltet, es wurde vergewaltigt, gebrandschatzt und gemordet ohne Ende.

Ein anderes Beispiel: Nach dem 11. September 2001, so berichtete die Presse, wurde »Ground Zero« in New York sehr weiträumig abgesperrt, damit die Rettungsarbeiten eingeleitet werden konnten. Man versuchte, die Schaulustigen vom Geschehen fernzuhalten. Überall Polizeiabsperrungen, ganze Häuserblöcke waren evakuiert und menschenleer. Niemand kam durch – dachte man. Dennoch wurden in der Zeit vom 12. September bis zum 26. September mehr als 6300 Menschen wegen Plünderung oder Plünderungsversuchen im genannten Gebiet festgenommen. Das macht statistisch 450 Plünderer pro Nacht auf einem Gebiet von 4 Quadratkilometern. Da wurden bei Nacht und Nebel unter Inkaufnahme hoher Strafandrohungen Wohnungen ausgeräumt und Supermärkte geplündert. Dass die mehr als 6300 Plünderer sich dabei weder um Moral noch um Ethik und Sozialverträglichkeit kümmerten, stand zu erwarten.

Die Polizeibehörde sprach davon, dass man unter den festgenommenen Plünderern alle Berufsgruppen angetroffen habe: vom Arzt über den Rechtsanwalt bis hin zum Schuhputzer. Es sei also kein Phänomen der gesellschaftlichen Unterschicht gewesen. Bei allen diesen »menschlichen« Aktivitäten spielt Kognos (der Kopf) offenbar keine Rolle – der Bauch wird wach, nur er denkt beim Plündern, Morden und Brandschatzen – niemand sonst.

Dass dies seit Jahrtausenden unser inneres Programm ist, zeigt die Tatsache, dass wir Menschen seit den frühen Anfängen der Geschichtsschreibung Geschichten über mörderische Kriege aufgeschrieben haben. Zurzeit finden auf diesem Planeten um die 140 kriegerische Auseinandersetzungen statt. Nicht eine einzige davon ist durch Kognos ausgelöst. Alle kamen und kommen aus dem Bauch und dem Nylonstrumpf. Das »Unmenschliche« ist zutiefst »menschlich« begründet. Insoweit kann man sicher prognostizieren, dass wir auch zukünftig mit Krieg und Elend leben werden. Vermutlich noch einige Millionen Jahre lang, falls die Erde so lange mitmacht.

FAZIT

- Es besteht eine gewaltige Diskrepanz zwischen den sozial erwünschten Absichtserklärungen, die wir Menschen (nicht nur im Berufsleben) abgeben, und der tatsächlich gelebten Realität.
- Das Bauchdenken wirkt stärker in uns, als wir vermuten. Das Bauchdenken (besonders das Ur-Rivalitätsprogramm) hindert uns ständig daran, freiwillig sozialverträglich miteinander umzugehen.
- Wir reagieren nur dann sozialverträglich gegenüber anderen, wenn die Abwägung zwischen Moralertrag und Moralaufwand zugunsten des sozialverträglichen Umgangs spricht. Ist der Moralertrag zu teuer, lassen wir es.
- Wir gehen nur dann sozialverträglich mit anderen um, wenn wir permanent dazu aufgefordert werden.

Das Stufensystem der moralischen Bauchreife

Die Philosophie denkt seit Jahrhunderten über das menschliche Phänomen der moralischen Reife von Entscheidungsprozessen nach. Auch in diesem Buch haben wir gesehen, dass Bauchentscheidungen nur insoweit moralisch hochwertig sind, wie sie dem Eigentümer des Bauches einen irgendwie gearteten Nutzen bringen. Und, wie gesagt, der Bauch und sein enterisches System sind a-moralisch, also weder gut noch schlecht. Sie sind moralisch neutral, sozusagen.

Über das Thema der Moral und der guten oder bösen Entscheidungen wurde viel geschrieben. Große Philosophen dachten darüber nach. Immanuel Kant (1724 bis 1804) zum Beispiel. Der kluge Kant studierte Mathematik, Philosophie und Naturwissenschaften in Königsberg, wo er auch später, 1770, Professor für Metaphysik und Logik wurde. 1781 erschien sein Superwerk: *Die Kritik der reinen Vernunft*. 1788 veröffentlichte er *Die Kritik der Praktischen Vernunft*. Da war er bereits Rektor der Universität Königsberg. Er hielt in seinen Werken ein moralisches Ordnungssystem für zwingend nötig – wie wir in diesem Buch auch.

Er ging davon aus, dass Menschen (bzw. soziale Systeme, in denen Menschen leben) ohne ein irgendwie organisiertes Moralsystem in große Schwierigkeiten kommen könnten. Kant war klar, dass der Mensch irgendwo etwas Archaisches haben musste, das ihn daran hindert, von sich aus und in sich moralisch zu denken und zu fühlen. Er stellte daher in seinen beiden Standardwerken Regeln auf, die das sozialverträgliche Umgehen der Menschen miteinander sichern helfen sollten, wissend, dass der »Bauch« eben unvorstellbar archaisch reagieren kann.

Gleiche Verse waren vor rund 2000 Jahren bei Moses in Ägypten ebenfalls bekannt – und aufgeschrieben. Da standen auf ein paar Steintafeln solch einfache Dinge wie ... nicht töten, Eltern ehren, deinen Nächsten lieben ... und so weiter. Das nannten wir dann die Zehn Gebote. Seit Jahrtausenden haben sich die Menschen, ob gläubig oder ungläubig, ob Ägypter, Mayas, Muslime, Hindus, Christen oder Stammeshäuptlinge in Guinea, darauf verständigt, sich mit diesen uralten Regeln zu umgeben. Damit nicht alles schief geht, damit die Anarchie nicht überhand nimmt, damit die Dinge noch einigermaßen beherrschbar bleiben. Der Knigge für die Urvölker funktionierte nach sehr einfachen, aber wirksamen Regeln: Was du nicht willst, das man dir tu – das füg auch keinem anderen zu.

Immanuel Kant formulierte diese simple Wahrheit Jahrhunderte später wissenschaftlich korrekt: »Handle so, dass die Maxime deines Willens jederzeit zugleich als Prinzip einer allgemeinen Gesetzgebung gelten könnte.« Natürlich wimmelt die Geschichte von Verstößen gegen den kategorischen Imperativ von Immanuel Kant. Genau genommen ist die gesamte Menschheitsgeschichte eine endlose Serie von Versagen, wenn es um den »Kant-Knigge« geht. Kein Mensch von Rang hat sich bisher ernsthaft an diese Spielregel gehalten – weder Pharao Echnaton noch Pontius Pilatus, weder Napoleon noch manche Politiker unserer Tage. Und all die alten und neuen »Hitlers«, »Saddam Husseins« und »Bin Ladens« auf dieser Welt schon gar nicht.

Aber immerhin haben sich die Regeln bis heute gehalten. Was zumindest darauf schließen lässt, dass wir sie zumindest theoretisch anerkennen. Doch den meisten fehlt es aber wohl an moralischer Kraft und ethischer Stärke, sich auch nur einigermaßen verlässlich daran zu halten.

Moral, so sagt das Lexikon, ist ein System von Glaubenssätzen und Werthaltungen, das dazu dienen soll, richtig von falsch zu unterscheiden. Das Moralsystem soll sicherstellen, dass sich Menschen gegenüber anderen Menschen in einem sozialen Verbund (Gesellschaft) so verhalten bzw. so handeln, dass sie die Rechte der anderen nicht verletzen.

Auf der Leiter der Moral hängt so mancher in den Sprossen

1999 beschäftigte sich zum x-ten Mal ein Team von Wissenschaftlern der Yale-Universität (unter der Leitung von Steward Erikson) mit der Frage der Moralentwicklung bei Menschen. Annähernd jedes Jahr finden diese Untersuchungen statt. So kann beobachtet werden, wie sich von Generation zu Generation etwas verändert – oder auch nicht. Die Fragestellungen der Versuchsanordnung sind spannend: Hängt etwa moralisches Wissen mit moralischem Handeln zusammen? Handelt der, der mehr weiß über Moral, tatsächlich moralischer? Hat Moral etwas mit Intelligenz zu tun? Sind ältere Menschen moralischer als junge? Und so weiter ...

Die Wissenschaftler legten 400 Kindern im Alter von 10 bis 14 Jahren einen Test vor, der Auskunft über den spezifischen Wissensstand in Sachen Moral geben sollte. Das Ergebnis war beruhigend. Offenbar hatten die Kinder ein recht umfangreiches moralisches Wissen angesammelt. Verhalten sie sich aber auch moralisch? Das wäre ja zunächst einmal nur folgerichtig. Da Kinder für ihren Lebensunterhalt und ihr Überleben noch nicht selbst verantwortlich sind und auch keinem beruflichen oder politischen Machtsystem angehören, wäre es logisch, dass es Kindern sehr viel leichter fallen müsste, ihr Wissen über moralisches Verhalten auch aktiv anzuwenden. Die Kinder wurden nach dem Test in ihrem Verhalten beobachtet und regelmäßig zu den anstehenden Fragen interviewt. Die Beobachtungen fanden meist in der Schule statt, seltener zu Hause.

Der Versuch lief über Wochen hinweg und die Ergebnisse der Beobachtungen und Interviews waren wenig überraschend. Sie glichen den Ergebnissen von 1922, dem Beginn der Untersuchung. Die Kinder waren in manchen Situationen ehrlich – in anderen Situationen aber unehrlich. Statt einer allgemeinen Eigenschaft von Ehrlichkeit oder Unehrlichkeit zu folgen, entschieden die Kids *situationsabhängig*. Wenn das Ziel einer Handlung interessant schien, die »Belohnung« also verlockend war, wurde auch gern mal gelogen, um das Ziel zu erreichen – wenn das Risiko, ertappt zu werden, zu groß schien, war man ehrlich.

Es ist inzwischen eine gesicherte Erkenntnis der Verhaltenspsychologen, dass moralisches Wissen kein moralisches Handeln bedingt – es besteht keine Abhängigkeit. Folgerichtig gibt es also keine in der Persönlichkeit grundsätzlich verankerte Moralinstanz. Moral kommt aus dem Bauch und ist situativ bedingt – in jeder auf uns wirkenden Situation wird vom Bauch entschieden: Lohnt es sich, gegen die Moral zu entscheiden – oder gibt es dann Ärger?

Aha, deshalb also so viel Korruption, Krieg, Plünderung und Ärger in dieser Welt? Ja, auch deshalb. Aber nicht nur, wie wir sehen werden. Die Wissenschaftler stufen das Moralverhalten von Menschen in sieben qualitative Kategorien ein.

In der niedrigsten Kategorie, der *Stufe 1*, befinden sich die Babys. Sie unterscheiden alles um sie herum a-moralisch, also ohne jede Moral. Was nicht heißt, dass sie unmoralisch wären. Sie können lediglich weder gut noch böse voneinander unterscheiden. Sie folgen lediglich ihrem eigenen Bauchprinzip: Tut mir gut – oder tut mir nicht gut; fühle mich wohl oder fühle mich nicht wohl. Und danach wird entschieden. Fühlen sie sich nicht wohl, machen sie sich so lange (schreiend) bemerkbar, bis mit Hilfe von außen der Zustand wieder den gewünschten Grad erreicht.

In der *Qualitätsstufe 2* kommen Kosten-Nutzen-Überlegungen bei den Moralentscheidungen hinzu, aber auch die uralte Moralmesslatte: Auge um Auge, Zahn um Zahn. Wie du mir, so ich dir. Das ist die Stufe, auf der sich die Versuchskinder der genannten Studie befanden – wie ohnehin alle Jugendlichen im Alter zwischen 13 und 15. Sie sind in der Lage, sehr genau zu überlegen, ob eine Aktion ihnen einen Nutzen bringt oder nicht. Stets wird der persönliche Nutzen mit dem relativen Aufwand der Aktion abgeglichen, das Risiko mit dem möglichen Gewinn. Dabei ist der soziale Nutzen, der Nutzen für andere, genauso unwichtig wie das mögliche Risiko, in das sie den anderen möglicherweise bringen könnten. Nur der eigene Vorteil ist wichtig. Dann erst kommt alles andere.

Die Bauchmoral der 13- bis 15-Jährigen ist deshalb für uns Ältere nicht immer logisch nachvollziehbar. Da stellt man sich schon die Frage: Warum klaut eine junge Dame, 13 Jahre alt, im Kaufhaus eine Jeansjacke? Weil sie Nutzen und Risiko nicht richtig einschätzen kann. Und weil die Vorstellung, dass sie andere bei der Aktion schädigen könnte, das Kaufhaus zum Beispiel, noch sehr unterentwickelt ist. Auge um Auge, Zahn um Zahn – diese uralte Regel, die sich in den unterschiedlichsten Schriften wieder findet, beispielsweise in der Bibel oder dem Koran, ist ein weiteres Privileg der jugendlichen Moralwelt der Stufe 2.

Anders als beim kategorischen Imperativ des Immanuel Kant sehen die Kids die Sache genau umgekehrt: Das Verhalten der anderen wird zur Grundform, nicht das eigene Verhalten. Wenn der 14-jährige Hans dem 14-jährigen Peter als Methode der Konfliktlösung »eine reinhaut«, hat Hans den Maßstab für Peters zukünftiges Verhalten gesetzt. Also hat Peter das Bedürfnis, Gleiches mit Gleichem zu vergelten. Erst im Erwachsenenalter ab Moralstufe 3 lernen wir Menschen, die Dinge anders zu sehen. Nicht immer, aber meistens. Und nur dann, wenn der Bauch das auch so sieht.

Stufe 3 bis 4 der Moralqualitätsskala: Die Begriffe »Recht und Ordnung« kommen zusätzlich ins Kalkül. Das bedeutet, den gesellschaftlichen Regeln gehorchen, sich anpassen, Autoritäten akzeptieren. Das ist die durchschnittliche Moral-Zustandsqualität, in der die allermeisten Menschen sich befinden, wenn sie in den Industriestaaten leben. In den Entwicklungsländern, im Nahen und im Fernen Osten, in Indonesien oder Südamerika oder der Karibik gelten andere, etwas modifizierte Regelwerke des Moralumgangs.

Die *Stufe 4* definiert ziemlich genau den Menschentyp, den wir hierzulande gerne antreffen möchten: ordentlich, aber nicht überangepasst; wissend, dass Gesetze dazu da sind, beachtet zu werden; selten korrupt, wenig grob eigennützig, auch öfter mal gemeinnützig im Denken; interessiert sich außer für sich selber auch ernsthaft für sein menschliches Umfeld; lügt wenig, versucht den Weg der Wahrheit so gut zu gehen, wie es halt möglich ist, ohne andere oder sich selbst ständig zu schädigen. Der »4er« ist kein moralischer Überflieger – aber ein sozialisierter, vernünftiger Mitbürger, der nicht straffällig wird (zumindest nicht grob vorsätzlich), wenn überhaupt, eher leichtfertig. Dennoch neigt er dazu, seinen eigenen Nutzen bei seinen Aktivitäten selten aus den Augen zu lassen. Er wäre als Märtyrer weniger geeignet. Wenn's drauf ankommt, weiß sein Bauch schon, wo die Kirschen hängen.

Stufe 5 bis 6 der Moralskala ist etwas für die wirklich edleren unter uns: In dieser Heiligenscheinstufe setzen sich Menschen auch unter Inkaufnahme persönlicher Nachteile für den anderen ein. Sie dienen der allgemeinen Gerechtigkeit und den gesellschaftlichen Zielen mehr als die »4er«. Die Sozialverträglichkeit des Umgangs mit anderen hat für sie einen hohen Stellenwert. Sie würden sich eher die Zunge abbeißen, als einem Dritten wissentlich Schaden zuzufügen oder ihn wissentlich zu belügen oder ihn anderswie zu hintergehen. Sie halten sich so gut es geht an den Kantknigge. Interessant ist, dass ab dieser Stufe das Bauchdenken dem kognitiven Denken unterlegen ist. Der Bauch kommt mit seiner Ur-Rivalität nicht mehr unbedingt durch.

In der *Moralstufe 7* befinden sich Jesus, der Dalai Lama, Mutter Teresa und wenige andere schillernde Moralgrößen; vielleicht Martin Luther King oder Mahatma Gandhi oder so. Wir Otto-Normalos jedoch werden vermutlich niemals in »The Hall of Fame« der echt großen Moralapostel dieser Welt hineingelangen. Nicht mal der Papst hätte da eine reale Chance ...

Noch interessanter als die Erikson'sche Rangfolge der Moralausprägungen ist die Tatsache, dass jeder Mensch sich zu einer bestimmten Zeit immer nur auf einer der genannten Moralstufen befinden kann. Entweder niedrig oder hoch – nie beides zeitgleich.Er durchläuft in seiner persönlichen Entwicklung die Stufen stets der Reihe nach. Jede Stufe ist komplexer und höher angesiedelt als die vorherige. Allerdings: Auch rückwärts gehen ist möglich. Das hat dann etwas mit den jeweiligen »Settings« zu tun, wie wir noch sehen werden.

»Das ist der Hammer ...«, sagte meine Sekretärin, als sie das las: »Dann wäre es ja so, dass die heutige politische Kaste auf dem Moralniveau von 15-jährigen Kids steht. Suchen die nicht immer noch nach der Herkunft der 100 000 Mark von dem Weihrauch in der CDU-Affäre?« Ja, so ist es – aber nicht bei allen Politikern, glücklicherweise. Dennoch, eines ist richtig: Einfache Korruption ist Bestandteil der typischen Moralwelt der Kinder und jungen Jugendlichen. Diese Stufe 3 wird bei den meisten Menschen in den Industriestaaten mit etwa 13 Jahren erreicht. Stufe 4 erreichen viele schon nicht mehr, weil sie zu gut in Korruption und Lügen trainiert worden sind. Trainiert bedeutet: Sie haben in ihrer Entwicklung erlernt, dass Lügen und korruptes Verhalten offenbar zum Ziel führt und man persönlich damit durchaus erfolgreich sein kann.

Die Stufen ab 4 unterliegen nicht mehr der automatischen, menschlichen Entwicklung. Da müsste man schon konkret an sich selbst arbeiten, um sie und die oberhalb angesiedelten zu erreichen. Die höheren Stufen, so Professor Kohlberg, Universität von Kalifornien, in einer moraltheoretischen Studie, sind überhaupt erst mit einem bestimmten Lebensalter erreichbar. Und sie hängen ganz intensiv mit der intellektuellen Fähigkeit und noch intensiver mit dem philosophischen Bildungsstand und der Lebenserfahrung des jeweiligen Betroffenen zusammen. Das bedeutet, den Bauch in den Griff zu kriegen, gelingt den Älteren eher als den Jüngeren.

Und noch etwas: Ein ganz wesentlicher Unterschied besteht zwischen dem, wie Menschen moralisch »urteilen«, und dem, wie sie konkret »handeln«. Sie können durchaus in ihren Haltungen und Ansichten auf Stufe 3 oder 4 urteilen – sich dann aber in Handlungen wiederfinden, die der Stufe 2 zuzurechnen sind. Dies hängt mit der ganz persönlichen Entwicklung (Setting-Entwicklung) und der allgemein gesellschaftlichen Entwicklung unserer Industriestaaten zusammen und ist auch nur in denen gültig. Andere Länder, andere Sitten. Ein Stammeshäuptling in Neuguinea zum Beispiel bewegt sich im Urteilen und im Handeln immer auf der gleichen Stufe. Im Gegensatz zu uns Industriemenschen.

Am Beginn des neuen Jahrtausends ist es mit dem Moses- und Kant-Sozialknigge schlecht bestellt: Es scheint so, dass die biblischen Regelwerke des ordentlichen Umgangs nicht nur »nicht gelebt« werden, sie sind auch theoretisch zur Makulatur vergammelt. Stufe 2 der Moralwelten ist fast schon zum Industriestandard geworden. Die Stufen 3 bis 4 der Moralskalierung sind in weiten Bereichen der Gesellschaft offenbar zu »Remittenden gestrichelt« und werden ungelesen an den Verlag zurückgegeben. Moral, ein unverkäufliches Mängelexemplar? Nimmt das Bauchdenken überhand? Ja, es scheint nicht nur so – es ist so.

Die Moralentwicklung in den Industriestaaten hat bei Nummer 3 Schluss gemacht. Kein Mensch, der etwas zu sagen hat, hält sich mehr ernsthaft an die Regeln oberhalb von 3, die das tatsächliche Sozialkapital der Menschen darstellen würden. Woran halten die Menschen sich denn überhaupt noch? Wissen sie in dieser Welt noch, nach welchen grundlegenden Wertvorstellungen sie sich zu entscheiden haben? Haben sie denn ihr Bauchdenken noch ein wenig im Griff? Oder steht zu erwarten, dass wir in einer absehbaren Zeit nur noch aus dem Bauch heraus entscheiden werden? Gegen alle Moral ...

Und die Moral von der Geschicht'?

Es fragt sich, nach welchen Präferenzen werden all die kleinen und großen Entscheidungen des täglichen Lebens getroffen, wenn nicht nach moralischen, und welchen ethisch-moralischen Leitbildern die Menschen folgen? Spielt der zweite Begriff »Ethik« auch eine Rolle bei unserem moralischen oder unmoralischen Entscheidungsverhalten?

Ethik, so sagt das Meyer'sche Lexikon, ist die Lehre von den Normen menschlichen Handelns und deren Rechtfertigung. Für den alten Aristoteles gehörten Ökonomie und Politik, Rechts-, Sozial- und Staatswissenschaften ebenso zum ethischen Paket wie der Umgang der Menschen untereinander.

Die modernen Politikwissenschaftler jedoch meinen, man könne einen Staat nicht nach den Regelwerken des »Homo Ethik« und nach den Regelwerken des »sittlich guten Menschen« führen. Es würde allenthalben ausreichen, wenn die Leute in einem Staat halbwegs gerecht und anständig miteinander umgingen. Man müsse ja nicht gleich jeden lieben – es reiche, wenn man allgemein gültige Regeln des sozialverträglichen Umgangs beachte. Nur so könnten sich moderne, komplexe, pluralistische Gesellschaften zu einem übergreifenden Ganzen zusammenfügen. Zur Europäischen Union zum Beispiel. Da kommen ohnehin die unterschiedlichsten Völker und Kulturen an einen Tisch. Und dann auch noch über tiefe Ethik zu reden wäre des Guten wirklich zu viel, im wahrsten Sinne des Wortes.

Es reicht also, wenn wir halbwegs »ordentlich« miteinander umgehen? Nun, wenn wir das mal täten! Das wäre schön. Dann hätten wir nicht bei jeder neuen Ausgabe der Wochenmagazine das brechreizige Gefühl im Bauch, schon wieder sei etwas Neues schief gegangen in Sachen Moral und Ethik. Dann hätten wir nicht ständig den Eindruck, dass anstatt Moral und Vernunft eher eine neue Art von moralischem Vakuum im Bauch vorherrscht, beispielsweise bei den »Machern« des Staates, in den Chefetagen der Industrie oder bei den Bossen der Banken – weltweit.

Was hat es auf sich mit dem Moralvakuum? Mit dem neuen Vakuum der Werte, der Normen, mit dem Vakuum des verträglichen Umgangs miteinander? Woher kommt es? Kann man denn auf dem Moralniveau der 13-jährigen Kinder ein komplexes Staatswesen so managen, dass in etwa Fairness und Gerechtigkeit herrschen – oder wenigstens ein gerechtigkeitsadäquater Zustand, der zumindest so aussieht wie echte Gerechtigkeit und echte Ehrlichkeit? Was ist, wenn nicht etwa die Politiker regieren, sondern der ungezügelte Kapitalismus, wenn das Geld, die Börse, die Werbung, die Wirtschaft, die politische Macht und Machiavelli & Co. den Ton angeben?

Der ehemalige Boss und Mitbegründer der Deutschen Bank AG, Hermann Josef Abts, meinte 1945 noch: »Es kann nicht Sinn der Arbeit einer Bank sein, nur Geld zu machen. Da stehen auch noch andere Verantwortungen dahinter.« Bei der Holzmann-Pleite sahen die Deutschbanker das ganz anders. Da gab es kein ernsthaftes Interesse für die 60 000 bedrohten Arbeitsplätze des Baukonzerns und die zur Pleite verurteilten Zulieferbetriebe.

»Ich habe keine Zeit, mir den ganzen Tag über den Sexappeal meiner Aktie Gedanken zu machen«, meinte der ehemalige Chef des Daimler-Benz-Konzerns, Edzard Reuter, auf einer Tagung in New York. Das war Ende der 1980er-Jahre. Doch heute geht es bei den Verantwortlichen nur noch darum, wie es scheint.

Der Tanz ums »goldene Kalb« ist längst im Gange und hat inzwischen schon auf die Nation übergegriffen. Geradezu pervers kommen die Börsenmeldungen täglich über die Kanäle der 38 TV-Sender, die »Otto-Normal« empfangen kann. Man könnte meinen, die ganze Nation sei nur noch Aktionär. Jedem gehören mindestens drei Kacheln im Damenklo der achten Etage oder ein halber Sendemast von XYZ. Weg vom sozialverträglichen Umgang – hin zum individuellen, hedonistischen Bauchkapitalismus. Dann werden die Kosten für den Abbau von 25 000 Arbeitsplätzen halt auf die Allgemeinheit umgelegt, letztendlich durch irgendwelche Steuertöpfe bezahlt. So lässt sich Volkswirtschaft ganz gut rechnen, aus dem Bauch heraus, sozusagen.

FAZIT

- Wir Menschen sind bei unserer Geburt ausschließlich bauchgesteuert, nicht kopfgesteuert.
- Wir Menschen sind als Baby ein niedliches »moralisches Miststück«, dessen Bauch nur seinen eigenen Nutzen verfolgt.
- Je älter wir werden, umso eher verbinden wir Kognosdenken mit Bauchdenken und halten den Ur-Bauch im Zaum.
- Die höheren Moralstufen 6 bis 7 sind einer sehr kleinen Gruppe von Menschen vorbehalten. Voraussetzung zum Erreichen dieser Stufen ist eine ausgeprägte soziale Intelligenz.
- Kommt ein Mensch in die Situation, ungestraft unmoralisch zu handeln, dann freut sich der Bauch diebisch – er handelt in einer solchen Situation auch tatsächlich völlig unbekümmert unmoralisch.

Die Behaglichkeit der falschen Entscheidungen

»Wahrnehmungsprozesse« nennt man die Prozesse in unserem Kopf, die dafür sorgen, dass wir uns ein Bild von den Dingen um uns herum machen können. In der Regel gelingt das ganz brauchbar – jedenfalls bei den *Dingen* um uns herum. Von der blauen Blume über das rote Auto bis zur bunt-gelben Herbstlandschaft – fast alles können wir richtig zuordnen, und meist auch richtig interpretieren. Und was das Wichtigste wäre: richtig erinnern. Tatsache ist, wir nehmen die Welt um uns herum, wenn sie gegenständlich ist, schon ganz gut und meist ziemlich korrekt wahr. Mit den »hardfacts« haben wir bei der Wahrnehmung und beim Erinnern kaum Sorgen.

Etwas schwieriger wird die Sache bei den nichtgegenständlichen Wahrnehmungen, bei den »softfacts«. Wenn es zum Beispiel um Gefühle geht. Oder um andere Menschen und deren Gefühle, um deren Entscheidungen oder um bestimmte Situationen. Dann kommen wir nämlich nicht mehr so ohne weiteres klar. Und das hat mehrere Gründe.

Da ist zum Beispiel das merkwürdige *Ankerplatzsystem* in unserem Kopf. Alles (... na gut, vieles ...), was uns Menschen ausmacht, was uns von den Tieren unterscheidet, resultiert auch aus der Fähigkeit heraus, sich zu erinnern. Könnten wir uns nicht erinnern, wären wir einfach nur zeitlose Wesen, die in den Tag hineinlebten, ohne Vergangenheit, ohne Zukunft. Nicht einmal eine zeitliche Gegenwart könnten solche Wesen erleben. Denn jene existiert nicht, wenn wir nicht die Bedeutung von Zukunft und Vergangenheit kennen. Wir wären zeitlos.

Wenn etwas noch nicht vergangen ist – aber auch noch nicht vollendet ist, dann haben wir es also mit der Gegenwart zu tun. Und die, so sagen die Forscher, dauert immer nur zwei bis maximal drei Sekunden. Nach drei Sekunden ist demnach alles bereits Vergangenheit. Deshalb wandern vollautomatisch (das heißt, ohne dass wir etwas dagegen oder dafür tun könnten) alle je erdachten und vergangenen Gedanken nach knapp drei Sekunden ins Ablagesystem des Gehirns. Viele der Gedanken werden wegen akuter Unwichtigkeit aber gleich wieder rausgeworfen. Sie kommen über das Ultrakurzzeitgedächtnis nicht hinaus, gelangen also gar nicht erst bis zum Langzeitgedächtnis.

Ein großer Teil der Gedanken allerdings wird abgelagert. Den Ort im Gehirn, in dem der Gedanke (die spätere Erinnerung) abgelagert wird, nennt man Ankerplatz. Jeder Gedanke, jede Erinnerung, die es wert sind, aufgehoben zu werden, bekommt einen solchen Ankerplatz zugewiesen.

Ankerplatz und Aktenzeichen oder: Warum manches unauffindbar bleibt

Schon im Alter von ein paar Tagen (andere Forscher meinen, bereits vor der körperlichen Geburt) beginnen wir Menschen zu denken und unser Ablagesystem im Kopf zu organisieren, das heißt, wir sortieren aus und legen ab. Doch merkwürdig bei diesem Ankerplatzsystem ist, dass das Gehirn ein völlig unlogisches, unmathematisches System benutzt, um die Erinnerungen zu katalogisieren. Nun kennen wir beispielsweise im Bibliothekswesen oder im Archivwesen alle möglichen Ablagesysteme: vom nummerischen System über die Themenablage und Hunderte anderer Systeme bis hin zur guten alten Alphabetablage. Für keines dieser mehr oder weniger logisch-folgerichtigen oder gar mathematisch-präzisen Systeme interessiert sich das Gehirn. Es hat ein ganz anderes System entwickelt und im Laufe von ein paar hunderttausend Jahren so weit kultiviert, dass es zwar das ungenaueste, aber auch das überlebensfähigste Ablagesystem der Welt ist!

Würde eine Staatsanwaltschaft oder ein Landgericht mit einem solchen Ablagesystem arbeiten – die Presse würde sich schütteln vor Lachen. Dann würden nämlich nur die dramatischsten Straftaten und die allerdicksten Fische in der Ablage auffindbar sein und überhaupt ein Aktenzeichen erhalten. Alle Kleinigkeiten wären sofort gelöscht, und niemand würde je die Akte eines Falschparkers oder eines Kleinkriminellen finden, weil sie nicht gekennzeichnet ist. Und der größte Teil aller Straftaten würde in der Poststelle bereits wegen akuter Unwichtigkeit in den Reißwolf fliegen.

Das Gehirn archiviert also ganz anders als eine Bibliothek oder ein Gerichtsarchiv: Es archiviert *subjektiv*. Es sortiert nämlich die erdachten, vergangenen Gedanken nach deren emotionaler Wichtigkeit. Anders ausgedrückt: Die *Dimension* der Emotionalität spielt eine Rolle. Und das emotionale *Design* einer Erinnerung spielt eine Rolle. Je tiefer, je umfassender die emotionale Dimension eines Gedankens ist – umso eher bekommt der Gedanke sein »Aktenzeichen«. Ist die emotionale Dimension flach und dürftig, vergibt das Gehirn gar kein Aktenzeichen. Die Gedankenakte wird dann zwar auch im »Gehirnkeller« abgelegt – aber niemand wird sie je wieder finden ohne Ordnungsnummer. Unter »emotionalem Design« verstehe ich das erste, spontane Aussehen des Gedankens. Ist er schön oder hässlich, hell oder dunkel, bedrohlich oder erheiternd, liebevoll und bewahrend, ablehnend oder gar widerlich?

Ein Beispiel in zwei Teilen soll zeigen, wie das Ankerplatz-Ablagesystem in unserem Kopf konkret arbeitet:

Beispiel A:

Ein Sonnenuntergang am Meer. Sie, 27 Jahre alt, ledig, geht allein spazieren. Sie wohnt am Meer und geht dort jeden Tag spazieren. Sie sieht den Sonnenuntergang. Ihr Gehirn legt den

Gedanken an diesen Sonnenuntergang nach etwa zwei Sekunden an einem Ankerplatz ab. Der Gedanke an das Meer und an den Sonnenuntergang hat ein schönes Design. Er ist rot-gelb-sonnig-blau ... oder rot-warm-wohlig und wird am Ankerplatz »Meer-Sonnenuntergang-21.00 Uhr« abgelegt. Das ist quasi das Aktenzeichen.

Die Dimension dieses abgelegten Gedankens ist flach, eindimensional, wenig tief. Es ist ein Sonnenuntergang von hunderten, die die junge Dame schon gesehen hat. Und die abgespeicherten Sonnenuntergänge waren alle so sehr ähnlich, dass das Gehirn schon ein paar Schwierigkeiten hat, den einen Sonnenuntergang von dem anderen zu unterscheiden. Sie haben letztlich alle das gleiche Aktenzeichen »Meer-Sonnenuntergang-21.00 Uhr«. Wenn man sie fragen würde, welches für sie der schönste Sonnenuntergang gewesen ist ... sie müsste lange nachdenken bei den über dreihundert Sonnenuntergängen pro Jahr, die sie bereits erlebt hat. Es ist zwar alles abgelegt, aber einfach nicht mehr zu finden.

Beispiel B:

Ein Sonnenuntergang am Meer. Sie, 27 Jahre alt, ledig, geht mit ihrem neuen Freund Peter am Meer spazieren. Sie wohnt nicht dort und geht also auch nicht jeden Tag dort spazieren. Sie sieht den Sonnenuntergang. Ihr Gehirn legt den Gedanken an diesen Sonnenuntergang nach etwa zwei Sekunden an einem Ankerplatz ab. Der Gedanke an das Meer und an den Sonnenuntergang hat ein wunderschönes Design. Er ist rot-verliebt-sonnig-gelb-blau ... oder rot-verliebt-warm-wohlig-mollig. Er ist so wertvoll und tief (tiefe emotionale Dimension), dass er das Aktenzeichen »Sonnenuntergang mit Peter, einmalig, noch nie dagewesen, rot-sonnig-verliebt-wohlig« erhält. Der Gedanke ist nun von der jungen Dame, die nicht am Meer wohnt und dort nicht täglich herumspaziert, sofort abrufbar. Sie wird sich auch in zwanzig Jahren noch an diesen einen Dienstag und an diesen einen Sonnenuntergang erinnern.

Die Dimension dieses abgelegten Gedankens ist extrem tief, sie ist mehrdimensional. Der Gedanke ist in wunderschönstem Design gemacht. Es ist ein einzigartiger Sonnenuntergang, der schönste, den sie je hatte. Zwar sind Sonnenuntergänge grundsätzlich für das Gehirn sehr ähnlich – aber bei diesem zweiten Beispiel macht es die emotionale Dimension aus, die dabei wirksam wird. Liebe, Nähe, Zugehörigkeit, Lust, Geborgenheit, Schönheit, Gemeinsamkeit usw. …

Das Gehirn sortiert also unsere nichtgegenständlichen Wahrnehmungen nach einem merkwürdigen System der emotionalen Dimensionen. Je tiefer die Emotion, umso fetter das Aktenzeichen, umso stabiler der Ankerplatz, umso dicker das Festmachertau – und umso leichter der Zugriff auf diesen einen Gedanken, diesen einen Ankerplatz. Innerhalb der emotionalen Tiefenskala werden die Erinnerungen dann noch nach dem emotionalen Design sortiert: die angenehmen, die hübschen an dem einen Ort – die unangenehmen, die hässlichen an einem anderen.

Wenn es so ist, dass wir uns immer dann gut erinnern und vor allem *präzise* erinnern, sobald an dem Gedankenankerplatz ein enormes emotionales Potenzial vertäut ist, dann könnte man im Umkehrschluss auch sagen: Gedächtnislücken entstehen immer dort, wo wir emotional nicht tief eingebunden sind oder wo die emotionale Dimension beim Festmachen am Ankerplatz fehlt. Oder: Gedächtnislücken entstehen auch dann, wenn uns eine Situation nicht interessiert. Genau so ist es.

Und weil Zahlen, Daten und Fakten so herzlich wenig Emotionalität in sich bergen, vergessen wir in der Regel die auch am ehesten. Wenn jemand dennoch in der Lage ist, sich Hunderte von Daten und Zahlen zu merken, dann baut er in seinem Kopf künstliche, emotionale Bilder auf. Wie etwa der Lehrer, der in der »Wetten, dass?«-Show in der Lage war, sich eine Zahl mit 6000 Ziffern zu merken. Für ihn waren das 6000 Bilder, für jede Ziffer eines, sagte er in einem Interview.

Aber es geht noch weiter mit den Merkwürdigkeiten im Ankerplatzsystem des Gehirns. Denn nicht nur die ganz flachen, oberflächlichen Gedanken werden wegen Belanglosigkeit aus dem Gehirnarchiv verbannt oder gar nicht erst eingelassen. Auch überaus starke, extrem emotionale Erinnerungen können aus dem Gehirnarchiv geworfen werden. Ist die emotionale Dimension des Erlebten, des Gesehenen, so extrem tief, so extrem multidimensional, dass unser Organismus davor die Augen verschließen müsste (vor Gräuel oder vor Angst beispielsweise) – dann fliegt auch der Gedanke aus dem Archiv. Oder es wird zwar ein Ankerplatz angelegt, aber kein Aktenzeichen vergeben. Das bedeutet, der Gedanke an das emotional Furchtbare ist da – aber der abgelegte Gedanke kann nicht mehr gelesen werden. Die Akte zwar liegt im Keller des Gehirns – aber sie ist unauffindbar. Das nennt man dann »Verdrängung«.

Ich hatte in diesem Buch die Basis für unsere Lebenserfahrungen bzw. die daraus resultierenden, im Gehirn gespeicherten Progammierungen mit einer Computerfestplatte verglichen. Da die Festplatte einen Schreibschutz hat, können vorhandene Ankerplätze nicht überschrieben werden. Sie bleiben ein Leben lang erhalten. Das bedeutet aber nicht, dass wir Menschen auch in der Lage wären, jederzeit auf einen Gedanken-Ankerplatz zuzugreifen (ach wär das schön, dann würden wir uns immer an alles erinnern können!). Das Gehirn ist nämlich in der Lage, komplette Datensätze (Erinnerungen) so auf der Festplatte zu verbergen, dass wir sie nicht mehr erinnern können, selbst wenn wir es wollten.

Um einen solchen Datensatz (einen Ankerplatz) zu verbergen, braucht es nicht immer diese hochdramatischen und hochtraumatischen Ereignisse wie Vergewaltigung, Misshandlung, Bedrohung an Leib und Leben usw. Das Gehirn ist schon in der Lage, auch bei sehr viel kleineren Anlässen den Ankerplatz zu legen – uns aber nie wieder an ihn heranzulassen. Und dann wären wir nicht in der Lage, das Erlebte jemals zu erinnern.

Es gibt sogar Fälle, in denen das Gehirn aus wirklich wichtigem Anlass die gesamte Festplatte so codiert, dass überhaupt kein Zugriff mehr möglich ist. Das wäre dann der totale Gedächtnisverlust, die Amnesie. Wobei dieser Begriff schlichtweg falsch ist. Denn es ist kein Gedächtnisverlust, es ist nur die völlige Codierung, also ein Quasi-Verlust. Wichtiger Anlass für solch ein Verbergen der Daten wäre etwa ein emotionales Horrorerlebnis erster Ordnung: Folter oder Krieg zum Beispiel. Man weiß von Folteropfern, die nach ihren Erlebnissen partielle oder totale Amnesien hatten. In den USA sind viele Fälle bekannt, in denen Vietnam-Veteranen unter partieller oder kompletter Amnesie litten und alles neu lernen mussten. Sie wussten nicht einmal mehr, wie sie hießen oder wo sie wohnten.

Die Bauchprogramme allerdings waren auch bei den Amnesiepatienten nach wie vor intakt und blieben zugriffsfähig. Das heißt: Der Nervöse blieb nervös, der Emotionale blieb emotional, der Holzklotz blieb ein Entscheidungsholzklotz.

Was hat all dies nun mit der »Behaglichkeit der falschen Entscheidungen« zu tun? Eine Lebenssituation richtig (nämlich »treffend«) wahrzunehmen fordert von dem, der wahrnimmt, sehr viel. Treffend bedeutet hier, dass wir die Impulse, die auf uns einwirken, in einen zutreffenden Kontext einzupacken und zu klassifizieren in der Lage sind. Das kann natürlich immer nur dann gelingen, wenn wir irgendwie an die Ankerplätze herankommen. Erst wenn wir über eine abgespeicherte Erfahrung verfügen, gelingt es, die neuen Erlebnisse oder neuen Situationen treffend zu interpretieren. Dabei werden die abgespeicherten Erfahrungen in Bruchteilen von Sekunden mit den neuen Impulsen und der neuen Situation verglichen – und wir bauen uns aus dem Vergleich und dem Ergebnis dieses Vergleichs unsere ganz eigene Interpretation des aktuellen Geschehens zusammen.

Ob die Interpretation »treffend« ist, ob sie richtig und angemessen ist, wissen wir spontan nicht. Denn wir können nicht überprüfen, ob das Gehirn noch mehr Ankerplätze zu diesem Thema gelegt hat, weil wir über die Aktenzeichen nicht verfügen. Wir kommen immer nur an jenen Teil unserer Erinnerungen heran – und zwar nur an den Teil, den das Gehirn uns gestattet, abzurufen.

Das bedeutet: Wir können eine Situation immer nur subjektiv interpretieren – kaum objektiv. Wir werden also nie so genau erfahren, ob wir mit unserer Einschätzung einer »Lage« wirklich objektiv richtig »liegen«. Unser Gehirn zu fragen, ob es noch mehr zu einem Thema weiß, ob da noch irgendwo bei ihm im Keller ein paar Ankerplätze liegen, ist müßig. Wir würden keine Antwort erhalten. Das Gehirn würde bestenfalls sagen, es gibt keine weiteren Ankerplätze, basta. Ob das stimmt oder nicht stimmt, spielt keine Rolle. Eine verdrängte Erinnerung ist so wie keine Erinnerung.

So werden wir behaglich hinters Licht geführt …

»Behaglichkeit« der Entscheidungen bezeichnet das Gefühl, das wir haben, wenn wir in unserem Ankerplatzsystem herumsuchen und etwas Brauchbares finden. Da unser Gehirn sehr clever dafür sorgt, dass wir nur das finden, was wir finden dürfen, kommen wir immer nur an gefilterte Informationen heran. Das reicht uns Menschen aus, um unsere Entscheidungen vorzubereiten. Und selbst wenn wir mit an Sicherheit grenzender Wahrscheinlichkeit annehmen könnten, dass unsere Entscheidungsprognose negativ ausfallen würde – wir fühlen uns immer noch behaglich und meinen, wir würden aufgrund von »Tatsachen« entscheiden. Tatsache hingegen ist einzig und allein: Auch mit falschen Entscheidungen gehen wir erstaunlich behaglich um. In den allermeisten Fällen bemerken wir unsere Fehleinschätzung zu spät oder gar nicht.

Aber es kann noch dramatischer kommen mit dem merkwürdigen Gehirnarchiv: Wenn wir über eine und dieselbe Situation zu unterschiedlichen Zeitpunkten nachdenken, gibt das Gehirn unterschiedliche Ankerplätze frei. Das heißt, bei jeder Entscheidungsvorbereitung kann es passieren, dass wir auf unterschiedliche Erinnerungen zurückgreifen müssen – obwohl die anstehende Entscheidung im Grunde dieselbe ist. Auch die Anfrage an das Gehirn ist gleich formuliert. Doch das Gehirn gibt uns plötzlich ganz andere Daten.

Dieses merkwürdige Rückgriffsverhalten auf die Festplatte, diese gefilterten Informationen differieren bereits von Tag zu Tag. Wir sehen an dem einen Tag die Dinge glasklar, schlafen darüber und sehen an einem anderen Tag die Dinge verschwommen oder zumindest in einem anderen Licht – oder umgekehrt. Aus dieser Unsicherheit, sich auf sich selbst und seine eigene Einschätzung einer Situation verlassen zu können, resultiert der alte Spruch »Nichts wird so heiß gegessen, wie es gekocht wurde« oder »Morgen ist auch noch ein Tag«.

Diese selektive Auswahl der zur Verfügung gestellten Informationen ist auch der Grund, warum wir Menschen aus Fehlern oft nicht wirklich lernen können. Wir fühlen uns bei einer Entscheidung behaglich – obwohl objektiv betrachtet Kopf und Bauch uns regelrecht aufs Glatteis geführt haben.

Ein aktuelles Beispiel aus der Forschung: Einer Gruppe von 100 Single-Pärchen im Alter von 22 bis 42 Jahren, die von sich behaupteten, eine rundherum glückliche Partnerschaft zu führen, wurde ein Fragebogen vorgelegt. Die Fragen drehten sich um das Zusammenleben der beiden: Wie sehr lieben Sie Ihren Partner? Was gefällt Ihnen ganz besonders an Ihrem Partner? Geht Ihnen Ihr Partner auch manchmal auf die Nerven? Wie würden Sie Ihre Partnerschaft charakterisieren? Was nervt Sie an Ihrem Partner ganz besonders? ... und so weiter ...

Nach einem Jahr wurden die Single-Pärchen erneut eingeladen. 47 % der Pärchen waren allerdings nicht mehr zusammen. Die 53 % der Pärchen, die noch in der gleichen intakten Beziehung lebten, konnten sich an alle ihre positiven Äußerungen/Antworten im Fragebogen erinnern. Die 47%, die sich getrennt hatten, erinnerten sich nur noch an die negativen Antworten, die sie vor einem Jahr gegeben hatten. Die zerstrittenen Singles behaupteten felsenfest, sie hätten in dem Test vor einem Jahr niemals etwas Positives über ihren Partner gesagt.

Da wird auch der Sinn dieses selektiven Gehirnankerplatz-Apparates deutlich: Es sollen offenbar emotionaler Schaden, Verlustangst und Trauer von uns abgehalten werden. Deshalb verschleiert und vertuscht das Gehirn Erinnerungen – oder es löscht sie ganz. Dabei geht es in der Regel so vor, dass die eher angenehmen Erinnerungen weniger verdrängt werden als die unangenehmen oder bösen. Diese Art von selektiver Wahrnehmung begleitet uns jeden Tag aufs Neue. Wir erleben eine Situation, eine Lage, fragen in unserem Erinnerungssystem nach – und bereiten eine Entscheidung vor. Da wir vom Gehirn meist nur Halbwahrheiten bekommen oder irgendwie gefilterte Informationen, unterliegen wir bei den Kopfentscheidungen (wie bei den Bauchentscheidungen) einer Menge von möglichen Fehlerquellen.

Je weniger unser Gehirn an messbarer Information preisgibt, umso eher greifen wir auf unsere standardisierten Schubladen zurück. Gemeint sind Vorurteile. Ein Vor-Urteil ist ein tatsächlich vorauseilendes Urteil, das auf selektiver Gehirnwahrnehmung basiert.

»Vorurteile« über einen Menschen, eine Rasse, eine Sachlage bzw. eine Lebenssituation oder eine anstehende Problemlösung sind beängstigend weit verbreitet. Wir werfen sehr unbekümmert mit diesen »bequemen« Vorurteilen um uns. Und wir sehen oft gar keine kognitive Veranlassung dazu, ein Vorurteil ernsthaft in Frage zu stellen. Kaum jemand macht sich die Mühe, bei jeder Entscheidung oder Situation kritisch zu hinterfragen, ob der von uns angenommene Kontext logisch und folgerichtig ist, ob wir einem Vorurteil aufgesessen sind oder ob es vielleicht noch andere Erinnerungen in unserem Kopf geben könnte, die das Vorurteil entkräften, oder ob unsere Interpretation der Sachlage überhaupt stimmt. Ganz in der Minderzahl sind diejenigen, die ein auftauchen des Vorurteil grundsätzlich sofort in Frage stellen und kritisch hinterfragen.

Aber eigentlich müsste der kluge Kopf doch Vorurteile erstens identifizieren und zweitens sofort hinterfragen. Warum tut er das nicht automatisch? Weshalb überprüft das Gehirn so etwas nicht? Wenn es schon bei den Erinnerungen so schlampig vorgeht, dann sollte es doch eine Sachlage wenigstens kognitiv auf Vorurteile hin überprüfen können. Stimmt. Dazu hat das Gehirn sogar ein Prüfsystem. Aber dieses System ist 430 000 Jahre alt und besitzt kein Update für dieses neue Jahrtausend. Das ist ungefähr so, als würden wir den geplanten Marsflug der NASA mit einem Taschenrechner nachrechnen. Einige Gehirne haben nicht einmal einen Taschenrechner. Das kognitive Prüfsystem hat vielleicht vor 430 000 Jahren einmal etwas genützt, aber in einer sehr einfachen, überschaubaren Welt mit einfachsten, leicht überschaubaren Systemen.

Das Prüfsystem im Kopf war lange nicht beim TÜV

Heute, in einer so komplex verzahnten Industriewelt, verfügen wir natürlich weiterhin über das genannte Prüfsystem im Kopf – es nützt nur nicht mehr viel. Es wäre sehr schön, wenn die im Folgenden aufgezeigten Prüfinstanzen tatsächlich sicher funktionieren würden. Sie funktionieren aber leider nur sehr unzuverlässig und produzieren viele Fehler. Das System kann zum Beispiel bei anstehenden Entscheidungen ...

... unsere allgemeine Entscheidungskompetenz überprüfen ...

Das heißt, das Gehirn schaut nach, was man messbar über den Zusammenhang und die Situation weiß, die es zu entscheiden gilt, und welche Fähigkeiten man konkret und wahrhaftig hat, die der sicheren Entscheidung förderlich sind.

Fehlerquelle:

Die Selbstüberschätzung. Sie gehört in unserer Gesellschaft zum Set der sozial erwünschten Verhaltensweisen. Wer keine Selbstüberschätzung an den Tag legt, dem fehlt irgendwo irgendetwas an seiner sozialen Vollwertigkeit. Nehmen wir das einfache Beispiel eines Managers: Der Manager, so nehmen wir an, ist Geschäftsführer eines kleineren Betriebes mit ungefähr 50 Mitarbeitern. In solch einem Betrieb ist er schnell das Mädchen für alles. Er ist sein eigener Marketingfachmann, sein eigener Steuerberater, sein bester Finanzfachmann, sein eigener Personalchef, seine eigene Werbeabteilung und Vertriebsleiter außerdem. Sein Image lautet demzufolge: »Der arbeitet wie ein Vieh. Der ist Klasse. Der ist sozial wertvoll und vollwertig.« Biegt sich sein Schreibtisch vor lauter Arbeit, dann umso besser. Das zeigt, wie wichtig er ist.

Stellen Sie sich einmal vor, der Manager würde mittels seines kognitiven Systems seine tatsächliche Entscheidungskompetenz abprüfen. Und er käme dahinter, dass: ... er völlig überfordert ist, keine Lust mehr hat, 80 Stunden in der Woche zu arbeiten, volle Schreibtische doof findet, sich zugesteht, nicht alles besser zu können als andere, keine Lust mehr hat, alles selber machen zu müssen usw. ... seine soziale Vollwertigkeit wäre einigermaßen in Frage gestellt. Man würde ihn dann wohl eher verachten. Solange unsere gesellschaftliche Ansicht von sozialer Vollwertigkeit sich aber so definiert wie beschrieben und geradezu größenwahnsinnige Selbstüberschätzung zur erwünschten Begleiterscheinung der »Schalter« und »Walter« gehört und dieser Unsinn auch noch anständig bezahlt wird, ist das Gehirn-Prüfsystem reine Makulatur.

Würde der Manager aus dem Bauch heraus entscheiden, sich nicht kaputtarbeiten zu wollen, würde er sicher gesünder leben. Würde er nur das tun, was er wirklich kann, sich dazu entschließen, keine Show mehr abzuziehen, geradeaus zu gehen und nicht um die Ecke zu denken – dann wäre er allerdings schnell eine gesellschaftliche Nullnummer. Ein bekannter Personalberater sagte mir anlässlich einer Tagung, dass er vermute, dass in dieser Gesellschaft das interne Prüfsystem für die eigene, tatsächliche Kompetenz komplett im Eimer sei. Er habe den Eindruck, dass jede, aber auch jede Bewerbung für eine Leitungsfunktion, die auf seinem Tisch landet, in gewisser Hinsicht geschönt oder gar ganz gelogen ist. Der Wissenschaftsjournalist Günter Ogger sieht das auch so. Er nennt das in seinem Buch nur anders: Nieten in Nadelstreifen.

... unser System der Endkodierung überprüfen ...

Endkodierung ist das Entschlüsseln einer Information. Gemeint ist damit, welche Assoziationen aus der Information oder der Situation gebildet werden und in welche Erlebniskategorien diese Assoziationen eingefügt werden können.

Fehlerquelle:

Es kommen schnell wilde, kreative Assoziationen, die nicht auf erlebte, abgespeicherte Ankerplätze zurückgreifen können. Das nennt man dann »spinnen« oder »phantasieren«. Daraus resultieren viele zwischenmenschliche Missverständnisse. Und es gehört auch zum Set der sozialen Vollwertigkeit, die schönsten, himmelblauen Szenarien irgendwo auszumalen. Ob das Szenario auch nur im Ansatz etwas mit der Realität zu tun hat, ist nicht so wichtig. Wichtig ist, dass große Phantasien auch große gesellschaftliche Anerkennung erlangen. Wenn die Sache dann gegen die Wand fährt, kümmert das diejenigen, die vorher Beifall klatschten, am wenigsten. In allen Bereichen der Gesellschaft lassen sich Beispiele finden – am meisten jedoch im Bereich der Politik.

… die Erwartung an eine Situation oder eine Entscheidung überprüfen …

Hier werden wahrscheinliche Ergebnisse einer Entscheidung antizipiert. Das heißt so viel wie das Durchspielen möglicher Ergebnisse in verschiedenen Varianten.

Fehlerquelle:

Es besteht ein schlechter oder mangelhafter Kenntnisstand der möglichen Ergebnisse einer Entscheidung mit wenig tatsächlichen Kenntnissen über die tatsächliche Sachlage. Dann wird auch schlecht antizipiert. Wie der Systemspieler, der beim Roulette alles auf die Zwölf setzt, weil er den Kugellauf (den Marsch) in allen Varianten hundertprozentig sicher überprüft hat und deshalb die Zwölf kommen muss – aber es kommt die Dreizehn.

… die persönlichen Werte überprüfen …

Das Gehirn schaut nach, ob eine mögliche Entscheidung zu den eigenen Wertevorstellungen, den eigenen Normwerten und den Moralwerten passt oder dagegenläuft.

Fehlerquelle:

Das Gehirn passt sich sehr schnell dem Bauch an, und zwar dann, wenn der Bauch meint, dass der Nutzen einer Entscheidung subjektiv mehr zählt als das Einhalten einer Wertevereinbarung oder einer Normgröße (siehe dazu auch das Stufensystem der moralischen Reife im vorangegangenen Kapitel, Seite 117 ff.).

… das selbstregulierende System überprüfen …

Jeder Mensch ab dem frühen Jugendalter hat eine gewisse Entscheidungserfahrung. Der eine mehr, der andere weniger. Das Gehirn überprüft bei jeder anstehenden Entscheidung, ob in der Vergangenheit bei einer ähnlichen Entscheidung die Steuerung, die Strategie, das eigene Verhalten und die Effektivität stimmten.

Fehlerquelle:

Das Gehirn irrt häufig, wenn es um die subjektive Effektivität, die subjektive Fähigkeit, richtig zu steuern, oder um die subjektiv richtige Strategie geht. Es belügt sich selbst, um besser dazustehen, als es wirklich ist. Es glaubt dem Bauch gerne, dass er sehr leistungsfähig ist, und fragt nicht weiter nach. Das nennt man das Beschönigen oder das kosmetische Frisieren einer Entscheidung. Vielen Jungunternehmern im kaputten New-Economy-Market passierte dies. Sie dachten nämlich, ihr Laden mache zukünftig nur Gewinne. Er *muss* einfach Gewinne machen. Ein subjektiver Irrtum von Selbstüberschätzung und Fehleinschätzung: Er ging Pleite.

Es liegt in der Natur der Sache, dass Menschen im Spiegel der anderen gut dastehen wollen. Das »gut dastehen« hat hier einen höheren sozialen Vollwertigkeitswert, als die Tatsache zuzugeben, dass man das eine oder andere gar nicht so recht beurteilen kann, dass einem hier die Erfahrung fehlt.

... überprüfen, ob eine anstehende Entscheidung mit dem eigenen Selbstwertgefühl zusammenpasst.

Das Selbstwertgefühl ist die generalisierende, wertende Einstellung gegenüber uns selbst. Es beeinflusst all unser Handeln, unser Verhalten und unsere Entscheidungen. Auch der Bauch hört auf den Chef (das Gehirn) beim Thema Selbstwertgefühl. Intuitionen des Bauches, die das Selbstwertgefühl verletzen, sind selten. Da hält sich sogar der Bauch zurück, obwohl er sonst vor dem Chef wenig Angst hat. Aber dem eigenen, schönen Bildnis in die Suppe zu spucken – das wäre selbst dem frechen Bauch zu viel.

Das Selbstwertgefühl unterhält eine ganze Sammlung von Konzepten und Regeln. Man kann sich das vorstellen wie eine riesige Datenbank. Ständig werden Regeln und Konzepte durchsucht, um zu überprüfen, ob unser Denken und Handeln, unsere Gefühle und Intuitionen uns selbst in unserem Selbstbildnis schädigen könnten oder in unserem Bildnis unterstützen. Dabei tritt das Gehirn zeitgleich in zwei Rollen auf: in der des Überprüfers und in der des Datenbank-Administrators. Bei jeder Selbstwertüberprüfung wird die Datenbank aber nicht nur durchsucht – sie bekommt bei jeder Überprüfung auch ein neues Update und wird partiell neu beschrieben. Das passiert ungefähr 120 000-mal am Tag.

Fehlerquelle:

Die eigene Selbstwahrnehmung ist verzerrt und hat weniger mit der Realität zu tun – sondern mehr mit dem erwünschten Selbstbildnis: Jemand würde sich zum Beispiel für subjektiv gebildet halten, wäre aber von außen gesehen und im Vergleich zu anderen objektiv ziemlich dumm. Man kann sich leicht vorstellen, dass hier eine mächtige Fehlerquelle am Werk ist. Die fehlerhafte Rückmeldung des Selbstbildnisses geht dann an den Bauch – und der schickt sein intuitives Gefühl los. Ein ziemlich schräges natürlich, wenn er auf solcherlei schrägen Daten aufbauen muss. Ein hohes Selbstwertgefühl zu haben ist sozial erwünscht und unterstützt die soziale Vollwertigkeit.

Bei einer Befragung von 1000 männlichen Autofahrern im Alter zwischen 20 und 55 kam 1999 Folgendes heraus: Auf die Frage »Fahren Sie besser Auto als andere?« antworteten 91%: »Ja, ich fahre besser als andere, sicherer, verantwortungsvoller und unfallfreier.« Dieses Ergebnis liegt völlig neben der Spur: Denn die 1000 männlichen Autofahrer im Alter zwischen 20 und 55 sind repräsentativ für die Autofahrer dieser Gesellschaft, und die fahren alle ziemlich schlecht, sagt die Statistik. Denn insbesondere die Deutschen sind absolute Weltmeister in puncto Unfalltote, Raserei und Alkoholstraftaten, sagt die Bundesanstalt für Straßenwesen.

Rein *theoretisch* wären wir also in der Lage, diese sechs oben genannten Prüfsysteme bei einer Entscheidungsvorbereitung zu benützen. *Praktisch* jedoch tut das kaum jemand. Das Prüfsystem läuft gegen die soziale Erwünschtheit und gegen die Vorstellungen der sozialen Vollwertigkeit. Erstens ist es viel zu mühsam, sich bei jeder Entscheidung solch einer umfangreichen Checkliste zu unterziehen. Es kostet zu viel Zeit und ist kognitiv (und intellektuell) sehr anstrengend. Zweitens würden wir bei dem ordentlichen Abarbeiten der Checkliste eine soziale Vollwertigkeitsenttäuschung nach der anderen erleben.

Deshalb bleibt das kognitive Sechser-Prüfsystem im täglichen Leben meist unbenutzt. Häufig ist dem Bauch dieses ganze Überprüftheater des Gehirns auch einfach zu viel. Die Intuition ist dann sogar in der Lage, das Prüfsystem komplett und gezielt zu umgehen. Wir fühlen uns, wie erwähnt, sogar sehr behaglich dabei – und reihen dabei eine falsche Überzeugung an die andere.

Bei dieser Umgehung des kognitiven Gehirnsystems gehen wir vor wie in einer Science-Fiction: Wir bauen uns eine völlig falsche Ausgangsbasis und stellen alle folgenden Entscheidungen auf den Sockel dieser völlig falschen Basis. Wenn man davon ausgeht, dass der Mars bewohnbar ist, kann man dort auch Städte aufbauen.

Dass bei solcherart »Science-Fiction-Entscheidungsvorbereitung« nichts Gescheites mehr herauskommen kann, außer eben Science-Fiction, ist klar. Dennoch ist dieses Bauchverhalten so sehr weit verbreitet, dass ich nicht versäumen möchte, es genau zu schildern. Ziel des Bauches ist dabei, das ohnehin schon ziemlich mühsame und komplizierte Prüfsystem des Gehirns gänzlich zu unterlaufen – was ihm für einen brauchbaren Zeitraum meist auch gut gelingt. Manchmal sogar für Jahre oder Jahrzehnte. Diesem merkwürdigen Entscheidungsverhalten gebe ich den Namen »Behagliches Phantom«.

Der Bauch und sein trickreiches Phantomverhalten

Unter einem »Phantom«, so schreibt das Meyer'sche Lexikon ... »... *versteht man eine Sinnestäuschung, eine Fehlannahme oder eine Geistererscheinung. Der Begriff stammt aus dem griechisch-romanischen Sprachgebrauch.«*

Das behagliche Phantom begleitet uns in wirklich allen Lebensbereichen. Mir kommt da das Beispiel eines Geschäftsführers eines großen Universalkaufhauses in den Sinn, der mir bei der Recherche für ein anderes Buch besonders aufgefallen war. Der Geschäftsführer, nennen wir ihn Herrn Max, war mir deshalb besonders aufgefallen, weil er etwas ganz Besonderes tat: Er ging in einer Art durch sein Kaufhaus, so, wie er dachte, ein Geschäftsführer durch ein Kaufhaus zu gehen hat. Er redete mit den Mitarbeitern, so, wie er meinte, ein Geschäftsführer zu reden hat. Er trug eine Körperhaltung zur Schau, so, wie er meinte, ein Geschäftsführer sich zu halten hat. Er sammelte Huldigungen von seinen Mitarbeitern ein, so, wie er meinte, sie als Geschäftsführer zu benötigen. Er verteilte Lächeln, so, wie er meinte, ein Geschäftsführer es verteilen muss.

Der Mann war so falsch, so unecht, dass es erschreckend war. Alles an ihm war Science-Fiction. In keiner Situation war er er selbst. Und er baute auf dieser falschen Basis seinen gesamten Führungsstil auf. Der Führungsstil war natürlich zwangsläufig ebenfalls falsch wie die Sünde. Als ich später bei ihm im Büro saß, wir miteinander Kaffee tranken und redeten, war er auf einmal völlig anders. Er sprach anders, er ging anders, er hielt sich anders – er war ein anderer Mensch. Kam allerdings seine Sekretärin mit einem Fax ins Büro, war er sofort wieder die Phantomfigur »Geschäftsführer«.

Ich benötigte einige Zeit, um zu verstehen, dass der Mann nicht schizophren war. Er hatte lediglich die Eigenart, ein konsequentes Phantom aufzubauen, um damit seiner Meinung nach allen Sorgen und Problemen aus dem Wege gehen zu können. Ein nicht ungefährliches Unterfangen, denn mir sind Fälle bekannt, in denen der Aufbau einer völlig unechten Persönlichkeit so aufwändig gemacht wurde, dass die Betreffenden nach einiger Zeit selber daran glaubten – sie wurden sozusagen ver-rückt.

Ich fragte den Geschäftsführer, warum er das tun müsse. Seine Antwort ist typisch für alle Antworten von Menschen, die ihre Entscheidungen auf den Sockel eines Phantoms stellen: »Da kann mir nichts passieren, da kommt keiner an mich heran.« Ob ihm das nicht zu anstrengend sei, wollte ich wissen. Denn er setze sich ja mit der massiven Einschränkung seines persönlichen Handlungsspielraums und den gelogenen Wertevorstellungen unter ständigen Stress – und das sechs Tage in der Woche, 12 Stunden am Tag. Nein, meinte er, es sei nicht so anstrengend. Er könne das noch leisten. Außerdem sei es ihm bereits zur zweiten Natur geworden. Es komme sozusagen aus dem Bauch, er müsse darüber gar nicht mehr groß nachdenken. – Kein Kommentar ...

Ein Beispiel aus der Partnerschaft, von dem Scheidungsanwälte mehr als ein Lied singen können, soll das »Verrückte« am Phantomverhalten noch besser verdeutlichen: Er sieht sie. Sie gefällt ihm. Sie sieht ihn. Er gefällt ihr. Beide beschließen zeitgleich, dass man sich näher aufeinander einlassen könnte. Sie berichtet von ihrem bisherigen Leben – er berichtet von seinem bisherigen Leben. Sie kommen sich näher – meinen sie. Tatsache hingegen ist, dass zwei behagliche Phantome sich näher kommen. Denn er verhält sich in seiner Kommunikation und seiner Selbstdarstellung ihr gegenüber so, wie sein Bauch meint, dass sie damit gut klarkommen kann. Kurz: Er verhält sich präzise so, wie er meint, dass sie ihn lieben kann.

Nehmen wir nun weiter an, sie würde das Gleiche tun. Sich nämlich in dieser frischen, jungen Beziehung so verhalten, dass er sie lieben könnte. Dass dabei im Verhalten, in den Werten, in den Moraläußerungen, in den Normgefügen so gelogen wird, dass sich die Balken biegen, davon wissen wir Männer ganz besonders viel zu berichten.

Zum Beispiel teilt der Mann ihr mit, er liebe schon immer das Mollige an einer Frau. Unter 80 Kilo, das sei ja gar keine richtige Frau. Es wird vermutlich so sein, dass die Mollige ihm die Story abkauft und sich sehr gut fühlt bei dem Kauf. In der Tat hat er allerdings noch nie in seinem Leben eine Mollige gemocht. Sie ihrerseits verhält sich ebenso und berichtet ihm, ein richtiger Mann könne ruhig einen Bierbauch haben. Sie hat zwar noch nie Bäuche an Männern gemocht – Waschbrettbäuche ausgenommen. Das spielt aber im Moment der phantomhaften Selbstdarstellung keine große Rolle. Die Sehnsucht nach positiver Selbstdarstellung und Anerkennung ist stärker in unserem Bauch verankert als die Sehnsucht nach Wahrhaftigkeit. Für Wahrhaftigkeit gibt es selten Applaus. Für gute Phantome schon.

Wenn Menschen sich so verhalten wie das beschriebene Pärchen, nenne ich das eine Phantomkommunikation. Die Kommunikation zwischen den zwei Partnern richtet sich nicht mehr an die beiden Menschen selbst – die Kommunikation bleibt an einer Art »Geisterbild« hängen und dringt zu der tatsächlichen Persönlichkeit gar nicht mehr vor. Beide Beteiligten betrügen sich und den Partner also ziemlich heftig. Es ist fast so, als würden zwei venezianische Masken miteinander kommunizieren.

Mir sind Situationen in Partnerschaften bekannt, von denen ich weiß, dass nur noch und ausschließlich Phantomkommunikation stattfindet. Wenn beide das tun – dann geht es meist lange gut. Bis zu dem berühmten Tag X. Bis zu dem Tag, wo einer der beiden sich die Frage stellt: Was, zum Teufel, tue ich hier eigentlich? Ist der Nutzen meiner anstrengenden Phantomarbeit so hoch, dass es sich lohnt, das Phantom weiter aufrechtzuerhalten? Ich mag doch gar keine dicken Frauen oder dickbäuchige Männer! Dann nimmt einer der beiden irgendwann die Phantommaske ab und redet endlich Klartext. Das ist dann vermutlich der Schluss von Lustig. Den Rest räumen dann wieder die Anwälte weg, wenn die beiden verheiratet wären.

Ob in unserem Privatleben, im Berufsleben, in der Politik und in allen anderen Lebensbereichen: Der Bauch neigt dazu, überaus schnell und intuitiv sicher dieses behagliche Phantom zu installieren und sich damit jeder echten kognitiven Überprüfung zu entziehen. Überprüfen kann das Gehirn nur noch die Lügen, die da kommen. Und da fehlt ihm der Background. Also kann der Bauch so ziemlich machen, was er will.

Das Beispiel einer x-beliebigen Talkshow drängt sich auf. Eine Fernsehsendung, in der Politiker zu Wort kommen. Der Politiker wird sich hüten, in der Fernsehöffentlichkeit etwas zu erklären, was seinen Wahlerfolg oder den Wahlerfolg seiner Partei in Frage stellen könnte. Er baut ein behagliches Phantom auf. Wenn er dennoch etwas tut oder sagt, was mit einfacher Wahrhaftigkeit zu tun hat und dadurch womöglich Wählerstimmen einbüßt, war das ein glatter »Phantomausrutscher«. Derjenige wird dann von seiner politischen Fraktion augenblicklich böse abgestraft. Dieses merkwürdige Politikerverhalten geht oft so weit, dass überaus komplexe und komplizierte soziale Lügengebilde nach außen formuliert werden. Weder sind die phantomhaften Versprechungen je zu realisieren, noch hat irgendwer von den Phantomen überhaupt die Absicht, das je zu tun. Das nennt man dann eine »Wahllüge« aufbauen.

Aus der Sichtweise der Politiker kann ich das behagliche Phantomverhalten nachvollziehen. Es folgt einer einfachen psychologischen Regel, die so alt ist wie die Menschheit: Erinnern Sie sich ...? Kein Mensch tut oder unterlässt etwas, ohne einen irgendwie gearteten Nutzen davon zu haben. Wo der Nutzen der Politiker ist, liegt auf der Hand. Hier geht es um Wählerstimmen und damit um Machterhalt. Machterhalt bedeutet soziale Anerkennung und soziale Vollwertigkeit. Interessant dabei ist die jeweilige Nutzenabwägung, die der Bauch betreibt. Ist der Nutzenertrag beim Bauen eines Phantoms mehr wert als der Nutzenertrag bei einem echten, authentischen Auftritt, dann wird ein Phantom gebaut. Steht zu vermuten, dass ein echtes, ein authentisches Auftreten mehr bringt, dann verhalten unsere Volksvertreter sich auch echt. Genauer gesagt: Dann entscheidet die Intuition blitzschnell, ob »echt« oder »Phantom« günstiger ist.

Dieses Verhalten gilt für alle Selbstdarstellungen, die wir in einer sozialen Gruppe für uns veranstalten oder gar zelebrieren. Jeder von uns hat seine mehr oder weniger große oder kleine Öffentlichkeit, in der wir unsere mehr oder weniger starke Position beziehen müssen. Ob die Öffentlichkeit nun Familie heißt, also eher klein und überschaubar ist – oder ob es Öffentlichkeit, Firma, Konzern, Verein, Parlament oder Staat sind, spielt keine Rolle. Für die Intuition zählt nur der höchstmögliche Öffentlichkeitsnutzen, denn sie bekommt für die Phantomstory meist ja auch kräftig Anerkennung von außen.

Nach diesem Mechanismus funktioniert auch die Show der unzähligen Selbstdarsteller und Selbstdarstellerinnen, von denen es beispielsweise in der TV-Landschaft nur so wimmelt. Die Regel lautet: Sieh zu, dass du dein Phantom so gut vermarktest, dass es einen Geldnutzen (Bereicherungsnutzen) erzielen kann. Denn im Kern haben die Betreffenden ja gar nichts anderes anzubieten außer sich selbst und ihre Selbstdarstellung. Deshalb wird bei Bedarf dann auch das Phantom von der beauftragten Agentur für die jeweilige Öffentlichkeit schnell mal neu gestaltet. Und zwar so, dass die Zielgruppe damit gut leben kann. Das nennen wir dann Showerfolg.

Jede Art von Phantomaufbau ist für den Kopf (das Gehirn) großer Stress – für den Bauch nicht. Der Kopf macht beim Phantomlügen solch ein Theater, dass der Bauch den Kopf am liebsten ganz ausblenden möchte. Ständig versuchen die Prüfsysteme des Gehirns zu signalisieren: »He! ... Bauch ... du bist ein Phantom, ich finde meine Daten nicht mehr ... was erzählst du denn da für wilde Geschichten?« Doch der Bauch bleibt dabei ganz cool. Er weiß, dass das Gehirn hier nichts mehr überprüfen kann.

Hierzulande bzw. im nordeuropäischen Bereich bauen wir übrigens tagtäglich um die 110 kleine Phantome von uns auf.

Immer in der Annahme, dass wir damit einen gewissen, irgendwie gearteten Nutzen für uns ergattern können. Glücklicherweise fangen wir »Normalos« mit dem Unsinn immer wieder neu an. Dadurch bleiben die Phantome klein und nicht sehr wesentlich. Würden wir sie fortschreiben und Tag für Tag systematisch weiterentwickeln (so wie die Profis im Showbiz oder in der Politik), würden wir irgendwann zu einer Fälschung unserer selbst werden.

Gibt es eigentlich noch wahrhaftige Menschen, die sich weigern, ein Phantom aufzubauen?

Ja, die gibt es – aber wenige. Und ob die in einer solch engen, öffentlichen Gesellschaft erfolgreicher wären als die »Phantome«, wage ich zu bezweifeln. Eher wäre es so, dass sie überall anecken würden und einigermaßen rücksichtslos – und erfolglos – durch die verschiedenen Öffentlichkeiten ihrer sozialen Gruppen wandern würden. Mir fällt dazu spontan der Schauspieler Klaus Kinski ein.

Von ihm nehme ich an, dass er sich in den späteren Jahren seiner Karriere nicht mehr im Ansatz die Mühe gemacht hat, in irgendein bequemes, behagliches Phantom zu schlüpfen. Kinski war berüchtigt und berühmt dafür, dass er das »enfant terrible« in allen Lebenslagen war. Kinski sei der »großmäuligste, widerlichste, unangepassteste, arroganteste, unverschämteste Drecksack«, den er je erlebt habe, sagte einer seiner Regisseure in einem Interview. Aber er war auch einer der erfolgreichsten deutschen Schauspieler aller Zeiten. Dass alle, die mit ihm arbeiteten, bei den Dreharbeiten fast wahnsinnig wurden, war das Problem der anderen – nicht das von Kinski. Es interessierte ihn nicht, nicht einmal im Ansatz. Er brauchte kein Phantom.

Bei den Dreharbeiten zu dem Film *Aguirre, der Zorn Gottes* musste drei Mal das gesamte Aufnahmeteam ausgewechselt werden, weil vom Kabelträger über die Komparsen bis zum Aufnahmeleiter kein Mensch mehr mit Kinski arbeiten wollte. Lieber arbeitslos als Kinskis asoziale Wahrhaftigkeit weiter aushalten müssen.

Der Mainstream von Kinskis Bauch: extrem dissoziales Verhalten, extremer Egoismus, extremer Egozentriker, extrem kreativ, extrem unangepasst und so weiter. Der Mann wurde dennoch (oder deshalb?) mehrfacher Millionär, international berühmt und war einer der teuersten Schauspieler der Welt. Viele Journalisten wetteiferten darin, wer denn wohl in welcher Talkshow von Kinski am meisten verhohnepipelt und beschimpft werden würde. Das brachte Einschaltquoten. Kinski hat in seinem Leben allerdings seine Art von »Wahrhaftigkeit« regelrecht zur »Masche« gemacht, was ihm viel Ruhm und noch mehr Geld brachte. Und ... ist das nicht auch schon wieder eine Art von »Phantom«, das er da für sich gebastelt hatte?

Wir können also getrost davon ausgehen, dass bequeme (behagliche) Phantome in jeder sozialen Beziehung eine gewisse Ruhe herstellen, eine gewisse soziale Erwünschtheit schaffen. Wir Menschen könnten gar nicht damit leben, allen Phantomen, sozialverträglichen Normengefügen und üblichen Regelwerken goodbye zu sagen. Wir würden von den anderen sozial geächtet werden und in unserer kleinen oder großen Öffentlichkeit unsere Positionierung verlieren und sozial untergehen.

FAZIT

- Bei der Wahrnehmung von Situationen und Erlebnissen sind wir Menschen weniger treffsicher als bei der Einschätzung von nackten Daten und Fakten. Bei nackten Daten und Fakten sind wir relativ entscheidungssicher – wenn wir sie nicht auswendig lernen müssen.
- Das Prüfsystem des Gehirns ist sehr alt und arbeitet ungenau. Es passt nicht in die Welt des dritten Jahrtausends – sondern in die der Jäger und Sammler.
- Der Bauch entscheidet als fauler Fehleinschätzer sehr schnell und fühlt sich behaglich wohl bei der kognitiven Schräglage. Er hat überhaupt keine Veranlassung, eine Korrektur anzusetzen.
- Unter einem behaglichen Phantom verstehen wir ein einfaches oder komplexes Bauchlügengebilde, das wir deshalb aufbauen, weil wir uns in unserer spezifischen Öffentlichkeit damit einen Nutzen versprechen.
- Bleibt der erwartete Nutzen aus, verlassen wir das Phantom und kehren zur Wahrhaftigkeit zurück. Oder wir bauen uns ein neues, von dem wir uns mehr Nutzen versprechen.

2

Intuition – und wie man sie gezielt einsetzt

Mancher sucht ein Leben lang
die Brille der Erkenntnis,
ohne zu bemerken,
dass er sie schon auf der Nase hat.

Wilhelm Raabe

Selbsterkenntnis ist der erste Weg zur Besserung

Wir haben in diesem Buch bisher viel erfahren über den Bauch, die Intuition und über die spezifischen Eigensinnigkeiten der beiden. Das heißt aber noch lange nicht, dass wir nun in der Lage wären, unsere eigene Intuition und die ihr folgenden Programme treffend zu identifizieren. Es liegt in der Natur der Sache, dass ausgerechnet die Betroffenen die Letzten sind, die ein bestimmtes Bauchverhalten bei sich selbst erkennen können. Das ist bei mir nicht anders als bei Ihnen oder anderen. Auch eine gute Kenntnis der psychologischen Zusammenhänge hilft da nicht viel.

Dieser Teil des Buches nun beschäftigt sich mit etwas, was mir zunächst als unlösbares Problem erschien: nämlich die Intuition gezielt einzusetzen. Denn es ist die Eigenart der Intuition, unvermittelt und plötzlich aufzutreten und unvermittelt und plötzlich eine Entscheidung zu treffen oder die Entscheidung vorzubereiten. Die Vorstellung, dass ich mich zurücklehne, auf meinen Bauch höre und die Intuition dann irgendwann grummelnd und sich deutlich anmeldend hervorkommt – dieser Gedanke ist nicht nur lustig, sondern auch gleichermaßen absurd. Dann könnte man ja ganz gezielt mit dem Bauch denken, und das – so habe ich bereits öfter betont – geht eben nicht.

Doch obwohl der Bauch ein ziemlich archaischer Bursche ist, der nicht so einfach in den »Griff« zu bekommen ist, gibt es die Möglichkeit, der Intuition ein wenig konkreter auf die Spur zu kommen – und zwar so, dass sie uns im täglichen Leben ein guter und hilfreicher Begleiter sein kann. Eine Kollegin der Universität Utrecht brachte mich auf die zündende Idee, sich zunächst einmal den jeweiligen »Programmtyp« eines Menschen anzuschauen, denn jeder von uns folgt einem anderen Verhaltensprogramm. Bauch ist also nicht gleich Bauch. Wissen wir aber, nach welchem Programm wir reagieren, können wir auch lernen, Intuition gezielter einzusetzen.

Gemeinsam mit Dr. Marta v.d.Boschs und Dr. Cathrine Beethovens habe ich nach umfangreichen Recherchen und sorgfältiger Prüfung für dieses Buch ein psychodiagnostisches Testverfahren entwickelt, mit dem es möglich wird, den persönlichen Entscheidungstypus festzustellen.

Der Test gibt ziemlich klar Auskunft darüber, wie die Intuition eines Menschen »gestrickt« ist, wie er zurzeit mit seiner Intuition umgeht, wie er zu seinen Mitmenschen steht, wie risikobereit sein Bauch ist und so weiter. Nach dem Testergebnis wird es sehr viel leichter fallen, sich mit der eigenen Intuition so auseinander zu setzen, dass man sie noch besser bzw. gezielter einsetzen kann.

Das Testverfahren dient nicht der Pausenunterhaltung, sondern der Analyse von Verhalten. Es muss daher notwendigerweise umfangreich ausfallen, um ein brauchbares Ergebnis zu erzielen. Wenn Sie also genau wissen möchten, wie Sie derzeit mit Ihrer Intuition umgehen, wie Ihr Verhalten zu anderen aussieht, wie Ihr emotionales Programm gestrickt ist, kurz, welcher Bauchtyp Sie sind – dann seien Sie mutig und machen Sie den Test. Ein wenig Mut ist tatsächlich nötig, denn manches Ergebnis kann überraschend sein und entspricht vielleicht nicht dem, was Sie »im Gefühl« haben. Aber ist es nicht auch spannend, sich selbst noch stärker auf die Spur zu kommen und zu erkennen, wie das ganz persönliche Bauchdenken abläuft?

Legen wir also los!

Sie finden im Test 180 verschiedene Aussagen aus allen möglichen Lebensbereichen (Seite 157 ff.). Zum Beispiel aus den Bereichen »Gesellschaft« oder »Freizeit«, aus den Bereichen »Partnerschaft« oder »Beruf«. Lesen Sie zunächst die

Aussage und entscheiden Sie dann nach sorgfältiger Überlegung, ob die jeweilige Aussage für Sie persönlich zutrifft oder nicht.

Trifft die Aussage für Sie persönlich hundertprozentig zu, schreiben Sie bitte eine 4 in das Feld hinter dem Startbuchstaben. Trifft die Aussage nicht hundertprozentig zu, aber doch schon weitestgehend, dann kommt eine 3 in das Zahlenfeld. Ist die Aussage eher falsch als richtig, trifft sie also für Sie nicht ganz zu, dann bitte eine 2 eintragen. Und trifft die Aussage hundertprozentig für Sie nicht zu, dann schreiben Sie eine 1 in das Zahlenfeld.

Hier ein Beispiel zum Thema »Party«:

B .*4* . Ich werde oft zu irgendwelchen Partys eingeladen. *(Sie schreiben eine 4, wenn Sie tatsächlich oft zu Partys eingeladen werden ...)*

B .*3* . *(... eine 3, wenn Sie gelegentlich zu Partys eingeladen werden ...)*

B .*2* . *(... eine 2, wenn Sie nur selten zu Partys eingeladen werden ...)*

B .*1* . *(... eine 1, wenn Sie nie zu Partys eingeladen werden.)*

So wie bei dem hier aufgeführten Beispiel arbeiten Sie alle 180 Aussagen sorgfältig durch. Notieren Sie bitte auf der gepunkteten Linie jene Zahl, die jeweils für Sie zutreffend ist. Wenn Sie alle Fragen (Aussagen) erledigt haben, addieren Sie bitte alle Zahlen, die Sie in den A-Feldern notiert haben, zu einer Summe. Das Gleiche machen Sie mit den Zahlen der B-Felder, mit den Zahlen der C-Felder und mit den Zahlen der D-Felder und so weiter, bis zu den G-Feldern. Sie erhalten so durch einfaches Addieren sieben unterschiedliche Zahlen.

Wenn alles errechnet ist, tragen Sie die so ermittelten Zahlen in die sieben Buchstabenfelder auf der Seite 165 ein:

Da der Test aus den schon genannten Gründen ein wenig umfangreicher ausfällt, sollten Sie sich auf jeden Fall genügend Zeit für ihn nehmen, um ihn mit der nötigen Sorgfalt durchführen zu können. Und denken Sie bitte daran: Sie tun sich keineswegs einen Gefallen damit, wenn Sie übereilte oder »geschönte« Antworten geben. Das verfälscht nur das Ergebnis und führt sozusagen zu einem Phantomtest. Also völlig locker und spontan bleiben, ganz ehrlich an die Sache herangehen – aber dennoch die Fragen genau lesen und gut überlegen – nicht aus dem Bauch heraus entscheiden, sondern versuchen, möglichst kognitiv zu arbeiten. Viel Glück!

Ein Hinweis: Es könnte sein, dass Sie diesen Test auch an Freunde weitergeben möchten und ihn deshalb (bzw. auch für sich selbst) wegen der besseren Handhabung kopieren wollen. Das ist in Ordnung. Aber bitte beachten Sie, dass dies ausschließlich für private Zwecke gestattet ist und der Test keinesfalls im gewerblichen Zusammenhang Verwendung finden darf. Er ist copyrechtlich geschützt.

Der Bauch-Intuitionstest

UII-02/01
Utrecht Intuitions Inventar/Version 2002/01
(Kurzform für Erwachsene)

B 3. Ich werde oft zu irgendwelchen Partys eingeladen.
C 4. Am liebsten würde ich künstlerisch arbeiten.
D 2. Ich muss Ordnung haben. Ohne Ordnung geht gar nichts.
E 3. Ich übernehme gern Verantwortung für andere, das macht mir Spaß.
F 2. Vor gefährlichen Situationen habe ich keine Angst.
E 3. Ich bin ziemlich sanft und mag Zärtlichkeit.
A 1. Manchmal grübel ich so vor mich hin – ohne Ergebnis häufig.
G 2. Ich bin ziemlich gefährlich, wenn es um meinen eigenen Vorteil geht. Da kenne ich nichts.
B 4. Menschen, die sich für etwas begeistern können, mag ich sehr.
D 3. Ich bin ein ziemlich gewissenhafter Typ. Etwas auf die leichte Schulter nehmen ist nicht mein Ding.
C 4. Psychologie hat mich schon immer sehr interessiert.
E 3. Ich liebe die leisen Töne, Zartes und Weiches liegt mir.
F 3. Im Wettbewerb nehme ich es mit jedem auf – nur zu!
G 2. Trauerfälle bei Verwandten haben mich noch nie sehr interessiert. Man geht halt hin – mehr nicht.
D 4. Ich bin sehr tüchtig – das weiß jeder, der mich kennt.
F 3. Je schwieriger eine Aufgabe – umso besser!
C 3. Ich diskutiere gerne über alles Mögliche. Ich quatsche über Gott und die Welt.

A 2 Mit Kritik von anderen habe ich so meine Probleme – ich sag zwar nichts, aber es tut mir weh.

B 3. Da, wo was los ist, fühle ich mich so richtig wohl.

G 2 Man wird immer nur übers Ohr gehauen – ich haue auch manchmal jemanden übers Ohr.

B 3. Ja, ich bin ein geselliger Typ – ist doch schön, in Gesellschaft zu sein.

F 1. Offroad, unwegsames Gelände, unbekannte Gegenden, da fühle ich mich sehr wohl.

D 3. Wenn's schwierig wird, mache ich alles sehr systematisch.

E 3. Ich kann andere nicht leiden sehen – da bin ich etwas empfindlich.

C 3. Die Probleme unserer Gesellschaft beschäftigen mich schon sehr.

A 2. Die schlechten Angewohnheiten anderer nerven mich manchmal.

G 3. Die Empfindlichkeiten anderer sind mir ziemlich egal. Da müssen die mit klarkommen – nicht ich.

A 3. Auch kleine Dinge können in mir heftige Gefühle auslösen, ein Geschenk für ein paar Cents zum Beispiel.

F 2. Der Kampf zwischen zwei gleich Starken reizt mich.

C 2. Ich bin auf der Suche nach der für mich idealen Lebensform.

B 3. Meine Freunde sagen, ich bin ein wirklich guter Kumpel.

C 4. Kunst, Dichtung, moderne Musikrichtungen, das liegt mir sehr.

D 2. Um etwas zu entscheiden, da braucht es Fakten, Fakten, Fakten.

G 2 Geld bedeutet mir viel – da tu ich auch viel dafür.

B 2. Ich unternehme gern etwas, bin viel unterwegs.

G 2. Ich kann auch nichts dafür – immer wieder macht es mir Spaß, jemanden auszutricksen.

C 3. Mich interessiert gesellschaftlich und kulturell fast alles.

A 3. Wenn ich Rückschläge erleiden muss, das fällt mir schwer.

D 2. Nichts geht über eine straffe Ordnung, ein System. Sonst kommt man nicht weit.

D 2. Ich habe mir schon einmal vorgestellt, was wäre, wenn ich in einen Krieg käme. Da würde ich auch nicht anders reagieren als im normalen Leben.

D 3. Ohne feste Ziele und Grundsätze geht gar nichts.

B 3. Die Gemeinschaft mit anderen bedeutet mir sehr viel.

G 3. Ich spiele dem Chef gern einen Streich, wie damals in der Schule dem Lehrer. Es macht mir Spaß, irgendwelchen angeblichen Autoritätspersonen Streiche zu spielen.

A 3. Mir etwas wirklich recht zu machen – das ist nicht so einfach. Ich habe da hohe Ansprüche.

C 3. Für intellektuelle Themen bin ich immer zu haben.

A 2. Ich bekomme häufiger mal einen Schreck.

G 3. Ich mag es nicht, wenn man sich mir einfach in den Weg stellt.

E 2. Es gibt so viel Elend unter den Kindern in der Welt. Da würde ich gerne helfen.

F 3. Was heißt schon »gefährlich«? Man muss nur richtig an die Sache herangehen.

G 2. In Sachen Sex muss einer der Führende sein – anders geht das nicht. Meistens bin ich das.

E 2. Kinder in einem Tageshort (Kinderkrippe) zu betreuen macht Spaß.

C 4. Ich interessiere mich ganz besonders für ein bestimmtes Interessengebiet der Musik oder der Kunst.

D 3. Bevor ich etwas kaufe, wird natürlich immer überprüft, wie es mit der Qualität steht. Von Dingen, die nichts taugen, will ich nichts wissen.

E 2. Sex ohne Zärtlichkeit – nein danke. Da kann ich auch ganz auf Sex verzichten. Nur Leidenschaft, das ist nichts für mich.

G 2. Also mit Kindern konnte ich noch nie viel anfangen.

B 3. Auf Partys kann man so richtig aus sich herausgehen.

F ... Ich lache noch, wenn andere bereits heulen. Ich meine, andere geben halt zu schnell auf.

E ... Also meine Nachbarn, mit denen komme ich gut aus. Wir helfen uns häufig und feiern auch zusammen.

G ... Es gibt einige Leute, die finden, ich sei zu egoistisch.

E ... Also Babys sind ja total süß.

F ... Ich könnte mir vorstellen, dass ich auch in Alaska oder Kanada leben könnte. Ich komme überall klar.

G ... Ohne Risiken ist das Leben langweilig. Ich brauche meinen »Kick«.

B ... Schlechte Laune gibt's nicht, wenn ich auftauche. Da zeige ich den anderen schon, was »fröhlich« heißt.

A ... Manchmal fühle ich mich schlaff und abgespannt, obwohl gar nichts Besonderes passiert ist.

G ... Beim Autofahren fühle ich mich so richtig frei, da geht die Post ab.

F ... Ich habe mich noch nie zu etwas zwingen lassen, weder privat noch im Job.

C ... Ich lese immer zuerst das Buch – und bin vom Film dann meist enttäuscht.

E ... Ich spiele gerne und häufig mit Kindern, das macht viel Spaß.

D ... Ohne gute Vorbereitung geht gar nichts.

G ... Was heißt Fairness, gibt's das überhaupt noch?

D ... Gut Ding will Weile haben. Das war schon immer so.

E ... Manchmal kann ich andere überhaupt nicht verstehen. Was die so mit ihrem Leben anfangen ... grässlich.

A ... Ich bin sehr sensibel, wenn es um Bemerkungen über mich geht.

C ... Vernissage, Künstlertreff, Theaterpartys – das liebe ich.

F ... Es gibt viele Hasenfüße, die kneifen, wenn's interessant wird.

D ... Ist doch klar, dass ich immer pünktlich bin.

G ... Verlierer sind an ihrem Verlieren selber schuld.

B ... Gute Laune steckt an.

A ... Ich bewundere souveräne Leute. Ich wünschte, ich konnte das auch so.

B ... Ich kenne Gott und die Welt, ehrlich.

G ... Mit Gesetzen kann man leicht in Konflikt kommen.

D ... Meine festen Gewohnheiten sind mir wichtig.

A ... Manchmal habe ich Stimmungsschwankungen.

B ... Ich bin locker drauf und komme mit anderen immer gut klar.

A ... Manchmal fühle ich mich miserabel – und ich weiß nicht, warum.

G ... Mit der Wahrheit kommt man nicht weit – die Welt will belogen werden.

C ... Im Kreis von Freunden philosophiere ich ganz gerne.

A ... Ich bin ein wirklich friedlicher Typ.

F ... Ich bleibe ziemlich cool, wenn es gefährlich wird. Ob im Urlaub auf einer Safari oder im Job – egal.

G ... Ich werde mich nie für andere abplagen.

B ... Ich kann so lustige Storys erzählen, da kringeln sich alle vor Lachen.

C ... Ich könnte stundenlang in Museen herumlaufen.

D ... Ich putze oft über meinen Tisch (Schreibtisch).

E ... Man fragt mich oft um Rat.

F ... Spannende Krimis sind mein Liebstes.

E ... Ich schmuse so gerne.

A ... Was mir so alles durch den Kopf geht ...

G ... Ich bin hart, aber gerecht.

B ... Ich bin ein Führertyp. Alle folgen mir.

D ... Arbeitsergebnisse überprüfe ich mindestens zweimal.

C ... Ich denke oft darüber nach, was in den Menschen so vorgeht.

E ... Ich mag es nicht, wenn man brüllt. Da werde ich ganz kribbelig und nervös.

F ... Wer Arbeit will, der findet auch welche.

G . . Verwandte gehen mir auf den Keks.
D . . Wenn man etwas wirklich will – dann klappt es auch.
F . . Ich nehme jede berufliche Herausforderung an.
C . . Manchmal habe ich das Gefühl, ich rede viel. Aber das stört mich nicht so sehr.
A . . Ich kann tun, was ich will. Irgendjemand nörgelt immer an mir herum.
B . . Ich mag die Formel 1. Da steh ich drauf.
G . . Alles nur Abzocker. Jeder will nur Knete.
B . . Ich bin Mitglied in einem Kegelclub/Karnevalsverein.
F . . Im Urlaub zum Karakorumgebirge oder zum Mount Everest, das wär's. Mal so richtig ausloten, was man draufhat in 7000 m Höhe.
D . . Beharrlichkeit und Ausdauer, das ist wichtig.
E . . Ich kann kein Blut sehen. 'ne Spritze reicht mir schon – igitt.
F . . Es gibt viele Menschen, denen es leider nicht so gut geht wie mir.
A . . Guter Benimm ist offenbar nicht mehr gefragt in dieser Zeit.
G . . Manche Leute sind aber auch zu mimosig.
A . . Ich heule manchmal vor dem Fernseher oder im Kino.
B . . Ich schaue mir gern Boxen an. Find ich gut.
C . . Ich würde auch in einer WG leben können.
B . . Mit mir kann man Pferde stehlen.
C . . Ich weiß, wer Rainer Werner Fassbinder war.
D . . Alles lässt sich lösen – ist nur 'ne Frage der Methode.
G . . Geld ist Freiheit – ohne Geld keine Freiheit.
B . . Am Samstagabend geht's ab um die Häuser, da geht's rund.
G . . Ich schummel beim Kartenspiel manchmal.
C . . Ich war schon mal auf einer Wahlparty.
A . . Manchmal geht auch alles schief.
D . . Linksradikal ist schlimmer als Rechts.

D 4. Man muss auch mal was durchsetzen, auch wenn der andere den Sinn nicht sofort kapiert.

D 4. Ich habe schon so meine Prinzipien.

B 2. Bei mir zu Hause muss es so richtig schick sein; meine Gäste müssen staunen, wie schick es ist.

G 2. An Karneval, da lasse ich so richtig die Sau raus.

A 3. Die meisten Dinge mache ich besser als viele andere, wenn man mich lässt.

C 3. Ich bin sehr intelligent, ja, das bin ich.

A 2. Ich fahre etwas unsicher Auto – manchmal.

G 3. Wenn einer nicht anklopft, macht mich das sauer.

E 3. Die Kinder, das sind die, die immer unter allem leiden müssen.

F 4. Wer nicht wagt, der nicht gewinnt.

G 3. Manchmal habe ich dominante Sexphantasien.

E 1. Etwas mit Kindern zu machen, das wär mein Traumberuf.

C 1. Die sieben Weltwunder – klar kann ich die spontan aufzählen.

D 3. Was nichts kostet, ist auch nichts.

E 2. Sex ist nicht immer so wichtig.

G 2. Ich könnte mir vorstellen, fremdzugehen.

B 4. Ich habe eine Funktion in einem Verein oder Club.

F 3. Eine gewisse Ordnung ist wichtig, auch wenn einen das manchmal etwas einschränkt.

E 3. Ich mag meine Geschwister sehr.

G 3. Man muss sehen, wo man bleibt.

E 1. Miezekatzen sind mein Liebstes.

F 1. Die Camel-Trophy, das wär's. Ab in die Sahara – da würd' ich mitmachen.

G 1. Ich machte schon einmal Bungee-Jumping.

B 4. Wenn ich die langen Gesichter im Büro schon sehe, alles Trauerklöße.

A 1. Ich habe schon mal Barbiturate verschrieben bekommen (oder nehme sie heute noch) (Barbiturate = Psychopharmaka).

G ... Trucker sind wirklich freie Leute.

F ... Ich gehe so schnell niemandem auf den Leim.

C ... Ich besitze eine ganze Menge Bücher, und gelesen habe ich sie auch.

E ... Manchmal habe ich das Gefühl, dass ich ein Kind (noch ein Kind) haben möchte.

D ... Immer erst alles abchecken, was kommen könnte.

G ... Der Bessere gewinnt, so ist das nun mal.

D ... Wer zu schnell entscheidet, macht zu viele Fehler.

E ... Manchmal kann ich andere nicht so recht verstehen. Vieles ist einfacher, als man glaubt.

A ... Ich bin/war ein Mobbingopfer (gewesen).

C ... Im Prinzip kann man alles kaufen.

F ... Mut gehört dazu – zu jeder Sache.

D ... Ich plane sehr genau und komme fast nie zu spät.

G ... Ich bin ein Siegertyp.

B ... In Gesellschaft bin ich schnell lustig.

A ... Manche Leute haben ein tolles Charisma, beneidenswert.

B ... Ich habe mehrere Telefonnummern, Handys, Skyper, Cityruf und so.

G ... Kein Mensch ist ehrlich, das ist klar.

D ... Mein Tag hat einen ganz festen Ablauf.

A ... Manchmal könnte ich heulen.

B ... Ich bin in einem Club, in dem man Mannschaftsspiele spielt – Fußball, Volleyball, Bowling usw.

A ... Manchmal fällt mir die Decke auf den Kopf.

G ... Alles Lug und Trug im Geschäft. Da muss man aufpassen.

C ... Ich denke manchmal über das Weltall nach. Diese Dimension ist unglaublich.

A ... Man kann alles in Ruhe angehen.

F ... Mal mit einem Tornado, 'ner F 18 oder einem Eurofighter fliegen, das wär's. Oder mit 'nem Spaceshuttle in den Weltraum.

G ... Undank ist der Welt Lohn, das stimmt.

Bitte hier die addierten Zahlen eintragen:

A-Feld – Gesamtsumme: 67

B-Feld – Gesamtsumme: 70

C-Feld – Gesamtsumme: 65

D-Feld – Gesamtsumme: 72

E-Feld – Gesamtsumme: 53

F-Feld – Gesamtsumme: 49

G-Feld – Gesamtsumme: 77

Geschafft! Ab der nächsten Seite lesen Sie nach, zu welchem Ergebnis Sie im Test gekommen sind. In der Auswertung der einzelnen Punktegruppen finden Sie jeweils einen ganz konkreten Kommentar zu Ihrem Intuitionsverhalten. Dieser Kommentar bezieht sich immer nur auf den einen Intuitionstyp, dessen Programmbereich gerade abgefragt wird. Das heißt, es kann sein, dass Sie im Bereich »Phantasie und Kreativität « hochintuitiv richtig entscheiden und im Bereich »Normverhalten, Selbstkontrolle und Disziplin« über keine brauchbar richtige oder treffende Intuition verfügen. Erst wenn Sie alle Auswertungen erarbeitet haben, wird deutlich, wie sich das Gesamtbild in den abgefragten Programmbereichen wirklich zusammensetzt. Erst dann ist Ihr persönliches »Intuitionsbild« bzw. Ihr »Bauchbild« fertig.

Blick in den Spiegel: **Testauswertung**

In dem, was Sie soeben erledigt haben, steckt schon eine Menge Arbeit drin. Nun geht es an die Testauswertung, die etwas erklärungsbedürftig ist. Die Testauswertung ist in dieser Testversion so vereinfacht worden, dass ein »Selbsttester« einen überschaubaren Intuitionstrend daraus ableiten kann. Im Laborversuch arbeiten wir Psychologen mit diesem Test allerdings in einer sehr viel umfangreicheren Version, die im Spektrum der möglichen Ergebnisse weiter gefächert ist. Das bedeutet, das man mehr einzelne Segmente des Entscheidungsverhaltens ausloten kann. Hier reicht uns jedoch die vereinfachte Auswertung. Sie ist aber immer noch so umfangreich, dass Sie sie sorgfältig lesen müssen. Manchmal unterscheiden sich die Auswertungen nur um einige Worte voneinander. Also wäre es wichtig, dass Sie die Auswertung nicht etwa nur mal überfliegen – Sie sollten sie wirklich sehr aufmerksam lesen.

Falls Sie mit Ihrem Ergebnis weniger zufrieden sein sollten, nehmen Sie bitte das Testergebnis nicht als etwas Absolutes hin. Die Ergebnisse solcher Tests hängen unter Umständen auch von der jeweiligen Tageseinstellung und -haltung (Tagesform) ab, von der individuellen Lebenssituation usw.

Es könnte auch sein, dass Sie beim Testergebnis in einer »polarisierten Ecke« landen, das heißt, dass Sie bei einem bestimmten Segment im Extrembereich ganz weniger Punkte oder aber ganz vieler Punkte ankommen. Dafür gibt es zwei grundsätzliche Ursachen:

1. Sie haben ein ernsthaftes Intuitionsproblem.
2. Sie haben kein Problem – aber die Fragen nicht richtig verstanden oder sie zu leichtfertig beantwortet.

Deshalb ein grundsätzlicher, wichtiger Rat: Sollten Sie in einer der polarisierenden Ecken angekommen sein, das heißt, extrem wenig oder extrem viele Punkte in einem bestimmten

Segment haben, dann machen Sie den Test noch einmal. Allerdings nun wirklich mit aller Sorgfalt; lesen Sie die Aussagen dreimal, wenn es sein muss, auch viermal, um den größtmöglichen Wahrheitsgehalt herauszufiltern. Spontaneität, auch Bauchgefühl sind hier völlig fehl am Platz.

Es ist die Eigenart und gleichermaßen auch das Risiko eines jeden ernst zu nehmenden psychologischen Tests, etwas zu »demaskieren«. Demaskieren bedeutet, dass Sie durch den Test Dinge an sich entdecken könnten, die bisher nicht so klar und offen zu sehen waren. Wenn Sie bemerken, dass Sie in der einen oder anderen Buchstabengruppe sehr niedrige oder sehr hohe Zahlen bekommen, und nicht geschwindelt haben, dann sprechen Sie mit Ihrem Partner oder mit einem guten Freund über den Text der dazugehörigen Auswertung. Fragen Sie, was er oder sie dazu meint, reden Sie offen über das Ergebnis.

Bei jedem der Kommentare zu den Punktegruppen finden Sie eine Bemerkung zu den spezifischen Intuitionsrisiken und eine mehr oder weniger ausführliche Empfehlung dafür, was man tun könnte, um intuitive Risiken zu vermeiden. Diese Hinweise sind durchaus ernst gemeint, denn die psychologische Erfahrung zeigt, dass eine mögliche Demaskierung auch dazu führen kann, dass der/die Betroffene nun versucht, noch bessere Masken zu schnitzen. Das heißt, es besteht die Gefahr, sich noch besser verbergen zu wollen, noch mehr Phantome zu bauen, weil man sich »erwischt« fühlt.

Falls Sie solch ein Gefühl beschleicht, und falls Sie auf ein für Sie unangenehmes Testergebnis sauer oder sogar böse reagieren, sprechen Sie mit einer vertrauten Person darüber. Fragen Sie nach, was der/die andere sieht oder ob er/sie Parallelen entdeckt. Machen Sie das Ganze nicht mit sich alleine ab. Es würde vermutlich nichts dabei herauskommen, außer eines erneuten, besser durchdachten Phantoms.

Professor Rupert Lay, der angesehene Psychiater und Mediziner sagte: »Vor der Selbsterkenntnis liegt der verhängnisvolle Schritt der Selbstannahme.« Das heißt, verstehen und akzeptieren, dass ich in einer Maske stecke. Erst dann kann ich sie abnehmen und erkennen, wer ich bin. Das allerdings ist die Voraussetzung für die Änderung in ein neues, positiveres Verhalten.

Vor der Auswertung noch eine methodische Bemerkung vorab:

Die Punkteskalierung in der vorliegenden Testauswertung ist in vier Gruppen geteilt. Falls Sie am oberen oder unteren Rand der Punktegruppe stehen, lesen Sie auch die Auswertung der Nachbargruppe. Denn Sie befinden sich dann in einem so genannten Metafeld, einem Raum zwischen zwei Gruppen. Zum Beispiel: Die Auswertungen zu den A-Fragen teilen sich auf in 26–30 Punkte und in 31–52 Punkte. Liegen Sie nun etwa bei 30 Punkten, ist es in dem Falle aufschlussreich, auch in der Auswertung für die Folgegruppe 31–52 Punkte nachzulesen.

Die A-Fragen

26–30 Punkte

Es geht um Ihr Nervenkostüm, Ihre persönliche Sensibilität und Ihre soziale Sensibilität. Sie sind ein seelisch recht robuster Mensch, wenn man es einmal positiv sieht. Man könnte es aber auch so ausdrücken: Sie bemerken kaum noch, wenn Impulse sensibler Art auf Sie wirksam werden. Sie sind so robust in Ihrer stabil organisierten Welt, dass Sie so gut wie keinen Stress verspüren, haben sehr starke Nerven und bleiben auch in angespannten Situationen immer gelassen. Ihr Stresspegel ist grundsätzlich niedrig und Sie können eine ganze Menge an Belastungen verkraften. Anders ausgedrückt: Häufig dringen die »Belastungen« gar nicht bis zu Ihnen durch.

- *Intuitionsverhalten im Programmbereich persönliche und soziale Sensibilität:*

Ihr Intuitionsverhalten ist oft gefährlich für Sie und vor allem für die anderen. Sie entscheiden wegen eines hohen Defizits an emotionaler Rückmeldung sehr viel aus dem Bauch heraus – und kümmern sich sehr wenig darum, ob andere mit Ihren Entscheidungen verletzt, grob behandelt oder seelisch belastet werden. Es interessiert Sie nicht sonderlich, ob andere die Dinge anders sehen. Das ist deren Sache. Bauch ist Bauch, basta. Sie haben für sich subjektiv das Gefühl, dass Ihre intuitiven Entscheidungen richtig sind. Das mag stimmen – aber nur für Sie, für niemanden sonst.

- *Risiko:*

Sensible Menschen fühlen sich von Ihnen wenig verstanden. Probleme zwischenmenschlicher Art kommen kaum bis zu Ihnen durch. Sie bemerken das nicht einmal mehr. Andere sehen Sie möglicherweise gelegentlich als »Holzklotz«, als unsensiblen Menschen an. Auch die ganz normalen Probleme des Lebens erreichen Sie kaum noch. Insoweit führen Sie ein wohl recht ruhiges Dasein, das aber wegen des Defizits an sensitiven Fähigkeiten ein wenig lieblos oder gar monoton sein könnte. Vermutlich leben Sie allein oder mit einem Partner, der Ihnen sehr ähnlich ist. Denn ein anders gestrickter Mensch würde es mit Ihnen bei Ihrer stoischen Gelassenheit gar nicht aushalten. Da kann es sein, dass Sie beide (oder jeder für sich allein) in einem späteren, fortgeschrittenen Lebensalter sehr einsam sein könnten, weil Sie zu wenig miteinander reden und die sozialen Kontakte mit anderen zusammenbrechen könnten.

• *Empfehlung:*
Mehr auf Menschen zugehen, mehr zuhören, lauschen, mal ganz bewusst auf die kleinen Dinge des Lebens achten. Sich mit sensibleren Menschen umgeben und von denen lernen, dass es mehr gibt als das tägliche Einerlei, die eingefahrenen Gleise. Schaffen Sie sich zum Beispiel ein Haustier an. Haustiere, Hund oder Katze fordern von den Besitzern sehr viel sensitive Zuwendung. Laden Sie öfter Freunde ein, die Eltern, Ihre Kinder, Enkelkinder oder Geschwister. Lassen Sie sich von denen erzählen, wie es so geht, was es Neues gibt. Lernen Sie Zuhören. Oft sind die Berichte der anderen Menschen viel interessanter, als Sie meinen.

Achten Sie auf Untertöne. Hören Sie Musik. Aktiv Musik hören schärft die Seele für emotionale Töne. Trainieren Sie Ihre eigenen kommunikativen Fähigkeiten. Machen Sie zum Beispiel einen Kommunikationskurs bei der VHS (Volkshochschule). Das kostet wenig und bringt meist sehr viel. Und Sie lernen dort Leute kennen, die ähnliche Probleme haben, die sich auch manchmal darüber ärgern, dass sie so unsensibel und so ungezügelt »bauchig« reagieren. Geteiltes Leid ist halbes Leid, sagt der Volksmund. Und: Geteilter Spaß ist gleich doppelt gut.

31–52 Punkte

Es geht um Ihr Nervenkostüm, Ihre persönliche Sensibilität und Ihre soziale Sensibilität. Sie sind überdurchschnittlich gelassen und gehen sehr ruhig mit den Entscheidungen des Lebens um. Gelegentlich kommt ein wenig Stress bis zu Ihnen durch, aber Sie neigen nicht dazu, sich deshalb nervös machen zu lassen. Kritik prallt an Ihnen meist ab. Negative Einflüsse und Probleme bleiben ohne große Wirkung, was durchaus positiv sein kann. Sie sind mit einem ziemlich robusten Gemüt ausgestattet. Ihr Motto lautet: »Alles halb so wild, nichts wird so heiß gegessen, wie es gekocht wird.« Emotionale Verstimmungen gehen bei Ihnen nicht in die Tiefe. Für Gefühlsduseleien sind Sie nicht so sehr zu haben, Sie sehen die Dinge eher etwas kühler.

- *Intuitionsverhalten im Programmbereich persönliche und soziale Sensibilität:*

Sie entscheiden häufiger aus dem Bauch heraus. Ihr Intuitionsverhalten ist manchmal kritisch für Sie und manchmal auch kritisch für die anderen. Sie entscheiden wegen eines gewissen Defizits an emotionaler Rückmeldung viel aus dem Bauch heraus – und kümmern sich weniger darum, ob andere mit Ihren Entscheidungen seelisch belastet werden. Es interessiert Sie nicht sonderlich, ob andere die Dinge anders sehen. Sie haben für sich subjektiv das Gefühl, dass Ihre intuitiven Entscheidungen aus Ihrer Sichtweise in Ordnung sind. Das sehen andere aber auch öfter einmal anders. Ihr Bauch spricht etwas zu schnell und etwas zu laut.

- *Risiko:*

Vorsicht mit zu viel Abgeklärtheit. Andere interpretieren das häufig als Unsensibilität. Dabei bleiben dann Nähe, Zurückhaltung bei Entscheidungen, Emotionalität und auch Zärtlichkeit häufig auf der Strecke. Es wird vermutlich so sein, dass Ihre Freundschaften sich eher an der Oberfläche bewegen und seltener in die Tiefe gehen.

• *Empfehlung:*
Mehr auf Menschen zugehen, mehr zuhören, lauschen, mal ganz bewusst auf die kleinen Dinge des Lebens achten. Sie sollten sich öfter einmal mit sensibleren Menschen umgeben und von denen lernen, dass es mehr gibt als das tägliche Einerlei, die eingefahrenen Gleise. Wenn Sie aufmerksam zuhören, werden Sie Gesichtspunkte und Einstellungen an den sensibleren Menschen entdecken, die Ihnen gut gefallen werden. Laden Sie öfter Freunde ein, die Eltern, Ihre Kinder, Enkelkinder oder Geschwister. Lassen Sie sich von denen erzählen, wie es so geht, was es Neues gibt. Lernen Sie, etwas genauer und sensibler zuzuhören. Zuhören bedeutet, dem Gesprächspartner *genau* zuzuhören, ihn ausreden zu lassen, ihn nicht zu unterbrechen und Ihre sprudelnden Bauchentscheidungen und Bauchantworten etwas vorsichtiger »rauszulassen« oder erst einmal für sich zu behalten. Mit Zuhören wäre schon viel gewonnen. Dann werden Sie entdecken, dass es viel einfacher ist, als Sie glauben, die anderen zu verstehen und mit ihnen zu reden.

Sie sollten darüber hinaus mehr lesen. Es gibt ganz bestimmt Bücher und Themen, an denen Sie interessiert sind. Bücher lesen bedeutet, sich im Kopf eigene Bilder machen zu müssen (im Gegensatz zum Fernsehen oder zum Videofilm, bei denen die Bilder komplett vorgegeben werden). Und dieses »Bilder-Bilden« ist bei Ihnen ein wenig unterentwickelt. Sie haben wenig Routine im phantasievollen Denken erworben (oder: erlernt). Und das bedeutet, dass Sie zu ziemlich fest gefügten *Vor*-Urteilen neigen könnten, die sich in Ihren Bauchentscheidungen schnell festsetzen. Trainieren Sie Ihre kommunikativen Fähigkeiten. Vielleicht sollten Sie einmal einen Kommunikationskurs bei der VHS (Volkshochschule) besuchen. Das kostet wenig und bringt sehr viel. Und Sie lernen dort Leute kennen, die ähnliche kleine Probleme haben, etwas ruhiger sind, aber manchmal auch etwas kommunikativer sein möchten.

53–79 Punkte

Es geht um Ihr Nervenkostüm, Ihre persönliche Sensibilität und Ihre soziale Sensibilität. Sie sind ein ausgeglichener Mensch, ohne dadurch auf andere unsensibel zu wirken. Die alltäglichen Belastungssituationen nehmen Sie eher ruhig und gelassen hin, ohne dabei auf Aufmerksamkeit und das Wahrnehmen von Untertönen zu verzichten. Sie bewahren sich in fast allen Lebenssituationen eine gute Ausgewogenheit. Verstimmungen halten bei Ihnen nie lange an, sofern es überhaupt zu Verstimmungen kommt. Auf Kritik von anderen reagieren Sie völlig gelassen, hören zu, nehmen sie zur Kenntnis und überprüfen Ihren Standpunkt. Negative Erlebnisse, Probleme und Konflikte können Sie gut identifizieren, den Kern der Frage herausloten, Sie reagieren richtig, um dann das Problem methodisch vernünftig zu verarbeiten.

Ihr Nervenkostüm ist in Ordnung, nicht zu sensibel, nicht zu nervös. Ihr Selbstwertgefühl ist gesund, realistisch, kaum zu erschüttern. Sie wissen recht genau, was Sie können – und wo Ihre Grenzen liegen. Die Erkenntnis der Grenzen macht Ihnen allerdings keine Angst. Für Sie ist es völlig normal, dass nicht alle Menschen alle Probleme gleich gut in den Griff bekommen. Ihre Lebenszufriedenheitskurve liegt im positiven Bereich.

- *Intuitionsverhalten im Programmbereich persönliche und soziale Sensibilität:*

Sie entscheiden ausgewogen aus dem Bauch heraus. Vielfach kombinieren Sie Ihr Bauchgefühl mit dem Kopfgefühl und bauen eine Synthese aus beiden Bereichen. Sie neigen nicht zum oberflächlichen Bauchdenken. Sie wissen sehr genau: Zu schnell mit dem Bauch entscheiden kann auch kritisch sein. Sie beherrschen die sechs Prüfsysteme (siehe Seite 135 ff.) noch weitgehend und können in der einen oder anderen Situation gezielt damit umgehen.

• *Risiko:*
Kein Risiko in Sicht, machen Sie weiter so.

• *Empfehlung:*
Menschen Ihres Schlages werden wegen ihrer Ausgeglichenheit, Ruhe und der Fähigkeit, die Intuition im Griff zu haben, von vielen beneidet. Dieses »Beneidetwerden« darf nicht dazu führen, dass Sie etwa überheblich reagieren (oder wirken), wenn andere nicht so ausgeglichen und leistungsfähig sind wie Sie selbst. Machen Sie deshalb keine »Masche« daraus. Bleiben Sie sich treu. Sie dürfen also ruhig auch einmal nervös sein, wenn Ihnen danach ist – und auch mal aus dem Bauch heraus eine Fehlentscheidung treffen.

80–104 Punkte
Es geht um Ihr Nervenkostüm, Ihre Sensibilität und Ihre soziale Sensibilität. Sie sind ein Sensibelchen und neigen dazu, sich jeden Stress zu gönnen, den Sie kriegen können. Ihre Stimmungen und die häufige Unausgeglichenheit (sofern Sie im Punktbereich um die 94 + liegen) machen Ihnen und Ihrer Umwelt, Ihrer Familie, Ihren Freunden (wenn Sie welche haben) erhebliche Sorgen. Ihr Selbstwertgefühl ist zurzeit ziemlich demoliert und in einer wenig guten Verfassung. Sie glauben kaum daran, dass Sie noch etwas leisten oder jemandem dienlich sein könnten. Alle Züge scheinen für Sie abgefahren zu sein (wenn Sie einen Wert oberhalb von 94 haben). Ihre Lebenszufriedenheitskurve ist im negativen Bereich.

• *Intuitionsverhalten im Programmbereich persönliche und soziale Sensibilität:*
Sie erscheinen oft hektisch und impulsiv, was Ihrem Umfeld Sorgen bereitet. Dabei spielt es keine Rolle, ob diese Entscheidungen aus Ihrem Bauch oder aus dem Kopf kommen. Beide Entscheidungsmechanismen sind ein wenig defekt. Sie sind öfter unzuverlässig und manchmal sehr wankelmütig. Sie revidieren Ihre Bauchentscheidungen häufig und schwanken

dabei zwischen extremen Polarisierungen. Es kann sein, dass Sie aus dem Bauch heraus entscheiden, etwas zu kaufen, und im nächsten Moment auch aus dem Bauch heraus den Kauf lassen und unentschlossen und »bauchleer« weggehen.

Wegen dieser wankelmütigen Intuition traut man Ihnen nicht mehr viel zu. Auf Sie kann man sich nicht mehr so recht verlassen. Sie sagen zum Beispiel durchaus Termine zu, wissend, dass Sie gar kein Interesse daran haben, den Termin zu halten. Neinsagen fällt Ihnen eher schwer. Sie verhalten sich wie jemand, der psychisch ziemlich geschafft ist – und Sie werden von Ihrer Umwelt ebenfalls behandelt wie jemand, der psychisch labil ist.

Dennoch oder deshalb überfordern Sie sich häufig und setzen sich selber dem dramatischen, eigenen Druck aus, unbedingt endlich Entscheidungen in den Griff zu bekommen, jetzt etwas zu leisten, sich zu disziplinieren, Kontakte zu anderen Menschen aufzunehmen, verlässlich zu sein. Um das endlich zu erreichen, versprechen Sie immer mehr Leuten aus dem Bauch heraus alles Mögliche und bieten an, zu helfen oder dies oder das zu tun. Sie tun es dann aber nicht. Überhaupt nicht. Es passiert kaum etwas oder so gut wie nichts. Das lernen Ihre Mitmenschen sehr schnell. Die Kinder, Partner, Freunde sagen dann: »Der/Die redet und redet, lass ihn/sie doch. Das stimmt doch sowieso nicht.« Anstatt sich an das zu halten, was Sie gesagt haben, sitzen Sie dann heulend und selbstbemitleidend zu Hause rum und jammern. Manchmal gelingt Ihnen dann etwas. Nicht weil Sie das so wollten, sondern eher, weil Sie es nicht verhindern konnten.

- *Risiko:*

Wenn Ihnen das »In-den-Griff-Kriegen« Ihres intuitiven Entscheidungsverhaltens nicht bald gelingt, kann es gut sein, dass Sie in eine dauernde Depression verfallen – wenn Sie nicht bereits in einer – vielleicht noch maskierten – Depression stecken. Das Risiko, in ein andauerndes Phantom zu flüchten, ist groß.

- *Empfehlung:*

Sie sollten bewusster und sehr viel behutsamer mit Ihren seelischen und körperlichen Kräften umgehen. Falls Ihre Partnerbeziehung gescheitert ist oder in Mitleidenschaft gezogen wurde (Sie etwa vom Partner betrogen wurden), oder falls Sie andere dramatische menschliche Verluste erlitten haben, sollten Sie so schnell wie möglich mit jemandem darüber ernsthaft reden. Lassen Sie die Finger von Tabletten und Alkohol – gehen Sie zu Ihrem Hausarzt und reden Sie mit ihm über alle Sorgen. Mit großer Wahrscheinlichkeit kann er Ihnen einen Rat geben, beispielsweise einen Tipp für eine Therapie geben oder ein Gespräch mit einem Psychologen oder Neurologen vermitteln. Wenn Sie nicht mit dem Hausarzt reden möchten oder keinen festen Arzt haben, fragen Sie einmal den Pfarrer oder reden Sie mit einer guten Freundin oder einem guten Freund. Überprüfen Sie, ob Ihre Kinder, Eltern oder Verwandte Ihnen helfen können, Ihnen zuhören können, wenn der eigene Partner das nicht kann oder Sie alleine leben.

- *Warnung:*

Wenn Sie gegen die Lebenssituation, in der Sie feststecken, nichts unternehmen, könnten Sie möglicherweise untergehen, förmlich im Entscheidungselend ertrinken. Es könnte dann sein, dass Sie bei einer gewissen Menge von einstürmenden Sorgen und/oder Entscheidungen depressiv werden oder zwischen manischem und depressivem Verhalten schwanken. Möglicherweise kämen Sie dann beim Alkohol oder bei Tabletten an, und dann wäre der psychische, physische und soziale Abstieg vorprogrammiert.

Sie sollten Hilfe suchen. Je höher die Punktezahl, umso dringender ist externe Hilfe (Hilfe von außen, Psychologe oder Arzt) notwendig.

Die B-Fragen

24–28 Punkte

Es geht um Ihre Kontaktfreudigkeit, Ihre Offenheit und Ihre Extravertiertheit. Sie sind gerne allein, leben vermutlich auch allein. Sie sind sehr still und unauffällig, kaum jemand bemerkt etwas von Ihnen. Sie leiden nicht unter Ihrer Zurückgezogenheit, fühlen sich allerdings gelegentlich ein wenig einsam. Dann wird Ihnen bewusst, dass Sie eigentlich kaum Freunde haben oder Freundinnen, die gerne mal zu Ihnen kommen würden. Das bedauern Sie dann. Sie wissen aber nicht so recht, warum das so ist, haben sich schon öfter gefragt, wie die anderen das machen. Sie sind jemand, der sich nicht sofort begeistern lässt. Klatschmarsch im Karneval ist nicht Ihr Ding. Da bleiben Sie lieber zu Hause. Überhaupt können Sie über viele Dinge, über die andere lachen, nur lächeln – manchmal sogar etwas mitleidig.

- *Intuitionsverhalten im Programmbereich der Kontaktfreudigkeit, Offenheit und Extravertiertheit:*

Sie befinden sich in einem ständigen Kopf-Bauch-Dialog. Ihre Entscheidungen werden aber fast ausschließlich aus dem Bauch heraus getroffen. Weil Ihnen die Kommunikation mit anderen fehlt, kommunizieren Sie mit sich selbst. Dabei fällt es Ihnen schwer, treffende und nicht treffende (richtige und falsche) Entscheidungen im Moment der Entscheidung zu identifizieren. Ihr Intuitionsverhalten hat etwas von einem Meer mit hohen Wellen. Man kann die Wellen sehen – sie aber nicht beeinflussen oder gar kanalisieren. Das führt dazu, dass Ihre Intuition Sie belebt – und nicht etwa Sie die Intuition beleben. Sie fühlen sich den anstehenden Entscheidungen manchmal ausgeliefert und entscheiden häufig erst im allerletzten Moment.

• *Risiko:*
Es könnte sein, dass Sie sich in einen Teufelskreis begeben haben. Sie sind so ruhig und zurückgezogen, dass sich immer mehr Ruhe und Zurückgezogenheit um Sie herum ausbreiten. Kaum jemand bemerkt Sie noch. Das kann ziemlich schnell dazu führen, dass aus dem »allein« ein »einsam« zu werden droht.

• *Empfehlung:*
Sie sollten mehr unternehmen. Raus aus dem Alltagstrott des Jobs, raus aus den vier Wänden, raus aus dem gewohnten Umfeld – rein in etwas Neues. Sie mögen zwar Menschen nicht so sehr, die immer die Ulknudel oder den Partyclown geben. Aber glücklicherweise sind nicht alle Menschen um Sie herum laut, wollen immer im Mittelpunkt stehen, sind Schreihälse oder Dauerredner, trinken oder machen nur dumme Witze. Es gibt ganz sicher viele Menschen, die mit Ihnen gerne zusammen sein wollen, zum Beispiel in einem Theaterclub oder bei Kunstausstellungen, in der Bibliothek, bei Studienreisen, bei einer gemütlichen Teestunde zu Hause und so weiter. Wenn Sie es erst einmal erlernt haben, dass es richtig Spaß machen kann, Kontakte zu knüpfen, sobald man die richtigen Leute kennen lernt, dann geht alles wie von selbst. Sie werden sich dann viel wohler fühlen, versprochen. Und Ihre Intuition wird neue Dimensionen erlernen können, versprochen.

29–48 Punkte
Es geht um Ihre Kontaktfreudigkeit, Ihre Offenheit und Ihre Extravertiertheit. Ihr Bedürfnis nach Kontakten ist sehr unterschiedlich ausgeprägt. Gelegentliche Kontaktbedürfnisse wechseln mit Phasen der Sehnsucht nach Zurückgezogenheit. Sie machen sich nicht viel aus den üblichen Freizeitaktivitäten. Da kommen Ihnen zu viele Leute in den Weg. Bei bestimmten Gelegenheiten allerdings wird Ihnen bewusst, dass Ihr Freundeskreis eher klein ist. Bei geselligen Anlässen ist es

nicht so einfach, Sie aus der Reserve zu locken und Sie gesprächig zu machen. Wenn das allerdings gelingt und Ihnen das Thema Spaß macht, geht es Ihnen auch in Gesellschaft sehr gut. Dennoch, Sie sind alles andere als die Stimmungs- und Partykanone. Sie halten sich allerdings recht gut in Ihrem Verhaltensset, vereinsamen deshalb nicht. Den meisten Außenstehenden fällt Ihr Hang zur Zurückgezogenheit kaum auf. Ihr Selbstbewusstsein scheint noch in Ordnung zu sein, von gelegentlichen Zweifeln an sich einmal abgesehen; die hat jeder einmal.

- *Intuitionsverhalten im Programmbereich der Kontaktfreudigkeit, Offenheit und Extravertiertheit:*

Sie befinden sich in einem ständigen Kopf-Bauch-Dialog. Ihre Entscheidungen werden oft aus dem Bauch heraus getroffen. Weil Ihnen die Kommunikation mit anderen manchmal fehlt, kommunizieren Sie gern mit sich selbst. Dabei fällt es Ihnen nicht immer leicht, treffende und nicht treffende (richtige und falsche) Entscheidungen im Moment der Entscheidung zu identifizieren. Sie fühlen sich den anstehenden Entscheidungen manchmal ausgeliefert und entscheiden oft erst im allerletzten Moment.

- *Risiko:*

Sie könnten eine Neigung entwickeln, sich noch mehr zurückzuziehen, noch ruhiger zu werden. Das würde bedeuten, dass Sie möglicherweise so etwas wie »Einsamkeit« erleben würden.

- *Empfehlung:*

Kultivieren Sie Ihr Kontaktverhalten. Suchen Sie sich Menschen, mit denen Sie »können«, die Ihnen liegen. Dann machen viele Dinge noch mehr Spaß, die Sie bisher allein machen mussten.

49–73 Punkte

Es geht um Ihre Kontaktfreudigkeit, Ihre Offenheit und Ihre Extravertiertheit. Sie sind der Typ des kontaktfreudigen Menschen, der seine Kontakte auswählt, sich darüber bewusst ist und sich gelegentlich auch ebenso bewusst zurücknehmen kann. Sie haben die Fähigkeit, den ruhigen Ausgleich für hektische Phasen des Lebens bewusst anzusteuern und zu genießen. Ihre Sehnsucht nach Vergnügen und Aktivität ist sehr ausgewogen. Sie tun nichts, wenn Sie nicht wirklich wollen. Der Antrieb dafür kommt von innen, nicht von außen. Sie können einerseits am richtigen Ort zur richtigen Zeit sehr viel reden, durchaus Mittelpunkt sein.

Andererseits können Sie sich aber auch ebenso zurückziehen, leise auftreten, sich still beteiligen. Das machen Sie von der jeweiligen Situation abhängig, deren Beurteilung Ihnen keine Schwierigkeiten bereitet. Sie sind durchaus ein Teamworker, neigen aber nicht zur vordergründigen Verbrüderung. Kegelclubatmosphäre und Schulterklopfen ist nicht Ihr Ding.

- *Intuitionsverhalten im Programmbereich der Kontaktfreudigkeit, Offenheit und Extravertiertheit:*

Sie befinden sich in einem ausgewogenen Kopf-Bauch-Dialog. Ihre Entscheidungen werden mal aus dem Bauch heraus getroffen, mal aus dem Kopf heraus entschieden. Dabei fällt es Ihnen meist leicht, treffende und nicht treffende (richtige und falsche) Entscheidungen im Moment der Entscheidung zu identifizieren. Sie entscheiden schnell und haben meist keine Reuegefühle nach der Entscheidung. Ihr kognitives Prüfsystem funktioniert meistens und bewahrt Sie vor übereilten Schlüssen.

- *Risiko:*

Keines in Sicht.

• *Empfehlung:*
Machen Sie weiter so. Sie verfügen über ein wirklich völlig intaktes kommunikatives Verhalten und über die bemerkenswerte Fähigkeit, im richtigen Moment zwischen eigener Ruhe, eigenem Zurücknehmen und eigener Aktivität sowie eigenem Vorwärtsschreiten richtig zu entscheiden. Sie haben Ihren Bauch gut im Griff.

74–96 Punkte
Es geht um Ihre Kontaktfreudigkeit, Ihre Offenheit und Ihre Extravertiertheit. Sie sind wirklich der Prototyp eines kontaktfreudigen Menschen. Für Sie bedeutet Kontakte zu knüpfen und neue Menschen kennen zu lernen einfach »leben«. Ohne diese stete, manchmal auch drängende Sehnsucht nach dem ständig Neuen könnten Sie gar nicht existieren. Alle Vergnügungen müssen ausgeschöpft sein, alle Erlebnisse müssen erlebt worden sein, sonst haben Sie das ungute Gefühl im Bauch (oder in der Seele), etwas verpasst zu haben. Sie sind der Dauerredner, der Witzeerzähler, der Entertainer überhaupt; manchmal auch der Pausenclown.

Sie neigen zu einer Art von Betriebsamkeit, die fast schon neurotisch zu nennen ist. Erlebnissen, die tiefer an Ihrer Seele kratzen, gehen Sie gern aus dem Weg. Es macht Ihnen Angst, dass tiefe Liebe, tiefe Trauer, hohe Verantwortung oder großer Respekt Sie daran hindern könnten, Ihr Leben sorglos vergnügt zu leben. Sie neigen zu einer gewissen Oberflächlichkeit. Mit Ihnen ist gut auskommen – aber nie tief und selten lange. Dann suchen Sie sich neue Kommunikationspartner.

• *Intuitionsverhalten im Programmbereich der Kontaktfreudigkeit, Offenheit und Extravertiertheit:*
Spontaneität ist das Programm, dem der Bauch folgt. Entscheidungen werden oft hochemotional vorbereitet – aber aus einer jetzigen, spontanen Laune heraus. Das bedeutet, dass Sie sich nicht immer auf Ihre Intuition verlassen können. Denn sie entscheidet situationsbezogen, mal so – mal so. Die

Kommunikation zwischen Bauch und Kopf ist sehr intensiv, aber wenig strategisch. Ihr Bauch hat häufig das Gefühl, die Entscheidungen in die Hand nehmen zu müssen. Er tut das dann auch – und oft folgt die Entscheidungsreue.

- *Risiko:*

Ihnen fehlen die stabilen, festen Beziehungspunkte im Leben, die wir alle zum Glücklichsein benötigen. Das bedeutet, dass Sie irgendwann an dem Punkt ankommen, an dem Sie sich die Frage stellen: Was habe ich da eigentlich jahrelang gemacht? Was soll das? Was ist geblieben, außer einem Kater und dem faden Geruch von abgestandenem Champagner?

Wenn das passiert, kommen Menschen wie Sie schnell in einen »Circulus vitiosus«, in einen Kreisel, der sich nach unten kreiselt: Je mehr Sie die emotionale Fadheit Ihres Lebens erfahren, die Gefühlswüste um Sie herum bemerken, umso mehr müssen Sie noch mehr Menschen um sich herum versammeln, Ihr Entertainment noch besser spielen, noch lustiger sein, noch mehr den Unterhaltungschef mimen. Damit wenigstens irgendjemand bemerkt, was für ein netter Kerl Sie im Kern Ihrer Seele sind, neigen Sie dazu, noch mehr »aufzudrehen«, sich noch exzessiver zu verhalten, noch mehr Action in Ihr Leben bringen zu wollen. Und dadurch beweisen Sie sich dann: »Ich kann wirklich machen, was ich will, ich bin nun mal der Pausenclown. Keiner mag mich als den normalen Gesprächspartner, immer bin ich die »Comedy-Else« die lustige Nudel …«

Wenn Sie noch sehr jung sind, spielt das Phänomen der akuten Extravertiertheit noch keine so große Rolle. Wenn Sie die dreißig deutlich überschritten haben, wird vermutlich auch das Phänomen demaskiert: Dann macht die Hyperaktivität ernsthafte Probleme. Sie gehen Ihrem Umfeld mehr und mehr auf die Nerven, Sie sind anstrengend. Irgendwann möchte kaum mehr jemand mit Ihnen etwas zu schaffen haben, außer den Gleichgesinnten. Dann aber besteht die Gefahr, zum *einsamen* Clown zu werden, wie in der Zirkusmanege. Man lacht darüber – und dann geht man. Das Risiko, das eigene Verhalten in die unterschiedlichsten Phantome einzupacken, ist stets vorhanden. Vermutlich sind Ihnen drei bis vier der von Ihnen gern benutzten Phantome gut bekannt.

• *Empfehlung:*

Nehmen Sie sich in ganz kleinen Schritten einmal ganz bewusst zurück. Da Sie selber ja im Kern Ihres Empfindens ganz genau wissen und spüren, dass Sie ein Schwätzer sind, der oft mal zu viel redet, es mit der Wahrheit nie so genau nimmt, auch mal Storys erzählt, die mit der Realität nun wirklich nichts mehr zu tun haben, tun Sie doch einmal aktiv das Gegenteil davon: Auf der nächsten Party beispielsweise fordern Sie jemand anderen auf, Witze zu erzählen, und halten sich selbst völlig zurück. Fragen Sie einmal jemanden nach seinem letzten Urlaub oder nach seinen Kindern oder seinem Job. Und hören Sie aufmerksam zu. Lernen Sie, sich selber zurückzunehmen, zuhören zu können – und dann den Mund zu halten.

Es ist nicht nötig, alles und jedes zu kommentieren. Sie müssen niemandem erzählen, dass Sie nun auch schon in New York oder sonst wo waren, und wie unglaublich viele Promis man da trifft … Sie sollten aufhören, Storys auszuschmücken. Ihre Lügengebilde sind längst von den anderen entlarvt. Ihnen glaubt man, dass Sie ein verdammt guter Entertainer sind – aber sonst fast nichts mehr. Und das ist schade. Arbeiten Sie an Ihrem eigenen Trainingsprogramm. Und das heißt: »Bescheidenheit und Selbsterkenntnis«. Reden Sie einmal ganz offen mit einer Freundin oder einem Freund darüber. Oder mit einem Psychologen oder Arzt.

Die C-Fragen

24–28 Punkte

Es geht um Ihre Phantasie und Kreativität, Ihre Offenheit für Neues. Sie sind ein Mensch, der mit musischen Dingen, Künstlern und der typischen Kunstszene wenig anfangen kann. Bei Ihnen kommt das Wort »Kunst« von Können, nicht von »Verkünden«. Bei einigen Gelegenheiten können Sie mit Kunst nicht nur nichts anfangen – Sie finden das Ganze einfach blöd und fragen sich, was das überhaupt mit Kunst zu tun hat. Sie stehen mit beiden Beinen so fest auf dem Boden, dass jeder, der etwas »abgehoben« ist, Ihnen suspekt vorkommt. Sie neigen zur Betonung von Oberflächlichkeit und Äußerlichkeit und verteilen ungeniert alle möglichen Vorurteile.

Ihre Fähigkeit zur Annahme von Fremdheiten, von Exotischem ist unterentwickelt. Neues ist Ihnen eher suspekt, als dass Sie neugierig darauf wären. Es fällt Ihnen schwer, Gesprächen zu folgen, die in esoterische oder transzendentale Bereiche hineinreichen. Sie glauben nur, was Sie sehen. Emotionale Tiefe, das Seelisch-Geistige zu erleben, sich auf die Wanderung durch das Sein zu machen ist Ihnen zu mühsam. Alle Anwandlungen, sich mit dem Unbekannten zu beschäftigen, werden von Ihnen im Keim erstickt. Phantasie und Lust auf das Neue, Unbekannte ist in Ihrem Programm nicht vorgesehen.

- *Intuitionsverhalten im Programmbereich Phantasie, Kreativität und Offenheit für Neues:*

Sie unterdrücken Intuition, wenn sie aufkeimt. Sie befinden sich in der Annahme, dass alles, was Sie nicht kognitiv im Griff haben, ungut ist. Sie nehmen sich damit aber auch viele Chancen, die Dinge spontaner zu sehen. Sie sollten einmal ausprobieren, ob es nicht manchmal Sinn macht, einem spontanen Bauchgefühl zu folgen. Sie werden sehen, dass sich dabei ganz neue Dimensionen eröffnen. Und Ihr überarbeiteter

Kopf wird dabei etwas entlastet. Dass man beim spontanen Bauchgefühl ein Risiko eingeht, ist für Sie etwas Bedrohliches.

• *Risiko:*
Sie verzichten auf viele Impulse, wenn Sie sich stets an das Bekannte, Bewährte halten und auf unbekannte Erfahrungen verzichten. Denken Sie daran: Nur das Experimentieren, das Ausprobieren bringt uns Menschen weiter. Würden alle Menschen wie Sie dem Neuen so kritisch gegenübertreten, würden wir vermutlich heute noch in Höhlen hausen und mit dem Feuerstein das Stroh entzünden.

• *Empfehlung:*
Öfter mal etwas ausprobieren, versuchen, mit fremden Menschen vorbehaltlos zu reden. Sich bewusst auf das Fremde, auf das Andersartige einlassen und es genießen, etwas nicht zu kennen. Es macht Spaß, zu lernen und zu verstehen, dass das Spektrum des Lebens weiter ist, als man denkt. Sich die eigenen Vorurteile bewusst werden zu lassen und sich damit zu beschäftigen tut gut und erweitert den Horizont. Versuchen Sie, Ihre Vorurteile in der letzten Schublade des Gehirns stecken zu lassen, zunächst einmal. Herausholen können Sie sie immer noch. Sie werden sehen, dass es viele spannende Impulse geben wird, wenn Sie vorbehaltloser an die Dinge herangehen. Reden Sie einmal ganz offen mit einer Freundin oder einem Freund darüber.

Spielen Sie öfter mal mit Kindern – zum Beispiel Lego oder andere kreative Spiele. Kinder sind, wenn es um Kreativität geht, die besten Trainer der Welt. Nicht umsonst lassen große Werbeagenturen so manche Idee von Kindern entwickeln, ganz spielerisch. Kinder sind weniger »verbogen« als wir Erwachsenen. Insoweit können wir, wenn es um Phantasie und Kreativität geht, von den Kindern noch viel lernen.

29–48 Punkte

Es geht um Ihre Phantasie und Kreativität, Ihre Offenheit für Neues. Sie sind ein wirklicher Realist. Dieses Realdenken hält Sie von den abstrakten Dingen fern. Sich mit Philosophie oder Kunst, mit Psychologie oder Esoterik zu beschäftigen, halten Sie meistens für Unfug. Sie bleiben bei allem auf dem Teppich der Tatsachen, glauben im Wesentlichen das, was Sie sehen. Allerdings schlummern in Ihnen einige Neigungen, sich dem Fremden, dem Neuen und Unbekannten zu öffnen. Diese Neigungen werden aber von Ihnen recht gut verdrängt und dringen selten bis nach außen.

- *Intuitionsverhalten im Programmbereich Phantasie, Kreativität und Offenheit für Neues:*

Sie hören Ihren Bauch ... lassen sich aber sehr selten auf dessen Entscheidungsvorbereitungen ein. Sie mögen kreative Intuition nicht so gerne – es macht Ihnen etwas Angst, wenn das Bauchgefühl gegen den Kopf anrennt. Im Zweifel fragen Sie Ihr Kopfprüfsystem und bügeln den Bauch ab. Er hat dann den Mund zu halten.

- *Risiko:*

Sie verzichten auf viele spannende Erlebnisse, wenn Sie sich stets an das Bekannte, Bewährte halten und auf unbekannte Erfahrungen weitgehend verzichten. Neue Menschen mit künstlerischen oder exotischen Beschäftigungen kennen lernen kann ein großartiger Quell für die eigene Kreativität sein.

- *Empfehlung:*

Öfter mal etwas Neues ausprobieren, versuchen, mit fremden Menschen noch vorbehaltloser zu reden. Lassen Sie sich bewusst auf das Fremde, auf das Andersartige ein. Genießen Sie es, etwas nicht zu kennen, um neugieriger an die Dinge heranzugehen. Ihre Vorurteilsstrukturen sind sehr gefestigt. Lockern Sie das. Sie werden sehen, wie viel Spaß und Kreativität in Ihnen stecken, wenn Sie sich mit Unbekanntem, mit dem Fremden beschäftigen.

49–73 Punkte

Es geht um Ihre Phantasie und Kreativität, Ihre Offenheit für Neues. Alles in allem sind Sie in Fragen der Offenheit und der Dimension, Unbekanntes entdecken zu wollen, sehr in Ordnung. Bei Ihnen mischen sich traditionelles Denken und Neugier zu einem guten System zusammen. Sie haben sehr vielseitige Interessen. Ihre geistige Erfahrungsbereitschaft ist gut ausgeprägt. Sie sind dem Neuen gegenüber recht aufgeschlossen, ohne ständig auf der Jagd nach den unbekannten Impulsen zu sein. Sie bewegen sich in der Welt der Phantasie, der Kunst, der Kultur und des Unbekannten recht routiniert und können für sich selber klar entscheiden, was Sie mögen und was Sie ablehnen.

Sie gönnen sich gelegentlich eine ruhige Stunde zum Nachdenken über die Dinge des Lebens, ohne sich dabei in skurrile Phantasiegebilde zu flüchten. Realismus und Kreativität, Phantasie und Bodenständigkeit bilden bei Ihnen eine gute Einheit. Sie verfügen über ein gutes Maß an Toleranz gegenüber anders Denkenden, ohne das Augenmaß zu verlieren.

- *Intuitionsverhalten im Programmbereich Phantasie, Kreativität und Offenheit für Neues:*

Sie kommunizieren ausgewogen zwischen Bauch und Kopf. Sie wissen, wann es günstig ist, auf den Bauch zu hören – und wann das Prüfsystem im Kopf in Gang gesetzt werden muss.

- *Risiko:*

Kein Risiko in Sicht.

- *Empfehlung:*

Weiter so.

74–96 Punkte

Es geht um Ihre Phantasie und Kreativität, Ihre Offenheit für Neues. Sie sind ein Mensch, der für alles offen ist. Sie können sich für jede ungewöhnliche Ideen begeistern, zumindest eine Zeit lang, bis dann neue Ideen auf Sie einstürmen. Sie verfügen über eine ausgeprägte Vorstellungskraft und sehr viel Phantasie. Sie lieben das weniger Konventionelle und sind offen für alle Alternativen. Toleranz gehört wie selbstverständlich zu Ihnen. Gelegentlich machen Ihnen auch ziemlich radikale Denkmuster und überschäumende Ideen sehr viel Spaß. Sie neigen dazu, die Dinge häufig zu psychologisieren und philosophisch zu betrachten. Diskussionen können Ihnen gar nicht intensiv genug sein; da finden Sie kaum ein Ende. Sie interessieren sich für alles und jedes. Die Suche nach dem tieferen Sinn des Daseins begleitet Sie bei fast allem, was Sie tun.

- *Intuitionsverhalten im Programmbereich Phantasie, Kreativität und Offenheit für Neues:*

Bauchentscheidungen sind Ihr stetiger Begleiter. Sie hören förmlich darauf, was Ihre Intuition Ihnen so alles flüstert. Das Prüfsystem im Kopf wird wenig gegen Ihren Bauch tun können. Dem Bauch fehlt ein wenig die Stetigkeit. Er entscheidet heute so – morgen so.

- *Risiko:*

Es könnte sein, dass Sie bei aller Kreativität und Phantasie und der Sehnsucht nach dem Neuen, dem Wahren, dem Unbekannten in eine Phase des illusionären Denkens geraten. Möglicherweise fällt es Ihnen ein wenig schwer, aus den Ideengebilden und den Phantasievorstellungen das Machbare herauszufiltern. Sie können sich für viele Dinge begeistern – und die gleichen Dinge wenig später genauso schnell wieder ablehnen. Da fehlt es an planbarer Stetigkeit.

• *Empfehlung:*
Bewahren Sie sich Ihre Kreativität. Lernen Sie aber bewusst, das Machbare vom Nichtmachbaren zu trennen, das Wesentliche vom Unwesentlichen zu unterscheiden. Dann käme vermutlich etwas mehr Beständigkeit in Ihr Leben. Und etwas mehr Beständigkeit und planbare Verlässlichkeit werden Ihnen gut tun. Dann reagiert auch Ihre etwas verunsicherte Umwelt planbarer auf Sie.

Die D-Fragen

26–30 Punkte

Es geht um Normverhalten, Selbstkontrolle und Disziplin. Sie sind ein Mensch, der sich zu nichts zwingen lässt – und das haben Sie schon öfter als einmal bewiesen und sich möglicherweise damit einigen Ärger eingefangen. Sie können mit den bürgerlichen Zwängen und Regelwerken dieser Gesellschaft nicht so viel anfangen – und wollen das auch gar nicht. Eher folgen Sie den eigenen Intentionen, Wertevorstellungen und Ideen. Wenn diese Intentionen und Ideen gegen Regelwerke der anderen verstoßen, ist das eher deren Problem, nicht Ihres. Sie wirken auf andere häufig unkontrolliert, unzuverlässig und nachlässig. Sich an Regelwerke des sozialverträglichen Miteinanders zu halten und sich gar dafür abzurackern, sich einengen zu lassen, lehnen Sie konsequent ab. Offenbar ist es Ihnen bisher gelungen, mit diesem Verhalten klarzukommen, vermutlich häufig auf Kosten anderer.

- *Intuitionsverhalten im Programmbereich Normverhalten, Selbstkontrolle und Disziplin:*

Sie entscheiden die Dinge aus dem Bauch heraus. Dass andere das nicht verstehen, macht Ihnen nichts aus, im Gegenteil. Sie haben sich daran gewöhnt, dass die Überraschungen kommen, wie sie halt kommen. Den Kopf um Rat zu fragen oder gar das Prüfsystem anzuwerfen passt nicht in Ihre Lebensidee.

- *Risiko:*

Sie wirken auf andere unberechenbar (was Ihnen vermutlich Spaß macht). Es könnte sein, dass Sie zwar gern als der »Outlaw« gesehen werden, weil Sie so schön anders sind – aber sich ernsthaft auf Sie einlassen, nein danke. Das wäre für die meisten Menschen ein ziemliches Risiko. Ihre Lebenseinstellung jenseits von Pflichterfüllung, Moral und Leistungsgesellschaft, die jedoch in unserer Industriegesellschaft auch von

Ihnen gelebt wird (es sei denn, Sie lesen dieses Buch gerade auf den Malediven oder züchten Schafe in Australien), macht es mittelfristig schwierig, sich in dieser Gesellschaft zu positionieren. Entweder Sie entscheiden sich für die Zwanglosigkeit und völlige Freizügigkeit (was in den Industriestaaten einigermaßen schwierig wird) oder Sie verlagern Ihr Leben an einen Ort auf der Welt, an dem sich Zwanglosigkeit und Bauch pur leben lassen.

- *Empfehlung:*

Häufig liegen Wahrheiten in der Mitte, nicht in polarisierten Ecken. Nehmen Sie sich etwas zurück mit dem Freiheitsdrang. Und überlegen Sie, woher das Ich-bin-frei-Programm wohl kommen mag. Der Ärger, den Sie sich bereits mit diesem Programm eingehandelt haben – reicht der nicht? Wenn Sie verhindern möchten, dass Sie irgendwann einmal der Outlaw (der aus der Gruppe Ausgeschlossene) sind, gehen Sie etwas zaghafter vor. Eine minimale Anpassung an die Normen und Werte der Gesellschaft, in der Sie leben, würde Ihr Dasein erheblich von Stress entlasten. Könnte es sein, dass Sie Ihr Verhalten zu einer Art »Masche« gemacht haben und das einfach nur schick finden? Wenn das so ist, dann legt sich die Sache mit der Zeit auch wieder.

31–52 Punkte

Es geht um Normverhalten, Selbstkontrolle und Disziplin. Ihre Arbeitsmoral, Ihre Gewissenhaftigkeit, Ihr Moralverhalten sind eher unterdurchschnittlich ausgeprägt. Sie sind ein Mensch, der sich selten zwingen lässt – und sich möglicherweise damit bereits einigen Ärger eingefangen hat. Sie können mit den bürgerlichen Zwängen und Regelwerken dieser Gesellschaft meist wenig anfangen – und wollen das auch gar nicht immer. Eher folgen Sie den eigenen Intentionen, den eigenen Wertevorstellungen und Ideen. Wenn diese Intentionen und Ideen gegen Regelwerke der anderen verstoßen, überlegen Sie zwar einen Moment, ob Ihnen das schaden könnte – tun es aber dennoch. Sie wirken auf andere manchmal unkontrolliert, unzuverlässig oder nachlässig. Sie haben allerdings die bemerkenswerte Fähigkeit, dies pfiffig zu tarnen.

Auf einige Menschen, die wichtig für Sie sind, wirken Sie recht angepasst – aber das hat wenig mit Ihren tatsächlichen Wertevorstellungen zu tun. Offenbar ist es Ihnen bisher gelungen, mit diesem Verhalten klarzukommen, vermutlich gelegentlich auf Kosten anderer und mit einigem Ärger für sich selbst.

- *Intuitionsverhalten im Programmbereich Normverhalten, Selbstkontrolle und Disziplin:*

Sie entscheiden die Dinge fast immer aus dem Bauch heraus. Dass andere das nicht immer verstehen, macht Ihnen nichts aus, es ist Ihnen ziemlich egal. Den Kopf um Rat zu fragen oder gar das Prüfsystem anzuwerfen passt nicht in Ihre Lebensidee. Es ist Ihnen zu mühsam, die Dinge auf ihre Folgerichtigkeit hin zu überprüfen.

- *Risiko:*

Sie wirken auf andere nicht immer berechenbar (was Ihnen vermutlich manchmal sogar Spaß macht). Es könnte sein, dass Sie zwar gern als der »Unkonventionelle« gesehen werden, weil Sie so schön anders sind – aber sich ernsthaft auf Sie einlassen, nein danke. Das wäre für die meisten Menschen ein ziemliches Risiko. Ihre Sehnsucht nach Freiheit und Unangepasstsein ist recht stark und Sie leiden ein wenig darunter, dass Sie sich häufig bemühen müssen, in vielen Bereichen eine Art von Minimalanpassung zu praktizieren.

- *Empfehlung:*

Listen Sie die Bereiche Ihres Lebens auf (schriftlich!), in denen Sie angepasst sein müssen. Überlegen Sie, warum Ihnen das so schwer fällt. Reden Sie einmal mit Freunden darüber. Fragen Sie nach, wie Sie auf diese Freunde wirken. Um sich das

Leben in dieser Industriegesellschaft nicht unnötig schwer zu machen, sollten Sie versuchen, eine etwas höhere Kompromissbereitschaft zu entwickeln – oder aber konsequent sein, alles hinwerfen und etwas ganz anderes machen. Vielleicht gibt es eine andere Lebensform für Sie, die nicht von 8.00 Uhr bis 17.00 Uhr im Büro stattfindet und nach festen Regelwerken abzulaufen hat. Überlegen Sie, ob nicht der Außendienst etwas für Sie wäre; oder machen Sie sich selbstständig.

53–79 Punkte

Es geht um Normverhalten, Selbstkontrolle und Disziplin. Sie leben in dieser Welt konservativer Wertesysteme und kommen recht gut damit klar. Ihre kontrollierte Anpassung an die allgemein gültigen Normengefüge ist durchschnittlich ausgeprägt. In bestimmten Bereichen machen Ihnen Ordnung und System sogar Spaß. Sie haben verstanden, dass ohne ein gewisses Set von Normierungen in einem Gesellschaftssystem wie dem unseren nichts mehr geht – und haben das akzeptiert. Dennoch wissen Sie, dass Moral- und Leistungsnormen nicht alles sind, was das Leben zu bieten hat. In den Bereichen, in denen Ihnen un-normales Verhalten Spaß macht, sorgen Sie dafür, dass Sie keinen Ärger dadurch bekommen. Sie sehen durchaus die Negativseiten der Normeingrenzungen in unserer Gesellschaft, aber auch die positiven Seiten von Ordnung und System.

- *Intuitionsverhalten im Programmbereich Normverhalten, Selbstkontrolle und Disziplin:*

Sie sind zwar im Kopf-Bauch-Dialog, aber es ist selten, dass eine Bauchentscheidung bei Ihnen die Überhand gewinnt. Immer überprüft der Kopf, ob eine spontane Intuition mit der Sozialverträglichkeit vereinbar ist und ob die Entscheidungsvorbereitung in die allgemeine Normwelt passt. Bauchentscheidungen sind Ihnen etwas suspekt.

• *Risiko:*
Wenn das Befolgen von Regeln und Richtlinien zu lange andauert, könnte es anderen gegenüber zu starrem Handeln, zu einem gewissen statischen Verhalten kommen. Aber ein echtes Risiko ist für Sie hier noch nicht in Sicht. Es sei denn, Sie wären bereits in der Kategorie der 70er-Punkte gelandet. Dann allerdings besteht bereits ein statisches Risiko.

• *Empfehlung:*
Achten Sie darauf, dass Sie aus der Anpassung an die Normen und Regeln kein starres System für sich entwickeln. Sie sollten auch darauf achten, ob die Normen, denen Sie folgen, in der jeweiligen Situation Sinn machen – und im Zweifel ein Normen- und Ordnungssystem auch einmal in Frage stellen.

80–104 Punkte
Es geht um Normverhalten, Selbstkontrolle und Disziplin. Sie sind der gut angepasste, der ideale Arbeitnehmer. Regeln sind für Sie da, um befolgt zu werden. Sie sind überaus ordentlich, präzise und sorgfältig. Es kann sein, dass Sie mit Verbesserungen und Systematisierungen an Ihrer Arbeit nie fertig werden und es immer noch besser machen möchten. Was Ihnen dann auch meist gelingt. Aber Sie benötigen dafür viel Zeit.

Ihr Bedürfnis nach Ordnung und System im Leben beinhaltet auch ein ordentliches Moralsystem. Sie urteilen schnell, ob etwas moralisch okay ist oder nicht – und sind dann kaum noch von dem einmal gefassten Urteil wegzubringen. Sie meinen, alles und jedes irgendwie moralisch bewerten zu müssen. Das eine ist gut, das andere ist schlecht, jenes ist schön oder nicht schön. Es geht Ihnen völlig ab, einmal wertfrei an etwas heranzugehen. Alle Normen und moralischen Regelwerke, seien sie im Einzelfall auch noch so »hirnrissig«, werden von Ihnen weitgehend befolgt. Wenn ein Chef Ihnen aufträgt, täglich den gleichen Unsinn zu erledigen, dann tun Sie Ihr Bestes, weil der Chef für Sie eine Art Normgeber ist, dem man folgen muss.

Menschen wie Sie – willenlos, überkorrekt, angepasst, ordentlich, brav – sind das richtige Futter für die politisch Rechten, die den Unsinn, den Sie bereits mit Leben erfüllen, institutionalisieren wollen. Ihnen fehlt die Fähigkeit, ein Normengefüge auf dessen Plausibilität hin zu überprüfen und zu entscheiden, dass Sie sich mal nicht an eine Regel halten. Das macht den Umgang mit Ihnen wirklich etwas mühsam. Spontaneität ist nicht Ihr Ding, Entscheidungen zu treffen auch nicht; eine Norm, eine Regel in Frage zu stellen erst recht nicht. Mal schnell irgendwohin in Urlaub düsen wäre eine Katastrophe für Sie. Da muss man erst einmal überlegen, ob das überhaupt geht, ob man so etwas überhaupt darf. Und wenn, dann müssen Sie ja vorher noch hierhin und dorthin, dies und das erledigen und so weiter und so weiter. Bis dahin ist die Chance verpasst und der Urlaubsflieger längst weg.

Ihre statische Ordnungsliebe, ihr statisches Normverhalten, Ihre Prinzipienreiterei, all das hat Ihnen schon so einige Chancen im Leben verpatzt. Sie sind der Mann/die Frau der sekundären Tugenden: ordentlich, pünktlich, gehorsam, normtreu, gewissenhaft etc., einfach langweilig und anstrengend.

- *Intuitionsverhalten im Programmbereich Normverhalten, Selbstkontrolle und Disziplin:*

Gibt es bei Ihnen so gut wie gar nicht. Und wenn der Bauch auch noch so viele Bauchschmerzen deshalb hätte – die Regeln müssen eingehalten werden.

- *Risiko:*

Sie gehen den Menschen in Ihrem Umfeld manchmal ziemlich auf die Nerven. Das führt dazu, dass die sich Stückchen für Stückchen zurückziehen und sich weiter von Ihnen entfernen, als Ihnen lieb sein wird. Mit Ihnen möchte in einiger Zeit kein Mensch mehr etwas zu tun haben, wenn Sie so statisch weiterwurschteln.

• *Empfehlung:*
Lassen Sie mal fünfe gerade sein, gehen Sie weniger penibel und erbsenzählerisch an die Dinge heran. Fehler sind dazu da, gemacht zu werden. Jeder Mensch, der Fehler macht, hat die tolle Chance, es beim nächsten Mal besser zu machen. Man kann aus Fehlverhalten ja durchaus lernen. Es wäre günstig, wenn Sie einmal einen Psychologen oder einen Arzt aufsuchen würden, um mit ihm die Dinge zu besprechen. Die Wahrscheinlichkeit, dass Sie kraft eigener Energie aus diesem Verhaltensset herauskommen, ist nämlich sehr gering. Wie sagt die Möwe Jonathan in dem gleichnamigen Buch?: »Die tun alle immer das Gleiche. Jeden Tag. Und keiner fragt, warum. Sie tun es einfach. Sie wissen nicht einmal, warum. Aber es ist wohl wichtig, dass sie es tun. Aber wieso nur ...?«

Stellen Sie sich auch einmal die Sinnfrage, warum Sie so sind, warum Sie alles so handhaben und nicht anders, warum Sie so auf Regeln und Normgrößen angewiesen sind. Warum wird Spontanes für Sie zu einer solchen Wertebedrohung?

Die E-Fragen

22–28 Punkte

Es geht um Ihre Fähigkeit zu Liebe, Nähe und Fürsorge. Sie sind nicht gerade der Samariter, der anderen vorbehaltlos hilft. Ihr Interesse gilt eher sich selbst als anderen. Deshalb haben Sie auch kein Interesse an sozialen Berufen oder Tätigkeiten, die auf das Gemeinwohl ausgerichtet sind. Der unmittelbare Dienst am Nächsten liegt Ihnen nicht sonderlich. Sie leben und denken in der Dimension des eigenen Erfolgs. Arbeitslosigkeit, wirtschaftliche Schwierigkeiten, Sorgen, das ist die Sache der Verlierer – nicht Ihre. Man könnte sagen, dass von Ihnen eine gewisse soziale Kälte ausgeht. Auch in den Beziehungen zu Partnern (geschäftlich oder privat) spiegelt sich Ihre verhärtete Haltung wider. Partner haben das zu tun, was Sie für richtig halten, nicht mehr und nicht weniger.

- *Intuitionsverhalten im Programmbereich Liebe, Nähe und Fürsorge:*

Intuitionsentscheidungen in diesem Bereich gibt es bei Ihnen sehr selten. Dennoch steht der Bauch wegen Ihrer emotionalen Verarmung im steten Dialog mit dem Kopf. Er kommt mit seinen Haltungen nur nicht durch. Und wenn der Bauch tatsächlich erfolgreich versucht, Kreativität und Emotionalität in Ihre Intuition einzubringen, ist Ihnen das sehr unangenehm. Das macht dann Angst.

- *Risiko:*

Die Gefahr, dass Sie einsam werden könnten, ist massiv vorhanden. Bei der harten Einstellung und der vordergründigen Leistungsbetonung lässt das auf eine gewisse emotionale Verarmung schließen. Emotionale Verarmung bedeutet immer auch eine gewisse Isolation. Wenn Sie ein noch sehr junger Mensch sind, spielt das noch keine so erhebliche Rolle – im fortschreitenden Alter jedoch könnte es sein, dass kaum noch jemand ernsthaft etwas mit Ihnen zu tun haben möchte. Vermutlich haben Sie jetzt bereits einige Schwierigkeiten damit, verantwortungsvolle Nähe und einen tragfähigen, emotionalen Kontakt zu Menschen aufzubauen, insbesondere wenn es sich um Menschen handelt, die nicht Ihrer merkantilen Ideologie folgen.

Sie halten sich für sehr leistungsfähig, was Sie vermutlich auch sind. Ihre Leistungsfähigkeit jedoch ist sehr einseitig ausgeprägt. Sie liegt im Bereich, Geld zu machen, zu gewinnen – wenn es sein muss, auch auf Kosten anderer. Würde Ihnen irgendwann einmal jemand die Frage stellen, was das denn für ein Leben war, das Sie hier auf dieser Erde gelebt haben, würde Ihnen dazu vermutlich nicht viel einfallen. Es ist sicherlich ein erfolgreiches, ein erfolgbetontes Leben. Aber die anderen Bereiche, das Liebevolle, das Emotionale, das Musische, das Theologische, das Philosophische – das fehlt in Ihrer Weltanschauung.

• *Empfehlung:*

Denken Sie doch einmal an Ihr Elternhaus zurück. Da wurden nämlich die verhängnisvollen Grundsteine für das Verhalten gelegt, das Sie heute haben. Es muss ein nicht so einfaches Elternhaus gewesen sein, in dem Liebe und Nähe vermutlich weitgehend ein Fremdwort waren. Da wir Menschen langfristig ohne die Nähe anderer Menschen, ohne Zuneigung und Zärtlichkeit nicht leben können und dann tatsächlich irgendwann depressiv oder manisch würden, sollten Sie sich einmal ganz bewusst fragen: Ist es sinnvoll, sich zu isolieren, sich abzugrenzen und manchmal so verächtlich mit anderen umzugehen? Macht es wirklich Spaß, in den Augen der anderen der herzlose Mensch zu sein, dem sein eigenes Ego so sehr am Herzen liegt, dass da kein Platz mehr für anderes ist? Sie sollten einmal ganz bewusst mit offenen Augen in die Welt schauen und entdecken lernen, dass die kleinen Dinge des Lebens viel Freude machen können. Gehen Sie beispielsweise einmal in einen Kindergarten und schauen Sie sich dort um. Suchen Sie bewusst einmal die Nähe von anderen, hören Sie zu, achten Sie auf die leiseren Töne des Lebens.

29–44 Punkte

Es geht um Ihre Fähigkeit zu Liebe, Nähe und Fürsorge. Es interessiert Sie ziemlich wenig, was mit den anderen so los ist. Sie sind sich im Wesentlichen genug. Sie haben mit sich selber zu tun, mit dem Job, mit dem Erfolg. Soziales Engagement ist Ihnen lästig. Wenn Sie es verhindern können, wird es verhindert. Es liegt Ihnen nicht so sehr, sich für andere aufzuopfern oder sich ernsthaft um andere zu kümmern. Emotionale Nähe ist Ihnen nicht so sehr wichtig. Partnerbeziehungen liegen meist im Sexbereich und vermutlich wechseln Sie die auch öfter. Falls jemand Verantwortung von Ihnen fordert, sind Sie bereit, sie zu geben – aber nicht so gerne für Menschen, sondern eher für den Job, das Business.

Ist mit einem sozialen Engagement aber ein beruflicher oder finanzieller Vorteil für Sie verbunden, entwickeln Sie allerdings schon eine gewisse Kompromissbereitschaft. Aber diese Motivation zur sozialen Nähe und Hilfe ist nicht authentisch, nicht echt. Sie ist lediglich ein Vehikel für den beruflichen oder persönlichen Erfolg. Ihr wesentliches Motto lautet: Take it or leave it – jeder ist seines Glückes Schmied. Es ist nicht Ihre Art, Hilfsbereitschaft ohne Gegenleistung anzubieten.

- *Intuitionsverhalten im Programmbereich Liebe, Nähe und Fürsorge:*

Sie versuchen, der Intuition ein Schnippchen zu schlagen. Der Dialog zwischen Kopf und Bauch ist zwar immer aktiv, aber wenig ergiebig. Sie haben ein Gespür für den c_w-Wert – so nennt man den Luftwiderstandsbeiwert eines Automobils. Sie sind stromlinienförmig und so arbeitet auch Ihre Intuition, wenn die überhaupt einmal zu Worte kommt. Sie haben Erfahrung im kognitiven Erkennen von persönlichen Vorteilen. Intuitive Kreativität ist aus Ihrer Sichtweise da völlig unangebracht. Es könnte allerdings auch durchaus sein, dass Sie so viel »Training« im Erschnüffeln von guten Gelegenheiten haben, dass Sie inzwischen eine trainierte Intuition entwickelt hätten. Im Ergebnis bleibt sich die Sache aber gleich: Sie sind ein Stromlinienmensch.

- *Risiko:*

Die Gefahr einer möglichen Vereinsamung ist latent vorhanden. Bei der Einstellung und der Leistungsbetonung, mit denen Sie Ihr Leben gestalten, lässt das auf eine gewisse emotionale Mangelsituation schließen. Emotionaler Mangel bedeutet immer auch eine Vereinsamung.

Wenn Sie ein noch sehr junger Mensch sind, spielt das noch keine so erhebliche Rolle – im fortschreitenden Alter jedoch könnte es sein, dass das Problem der emotionalen Mangelsituation zu persönlichen Problemen führt. Sie halten sich für sehr leistungsfähig, was Sie vermutlich auch sind. Ihre Leistungsfähigkeit jedoch ist eher einseitig ausgeprägt. Sie liegt im Bereich des beruflichen und persönlichen Erfolgs, nicht im emotionalen Bereich. Um diese »öffentlichen« Erfolge zu feiern, bauen Sie sich zielsicher die dazu passenden Phantome. Dass Sie die öfter mal wechseln, macht Ihnen nichts aus. Hauptsache, es kommt das dabei heraus, was man in dieser Industriegesellschaft »Erfolg« nennt.

- *Empfehlung:*

Da wir Menschen langfristig ohne die Nähe anderer Menschen, ohne Zuneigung und Zärtlichkeit nicht leben können und dann tatsächlich irgendwann depressiv oder manisch werden würden, sollten Sie sich einmal ganz bewusst fragen: Ist es sinnvoll, sich so abzugrenzen und manchmal so sehr »sachlich« mit anderen umzugehen? Macht es wirklich Spaß, in den Augen der anderen der »Macher« zu sein, dem sein eigenes Ego so sehr am Herzen liegt, dass da kaum noch Platz für anderes ist? Sie sollten einmal ganz bewusst mit offenen Augen in die Welt schauen und entdecken lernen, dass die kleinen Dinge des Lebens viel Freude machen können. Manchmal gelingt Ihnen das – meist jedoch nicht. Suchen Sie bewusst einmal die Nähe von anderen, hören Sie zu, achten Sie auf die leiseren Töne des Lebens. Gönnen Sie sich mehr Entspannung, mehr Ruhe. Das schafft dann die Voraussetzung, um emotional näher an andere Menschen heranrücken zu können.

45–66 Punkte

Es geht um Ihre Fähigkeit zu Liebe, Nähe und Fürsorge. Sie haben ein gut ausgeprägtes Bedürfnis nach friedlichem Zusammenleben mit anderen. Sie sind durchaus sozial eingestellt und setzen sich auch für die Schwächeren ein. Das tun Sie, ohne sofort dafür eine Gegenleistung oder besondere Anerkennung zu fordern. Für Sie ist es ziemlich normal, dass die Welt nicht nur aus Hochleistungsmenschen besteht, sondern die schwächeren Mitmenschen ebenso zählen und ein integraler Bestandteil dieser Gesellschaft sind. Sie mögen Kinder und können auch mit Nähe und Zärtlichkeit recht gut umgehen.

Es gibt in Ihrem Leben sicher auch Bereiche, in denen Sie dem sozialen Engagement eher kritisch gegenüberstehen, was für die meisten Menschen normal ist. Ihre Tendenz zur Selbstaufopferung ist kaum ausgeprägt. Sie wissen, was Sie sich im Sinne von Emotionalität und Nähe auferlegen können – und was Sie nicht mehr leisten können und wollen. Sie lassen sich da auch nicht ins Bockshorn jagen. Liebe, Zärtlichkeit und emotionale Nähe sind für Sie eine ganz normale positive Begleiterscheinung des Lebens.

- *Intuitionsverhalten im Programmbereich Liebe, Nähe und Fürsorge:*

Ihre Intuition ist selten überschwänglich oder kreativ. Der Bauch-Kopf-Dialog funktioniert gut und im Kopf arbeitet das emotionale Prüfsystem für Ihr Selbstbildnis sehr sicher. Sie lassen sich vom Bauch so gut wie nie aufs Glatteis führen.

• *Risiko:*
Keines in Sicht.

• *Empfehlung:*
Machen Sie weiter so. Ihre Einstellung ist kerngesund und sozialverträglich.

67–88 Punkte
Es geht um Ihre Fähigkeit zu Liebe, Nähe und Fürsorge. Ihr Partner müsste man sein! Sie lesen anderen Menschen die Wünsche geradezu von den Augen ab. Ihr Bedürfnis, andere zu betreuen, zu versorgen und ihnen zu helfen, ist bemerkenswert entwickelt. Besonders Kinder spielen in Ihrem Leben ein große Rolle. Liebe, Nähe, soziale Verantwortung – das sind die zentralen Punkte in Ihrem Leben, um die sich viele andere Dinge herumgruppieren. Ihr Bedürfnis nach Harmonie und Frieden ist überstark. Sie helfen, wo Sie gebraucht werden, und Sie tun das gern. Dafür eine Gegenleistung zu erwarten kommt Ihnen nicht in den Sinn. Sie geben, wenn es sein soll, sprichwörtlich das letzte Hemd.

• *Intuitionsverhalten im Programmbereich Liebe, Nähe und Fürsorge:*
Sie entscheiden viel aus Ihrem Bauchgefühl heraus. Ihre Intuition orientiert sich an einem butterweichen Sozialprogramm. Intuitionen, die sozialschädlich wären, kommen Ihnen gar nicht erst in den Sinn oder sind vom Kopf verboten worden.

• *Risiko:*
Durch Ihre Weichheit und Sehnsucht nach Emotionalität kann es sein, dass Sie sehr schnell einigen weniger wohlwollenden Mitmenschen auf den Leim gehen. Böse ausgedrückt: Wenn man es wollte und halbwegs richtig anstellen würde, könnte man Sie ausnehmen wie die berühmte Weihnachtsgans. Sie demonstrieren eine Hilfsbereitschaft gegenüber an-

deren, die das »Ausnehmen« fast schon herausfordert. Enttäuschungen sind da vorprogrammiert.

- *Empfehlung:*

Überprüfen Sie gelegentlich Ihr soziales und gefühlsmäßiges Engagement und sichern Sie ab, dass Sie nicht das emotionale Arbeitstier sind, das sich im ewigen Kreis drehend verzehrt. Gehen Sie etwas vorsichtiger an Menschen heran, die nur Forderungen an Sie stellen. Achten Sie darauf, dass Sie sich nicht etwa stärkeren und aggressiveren Menschen unterwerfen. Das würde für Sie deshalb zum Verhängnis, weil Sie nicht die Kraft hätten, sich aus dem emotionalen Druck zu befreien, den die Aggressiven auf Sie ausüben würden.

Die F-Fragen

22–24 Punkte

Es geht um Ihre persönliche Risikobereitschaft und Ihren persönlichen Mut. Sie sind das, was man im Volksmund einen »Hasenfuß« nennt. Als Held sind Sie jedenfalls einigermaßen unbrauchbar. Ihre Motivation, Menschen zu neuen Ufern zu führen, ist kaum vorhanden. Sie weigern sich, aktive Verantwortung für andere zu übernehmen. Das Ausweichen, Wegducken und Abtauchen, sobald irgendwo Risiken drohen könnten, ist Ihr Programm. Und Sie haben es da zu einiger Routine gebracht. Sie stehen bestimmt nicht in vorderster Reihe, wenn es darum geht, brenzlige Situationen zu meistern. Konkurrenz und Wettbewerb sind nichts für Sie. Sie wollen lieber Ihre Sache allein erledigen und nicht in den Wettstreit zu anderen treten. Eher suchen Sie Schutz bei Stärkeren.

Auch in der Partnerschaft haben Sie sich vermutlich dazu entschieden, einen »Beschützer« auszuwählen, der Ihnen den Ärger vom Leib hält. Sie fühlen sich in dieser Rolle des schutzbedürftigen Menschen sehr wohl und formulieren das auch so nach außen. Falls Sie weiblich sind, erhalten Sie dafür von Ihrer Umwelt nicht einmal Einwände. Es ist für viele Frauen völlig normal, sich so zu positionieren. Und unsere immer noch so vermännlichte Gesellschaft kann mit Frauen Ihrer Prägung gut leben. Die süßen, etwas schutzbedürftigen Frauen, die etwas schreckhaft die starke Schulter suchen, sind sehr beliebt bei vielen Männern. Sind Sie ein Mann, der nicht gerade zum Helden geboren wurde, sieht die Reaktion darauf in unserer Gesellschaft schon etwas anders aus. Männer Ihrer Ausprägung sind in das Kulturset unserer Gesellschaft nicht besonders integriert. Sie gelten schnell als »Weichei« oder »Warmduscher«.

- *Intuitionsverhalten im Programmbereich Risikobereitschaft und persönlicher Mut:*

Sie trauen Ihrer Intuition nicht über den Weg. Alles an Entscheidungsvorbereitungen, das ein latentes Restrisiko in sich birgt, ist Ihnen suspekt. Ihr Kopf geht massiv gegen unangenehme Intuitionen vor. Wenn Sie schon einmal etwas aus dem Bauch heraus entscheiden, dann aber etwas Harmloses. Und dann am besten noch ein paar Mal überlegen, ob da nicht doch noch irgendwo ein Restrisiko ist. Der GAU lauert für Sie überall.

- *Risiko:*

Ob Mann oder Frau, das Risiko ist für beide gleich groß. Das Risiko nämlich, auf viele Dinge, die das Leben lebenswert und spannend machen, aus Angst einfach zu verzichten. Ob die Angst sich auf eine reine Versagensangst bezieht oder ob sie konkreter, körperlicher ist, spielt dabei keine große Rolle. Sie kann man im Job gut mobben, was vermutlich auch eines der Probleme ist, die Sie mit sich herumtragen. Schwächere, Ängstlichere sind sehr häufig Opfer der Stärkeren. Außerdem neigen die eher Ängstlichen zu einem verhängnisvollen Verhalten: Sie verhalten sich ängstlich und wenig selbstbewusst und werden folgerichtig von ihrer Umwelt auch als ängstlich und scheu, als wenig selbstbewusst behandelt. Das wiederum führt dazu, dass die Betroffenen darin den Beweis sehen: »Ich hab nichts drauf, ich bin ein Hasenfuß.« Dies verstärkt dann erneut das »Hasenfußverhalten«. So taumelt sich der Kreisel nach unten: Je mehr Scheu und Vorsicht nach außen dringen, umso scheuer und vorsichtiger werden die Betroffenen.

- *Empfehlung:*

Da Sie vermutlich einen starken Partner haben, können Sie bei dem auf Unterstützung hoffen oder bei ihm um Unterstützung bitten: Begeben Sie sich ganz bewusst einmal auf neue Gleise, auf unbekanntes Terrain. Am besten zunächst einmal bei harmlosen und ungefährlichen Anlässen: ein neuer

Urlaubsort, ein anderes Aussehen, vielleicht einmal den Mut haben, sich modisch anders zu orientieren. Das wären bereits die ersten Schritte in eine mutigere Welt. Sie werden bemerken, dass das Leben in weiten Bereichen nichts Mörderisches an sich hat und Ihnen vermutlich kein Mensch den Kopf abreißt. Gemeinsam mit ersten kleinen Schritten anfangen – dann auch einmal alleine etwas mutiger werden. Sie werden sehr schnell Spaß daran finden. Jeder Schritt in Richtung Mut wird ein tolles Erfolgserlebnis für Sie sein. Und da Sie die Schritte nicht allein gehen *müssen*, erübrigt sich auch jede vordergründige Angst. Sie müssen es nur tun. Vom bloßen Träumen, Hoffen und Wünschen werden Sie keine Veränderung erwarten können. »Versuch macht kluch«, sagen die Berliner.

25–44 Punkte

Es geht um Ihre persönliche Risikobereitschaft und Ihren persönlichen Mut. Sie sind im Gesamten an schwierigen und riskanten Unternehmungen nicht sonderlich interessiert. Konkurrenzsituationen sind für Sie nicht unbedingt nötig, um glücklich zu sein, eher im Gegenteil. Sie bevorzugen die Überschaubarkeit und halten sich an das Bewährte. Zum Helden sind Sie nicht gerade geboren, obwohl Sie manchmal davon träumen, mutiger zu sein. Sie fühlen sich durch Ihr »Hasenfußdasein« manchmal behindert. Es wäre schöner, wenn Sie weniger Angst mit sich herumtragen würden, das ist Ihnen schon klar. Aber Sie verfügen nicht über die Methoden, das zu leisten. Jedenfalls trauen Sie sich wenig zu, wenn es darum geht, Ihr Verhalten zu einem mutigeren hin zu verändern.

Allerdings könnten Sie das, wenn Sie wirklich wollten. Es gab und es gibt durchaus Situationen in Ihrem Leben, in denen Sie die Zähne zeigen konnten, wenn die Gelegenheit nicht zu gefährlich war. Aber meist wollten Sie gar nicht.

• *Intuitionsverhalten im Programmbereich Risikobereitschaft und persönlicher Mut:*
Sie trauen Ihren Intuitionen nicht immer über den Weg. Alles an Entscheidungsvorbereitungen, das ein gewisses Restrisiko in sich birgt, ist Ihnen eher suspekt. Ihr Kopf geht gegen unangenehme Intuitionen vor und es ist selten, dass Sie sich von einer Intuition tatsächlich bei Ihren Entscheidungsvorbereitungen leiten lassen. Es sei denn, die anstehende Entscheidung wird als harmlos identifiziert.

• *Risiko:*
Das Risiko, auf viele Dinge, die das Leben lebenswert und spannend machen, aus einer diffusen Vorsicht heraus einfach zu verzichten, begleitet Sie. Ob die Angst sich auf eine reine Versagensangst bezieht oder ob sie konkreter, körperlicher ist, spielt da keine große Rolle. Sie kann man im Job gut mobben, was vermutlich auch eines der Randprobleme ist, die Sie mit sich herumtragen. Schwächere, Ängstlichere sind sehr häufig Opfer der Stärkeren. Außerdem neigen die eher Ängstlichen zu einem verhängnisvollen Verhalten: Sie verhalten sich ängstlich und wenig selbstbewusst und werden folgerichtig von ihrer Umwelt auch als ängstlich und scheu, als wenig selbstbewusst behandelt. Das wiederum führt dazu, dass die Betroffenen darin den Beweis sehen: »Ich hab nichts drauf, ich bin ein Hasenfuß.« Dies verstärkt dann erneut das »Hasenfußverhalten«.

Sie neigen dazu, meist die anderen an die eher großen Dinge herangehen zu lassen. Komplexität und Kompliziertheit machen Ihnen Sorge. Das kann bei der beruflichen Entwicklung sehr hinderlich sein.

• *Empfehlung:*
Begeben Sie sich ganz bewusst einmal auf neue Gleise, auf unbekanntes Terrain. Am besten zunächst einmal bei harmlosen und ungefährlichen Anlässen. Sie werden bemerken, dass das Leben in weiten Bereichen nicht halb so gefahrvoll

ist, wie es Ihnen erscheint. Sie werden sehr schnell Spaß daran finden. Jeder Schritt in Richtung Mut wird ein hübsches Erfolgserlebnis für Sie werden. Es muss ja nicht gleich die Zugspitze sein, die Sie besteigen wollen. Ein mittlerer Hügel reicht für den Anfang. Und da Sie die Schritte nicht allein gehen müssen, erübrigt sich auch jede vordergründige Angst. Ihre Freunde werden Ihnen sicher dabei helfen. Sie müssen es nur tun. Vom bloßen Träumen, Hoffen und Wünschen werden Sie keine Veränderung erwarten können.

45–66 Punkte

Es geht um Ihre persönliche Risikobereitschaft und Ihren persönlichen Mut. Sie sind risikofreudig. In Wettbewerbssituationen haben Sie die Fähigkeit, sich entschieden durchzusetzen, ohne dabei verbranntes Land hinter sich zu lassen. Sie verbinden Durchsetzungsstärke und Mut mit Sensibilität. Ihre Motivation zur Übernahme von Verantwortung ist gut ausgeprägt. In einigen Lebenssituationen verhalten Sie sich eher sehr mutig, in anderen Situationen nehmen Sie sich bewusst zurück. Ihr Mut hat mit »Spielerdasein« oder »Hasardieren« nichts zu tun. Sie sind der geborene Abwäger – und das tun Sie routiniert und zielsicher und vor allem: sehr schnell. Da Sie ein Risiko schnell und weitgehend sicher einschätzen können, haben Sie vermutlich auch einen mittleren oder höheren Leitungsjob. Oder Sie streben eine solche Aufgabe an, was Ihnen vermutlich gelingen wird.

Man schätzt Ihre Fähigkeiten, riskante und schwierige Aufgaben und Herausforderungen zu meistern. Ganz besonders schätzt man dabei Ihre bemerkenswerte Fähigkeit, rechtzeitig zu entscheiden, wann Sie aufhören, wann Sie aussteigen. Das bewahrt Sie und die Ihnen anvertrauten Menschen vor Schaden. Da man Ihnen gerne die Verantwortung für andere auferlegt und Sie damit auch sehr gut zurechtkommen, wird Ihrer Karriere kaum etwas im Wege stehen.

- *Intuitionsverhalten im Programmbereich Risikobereitschaft und persönlicher Mut:*

Der Bauch-Kopf-Dialog ist stets vorhanden. Sie hören öfter auf den Bauch als auf den Kopf. Oft sogar werden die vom Kopf abgeprüften Risiken ignoriert – der Bauch entscheidet gegen den Kopf und gewinnt. Offenbar haben Sie mit dieser Vorgehensweise oft gute Erfahrungen gemacht. Sie benutzen Sie nämlich fast täglich.

- *Risiko und Empfehlung:*

Da ein jeder Mensch in seinem Verhaltensset einige Routine entwickelt und von Jahr zu Jahr sicherer wird, ist das Risiko des »Routinemutigen« bei Ihnen vorhanden. Hüten Sie sich, leichtsinnig zu werden und Risiken zu unterschätzen. Bleiben Sie bei Ihren Vorgehensweisen weiterhin seriös. Seriös bedeutet hier, seriös mit Ihrer eigenen Fähigkeit umzugehen, Mut zu haben und Schwierigkeiten zu meistern. Bewahren Sie sich vor dem Schritt, sich in Omnipotenzvorstellungen zu aalen. Bleiben Sie auf dem Teppich.

67–88 Punkte

Es geht um Ihre persönliche Risikobereitschaft und Ihren persönlichen Mut. Sie sind der geborene Held, der Siegertyp. Veni, vidi, vici, sagt man da wohl. Ihr Bewusstsein, in Verbindung mit Ihrer Risikofreude etwas zu leisten, macht Sie zum wahren Kämpfer. Wettbewerbsbewusstsein, Kampfgeist und Abenteuerlust machen Sie zum Führer. Solange die Ihnen anvertrauten Menschen nicht bemerken, dass sie bei Ihren Abenteuerspielchen allerdings auch verheizt werden könnten, folgen sie Ihnen. Sie haben die Fähigkeit, mit einer so genannten Sogwirkung andere mitzureißen, im positiven wie im negativen Sinne. Da können Mut und Risikofreude auch zum Elend für andere werden, falls ein ausgeprägter Egoismus mitschwingt.

- *Intuitionsverhalten im Programmbereich Risikobereitschaft und persönlicher Mut:*

Der Bauch-Kopf-Dialog ist stets vorhanden. Sie hören auf den Bauch, als wäre der Bauch allwissend und fehlerlos. Oft sogar werden die vom Kopf abgeprüften Risiken ignoriert – der Bauch entscheidet gegen den Kopf und gewinnt. Offenbar haben Sie mit dieser Vorgehensweise gute Erfahrungen gemacht. Sie benutzen sie nämlich sehr intensiv. Sie gehen davon aus, dass Sie ein charismatischer Führer sind. Da muss der Bauch einfach mitmischen.

Falls der Kopf bei einer Entscheidungsvorbereitung dann doch einmal mit einem Alarmschrei durchkommt, wird er vom Bauch »abgebügelt«.

- *Risiko:*

Sie bewegen sich sehr nahe am Spielertum. Sie sind ein Hasardeur, ein Zocker. Ihr Mut ist zu nahe am Todesmut (was nicht unbedingt heißen muss, das es hier um tatsächliches Sterbenwollen geht). Die Wahrscheinlichkeit, dass Ihr Abenteuerdasein für Sie schädlich wird, ist latent vorhanden. Das gilt für den beruflichen wie für den privaten Bereich. Hinzu kommt, dass Menschen wie Sie die Eigenart haben, von sich selbst immer mehr an Mut und Wagnis zu fordern. Das ist dann wie bei einer Droge: Sie verliert nach einiger Zeit des Konsums die Wirkung und erst durch die Dosissteigerung kommt der bekannte und behagliche »Thrill« zurück. Bis dann die Wirkung nachlässt, die Dosis gesteigert werden muss, und so weiter und so weiter ... .

- *Empfehlung:*

Gehen Sie an einige Dinge etwas leiser heran, weniger gigantisch. Da bei Ihrer Haltung stets auch die Gefahr besteht, dass Außenstehende sich über Ihren Hang zum Risiko amüsieren, sollten Sie die Aufgaben und Schwierigkeiten weniger spektakulär nach außen formulieren. Es kann leicht sein, dass man Sie in die »Angeberrolle« steckt. Und aus solch einer sozial verächtlichen Rolle herauszukommen ist schwer. Da müssten Sie Ihr gesamtes soziales Umfeld austauschen – also in eine andere Stadt umziehen, oder vorsichtiger mit Ihrer nach außen formulierten Risikobereitschaft umgehen und Ihr mutiges »Getue« etwas einschränken, um es so auf ein realistisches Maß zurückzusetzen.

Die G-Fragen

36–41 Punkte

Es geht um Ihren persönlichen Egoismus und Ihre Dissozialität (unsoziales Verhalten). Sie verfügen über keine egoistischen Tendenzen. Egozentrik liegt Ihnen so fern wie der Mond. Ihre soziale Integration ist so perfekt, dass man Sie fast nicht bemerkt. Einige könnten meinen, Sie wären ein Fähnchen, das sich nach dem Winde richtet. Sie sind nicht nur bescheiden, Sie stellen Ihr Licht geradezu unter den Scheffel. Bei Streitigkeiten halten Sie sich zurück, haben aber auch keine Methoden, den Streit zu schlichten. Sie schauen zu und hoffen, dass die Konfrontation vorübergeht. Jede Art von Konflikt ist Ihnen suspekt. Zwar möchten Sie gerne mal den Vermittler spielen, aber Sie können das nicht, weil Ihre soziale Angepasstheit Sie daran hindert. Ihre Zurückhaltung macht Sie zu einem eher langweiligen Vertreter, weil Sie sich auch dann zurückhalten, wenn es keine Veranlassung dazu gibt.

- *Intuitionsverhalten im Programmbereich Egoismus und Dissozialität (unsoziales Verhalten):*

Gibt es bei Ihnen nicht. Alle Entscheidungen, die zu treffen sind, werden aus der Vorsicht heraus angegangen. Da kann der Kopf den intuitiven Bauch nun gar nicht gebrauchen. Wenn dennoch der Bauch meint, mitmischen zu müssen, wird er vom Kopf langatmig überredet, sich zurückzuziehen.

- *Risiko:*

Mögliches weiteres Überangepasstsein ist das größte Risiko. Die Hintanstellung von Eigeninteressen zugunsten der jeweils Stärkeren in Ihrem Umfeld begleitet Sie Tag für Tag. Mittelfristig könnte der Verlust der eigenen Identität drohen. Oder Sie bauen schützende Phantome auf.

• *Empfehlung:*

Mehr Durchsetzungsstärke wäre sehr günstig für Ihre weitere Entwicklung. Da könnte ein Kommunikationstraining oder ein Seminar zur Persönlichkeitsbildung durchaus helfen. Zwar würde ein solches Seminar nicht alles von Grund auf verändern, aber Interesse für weitere Veränderungen wecken.

42–72 Punkte

Es geht um Ihren persönlichen Egoismus und Ihre Dissozialität (unsoziales Verhalten). Sie liegen mit Ihrem Wert für soziales Integriertsein knapp unter dem Durchschnitt der Bevölkerung in den Industriestaaten. Sie gehören zu der Gruppe der auffallend bescheidenen und rücksichtsvollen Menschen. Ihre Rücksichtnahme auf andere ist manchmal ein wenig plakativ. Es gibt keine Bereiche, in denen Sie den Weg dieser Rücksichtnahme verlassen. Sie bleiben auf dem Pfad der Angepasstheit. Es könnte sein, dass man Sie als einen Langweiler einstuft.

• *Intuitionsverhalten im Programmbereich Egoismus und Dissozialität (unsoziales Verhalten):*

Gibt es bei Ihnen kaum. Entscheidungen, die zu treffen sind, werden aus der Vorsicht heraus angegangen. Da kann der Kopf den intuitiven Bauch oft nicht gebrauchen. Wenn dennoch der Bauch meint, mitmischen zu müssen, wird er vom Kopf langatmig überredet, sich zurückzuziehen. Das gelingt zwar nicht immer, aber meistens halten sich Ihre Bauchentscheidungen im Rahmen.

• *Risiko:*

Der weitere Abstieg des Langweilers zum Menschen ohne eigenen Willen, ohne eigene Identität.

• *Empfehlung:*
Versuchen Sie, sich etwas aus der Überangepasstheit zu entfernen. Es ist nicht nötig, auf jede Art von Egoismus zu verzichten. Ein wenig Ichstärke würde Ihnen (und Ihrem Umfeld) ganz gut tun.

73–109 Punkte
Es geht um Ihren persönlichen Egoismus und Ihre Dissozialität (unsoziales Verhalten). Sie verbinden einerseits Rücksichtnahme und andererseits Durchsetzungsstärke in einer gut brauchbaren Mischung. Sie neigen nicht zum Egoismus, wissen aber Ihre Rechte und Interessen zu bewahren und durchzusetzen. Dies tun Sie sehr selten auf Kosten anderer. Andere aggressiv beeinflussen, sie verbiegen, sich mit Macht Recht und Gehör verschaffen gehört nicht zu Ihrem Repertoire – obwohl Sie das durchaus könnten, wenn Sie wollten. Aber Sie wollen das gar nicht. Ihr Selbstwertgefühl ist gesund. Sie wissen, was Sie können und was Sie nicht können. Und da ist es für Sie nicht nötig, mit Egoismus aufzutreten.

• *Intuitionsverhalten im Programmbereich Egoismus und Dissozialität (unsoziales Verhalten):*
Ihr Bauch-Kopf-Dialog ist ausgewogen. Kaum verbesserungsfähig. Die Wahrscheinlichkeit, dass der Bauch Sie aufs Kreuz legt, ist sehr gering.

• *Risiko:*
Kein Risiko in Sicht. Machen Sie weiter so mit dieser guten Mischung aus Ichbezogenheit und sozialer Bezogenheit.

• *Empfehlung:*
Weiter so. Der nächste Schritt in Ihrer persönlichen Entwicklung hieße in diesem G-Bereich: Understatement und aktive Bescheidenheit. Es soll Menschen geben, die kaum noch das Bedürfnis der Selbstdarstellung haben, die sehr ruhig und »leise« auftreten. Denen sieht man ihre Leistungsfähigkeit

und Kompetenz gar nicht mehr an. Es ist ihnen nicht mehr wichtig, das Feedback von außen zu erhalten, dass sie ein netter Kerl sind. Das wissen sie selber, die Leisen. Und Sie sind auf dem Weg dorthin.

110–144 Punkte

Es geht um Ihren persönlichen Egoismus und Ihre Dissozialität (unsoziales Verhalten). Sie sind der Egoist schlechthin. Wenn es um Sie selbst geht, laufen Sie zur Höchstform auf – geht es um die anderen, interessiert es Sie einen feuchten Kehricht, was aus denen wird. Sie verfügen über ein Potenzial von Dissozialität, das man getrost bereits in der Gegend von asozial ansiedeln kann. Ziemlich ungezügelt und ohne Rücksicht auf irgendwelche Verluste (Verluste anderer, versteht sich) leben Sie das, was Ihnen in den Kram passt. Ihre Rücksichtslosigkeit ist bemerkenswert. Sie sind ein Ekel und fordern damit natürlich die anderen heraus. Die Erfolge beruflicher Art und persönlicher Art, die Sie bisher verbuchen konnten, verbuchten Sie nicht etwa wegen, sondern *trotz* dieser Eigenart. Sie möchte man als Partner, weder beruflich noch privat, noch nicht einmal geschenkt haben.

Als Chef wären Sie der unangenehme Patriarch, bei dem man zwar seine Brötchen verdient, den man aber am liebsten von hinten sieht. Würden Sie in einer Weihnachtsgeschichte eine Rolle spielen, dann wären Sie für die Rolle des Mr. Scrooge in Charles Dickens' Story die ideale Besetzung.

- *Intuitionsverhalten im Programmbereich Egoismus und Dissozialität (unsoziales Verhalten):*

Ihr Intuitionsverhalten ist gefährlich für Sie und vor allem für die anderen. Sie entscheiden wegen eines hohen Defizits an emotionaler Rückmeldung sehr viel aus dem Bauch heraus – und kümmern sich sehr wenig darum, ob andere durch Ihre Entscheidungen verletzt, grob behandelt oder seelisch belastet werden. Es interessiert Sie nicht im mindesten, ob andere die Dinge anders sehen. Das ist deren Sache. Bauch ist Bauch, basta. Sie haben für sich subjektiv das Gefühl, dass Ihre intuitiven Entscheidungen richtig sind. Das mag stimmen – aber nur für Sie, für niemanden sonst.

- *Risiko:*

Wenn Sie so weitermachen, werden Sie bald keine emotional tragfähigen Kontakte mehr haben, wenn Sie überhaupt noch welche haben. Da wir Menschen jedoch auf soziale Kontakte und emotionale Nähe angewiesen sind, um ein ausgewogenes Leben zu führen, wird Ihr Leben weniger ausgewogen sein. Allerdings haben Sie sich vermutlich bereits an den Zustand gewöhnt, dass kaum jemand Sie mehr um Rat fragt, keine Geschenke mehr macht, nicht mehr anruft, sich kaum jemand um Sie kümmert.

- *Empfehlung:*

Raus aus diesem furchtbaren Egoset! Wenn Sie einmal etwas älter sein werden, wird Ihnen die Arroganz Ihres eigenen Umgangs mit anderen eine bemerkenswerte Einsamkeit bescheren. Also ändern Sie das am besten sofort. Fragen Sie einen Psychologen um Rat oder reden Sie mit Ihrem Partner (falls der noch mit Ihnen spricht) oder einer anderen Person, der Sie überhaupt noch zuhören – und die Ihnen noch zuhört.

■ ■ ■

Das war's – der Test ist nun erledigt. Wenn Sie ihn aufmerksam und sorgfältig durchgeführt und ebenso aufmerksam seine Auswertung gelesen haben, wissen Sie nun, wie es um Ihre Intuition bestellt ist und mit welchem Bauchprogramm Sie in einzelnen Bereichen reagieren. Der eine wird mit dem Ergebnis sehr zufrieden sein – der andere weniger.

»Unter Intuition versteht man die Fähigkeit gewisser Leute, eine Lage in Sekundenschnelle falsch zu beurteilen«, sagte der bedeutende Dramatiker Friedrich Dürrenmatt. Diese saloppe Äußerung scheint einen großen Wahrheitsgehalt zu haben. In der Tat ist kaum jemand in der Lage, die Intuition wirklich in den Griff zu bekommen. Den Beweis dafür sehen wir überall und jeden Tag an allen Enden und Ecken der Welt, und im Betrieb, in der Ehe, in der Beziehung, im Laden nebenan und auf dem Schulhof. Offenbar ist es wirklich nicht so einfach, die Intuition zu erkennen und mit ihr dann auch noch zuverlässig umzugehen. Warum das so ist, haben wir durch die Lektüre dieses Buches immer wieder gesehen. Doch mit dem vorliegenden Test sind Sie dem Ziel, Ihr Bauchverhalten besser zu erkennen und einzuschätzen, schon ein gutes Stück näher gekommen.

FAZIT

Sie wissen nun vermutlich, mit wem Sie es zu tun haben, wenn Sie in den Spiegel schauen.

Den inneren Blödmann erkennen – Teil 1

Es ist so eine Sache mit den treffenden Überschriften. Dieses Kapitel könnte nämlich auch heißen: »Irrationaldestruktive Intuitionsentscheidungen«. Aber das hört sich weniger lustig und ziemlich kompliziert an. Noch treffender, aber gemeiner wäre die Kapitelüberschrift »Wie doof sind wir Menschen eigentlich?«. Oder noch treffender und noch härter: »Neues über den inneren Blödmann«. Wie bitte?

Sind wir denn blöd? Nein, danke! Einen inneren Blödmann zu haben ist sozial unerwünscht. Meine soziale Vollwertigkeit leidet gewissermaßen, wenn mein innerer »Blödmann« bekannt würde. Gut, dass niemand weiß, dass ich einen habe. Wir alle haben einen. Gut, dass niemand weiß, dass wir alle einen haben. – Und deshalb heißen die nächsten beiden Kapitel dieses Buches, das sich im Kern immer wieder mit dem geheimnisvollen Bauchdenken beschäftigt: Den inneren Blödmann erkennen 1 und 2. Und wir werden gleich erfahren, warum sich unser Stirnrunzeln legen muss.

Als Mary Anne Calamine, US-Brokerin, aus dem Fenster der Damentoilette im siebten Stock des Plaza-Hotels in Atlantic City auf ein paar Passanten pinkelte, sprach ihr innerer Blödmann. Die junge Dame ist nicht etwa verrückt. Sie hatte nur eine innere Eingebung, das jetzt tun zu müssen, sagte sie bei ihrer Vernehmung. Nun ja, diese innere Eingebung war teuer. Sie kostete Mary Anne 6000 Dollar.

Noch teurer war die innere Eingebung eines 51-jährigen Handytelefonierers. Der stieg bei Kassel auf freier Strecke aus einem haltenden Interregio, in der Annahme, der Handyempfang auf dem Gleis nebenan sei besser. Er irrte. Der Empfang war ganz plötzlich weg und der Mann tot, überrollt von einem entgegenkommenden Zug.

In einer inneren Eingebung biss Paul Daniels aus Horden (GB) ein 240-Volt-Stromkabel durch, um den Münzautomaten seines Fernsehers lahm zu legen. Der Stromschlag warf den Mann zu Boden. Er holte eine Schere und schnitt das Kabel durch. Er überlebte schwer verletzt. Paul Daniels ist Diplomingenieur für Elektrotechnik.

Als der Kapitän eines DC-8-Urlaubsfliegers auf dem Weg von Basel nach Mombasa/Kenia einen Passagier wegen einer verschütteten Instantsuppe windelweich prügelte, sprach auch der Bauch – oder der innere Blödmann, wie man will.

Kurz nach der Prägung mussten in Frankreich neun Millionen Euro-Münzen eingeschmolzen werden. Einer der Plattengraveure für das Stanzwerkzeug hatte sich erlaubt, das amtliche Design zu verändern. Das Sternenbild gefiel ihm nicht. Bei seiner Vernehmung sagte er, er sei einer inneren Eingebung gefolgt.

Die Schuldnerberatung »Sozialwerk der Familien in Schleswig-Holstein« musste Konkurs anmelden, weil sich die Schuldenberater völlig übernommen hatten. Dem Insolvenzverwalter sagte Geschäftsführer Egon L. aus Glückstadt, er habe immer das Gefühl gehabt, es sei alles in Butter.

In Halle/Saale erschoss ein 44-jähriger Vater seine vier Kinder, brachte seine Frau um und stellte sich dann der Polizei. Er sagte zu dem vernehmenden Beamten: »Ich hatte da plötzlich so einen unheimlichen Hass im Bauch, verstehen Sie?« Der Beamte verstand nicht. Für ihn war der 44-jährige Mörder einfach nur verrückt, gefährlich und unberechenbar.

Und so etwas soll man ernsthaft in den Griff kriegen? Ohne Therapie? Ohne Gehirnwäsche? Glücklicherweise sind nicht alle Beispiele so extrem und unser innerer Blödmann verhält sich in der Regel weniger spektakulär. Aber im Prinzip genauso blöd. Er, genauer gesagt, die Intuition, kommt mit ihren Merkwürdigkeiten und mentalen Löchern ganz leise daher. Diese kleinen, leisen »Intuitiönchen«, diese leichten und leichtesten Gefühle der Unsicherheit, der Rache, der territorialen Einschränkung, der Bedrohung, die Unlustgefühle, Sympathie- oder Zufriedenheitsgefühle oder einfach die irren Phantasien begleiten uns Tag für Tag. Wir beachten sie meist kaum, diese kleinen Intuitionen. Aber genau die sind es, mit denen unser Bauch arbeitet. Diese kleinen und kleinsten Gefühle spucken uns bei den kognitiven, folgerichtigen Entscheidungen ständig in die logisch so schön gekochte Gedankensuppe. Und dann ist Schluss mit der Logik. »Manchen Leuten kann man halt nur ganz unpsychologisch eins aufs Maul hauen«, sagte ein therapeutischer Kollege einmal zu mir. Aber wie kann er, der Sachkundige, so etwas sagen? Ausgerechnet er müsste es doch wirklich besser wissen! Mit Gewalt löst man doch keine Probleme, oder? Da spricht der Bauch.

Ein anderes Beispiel: Meine Frau war sauer. Das ist sie selten. Diesmal aber war sie es, und zwar kräftig. Ich hatte einen Termin verschwitzt (denn aus meiner Sicht war er doof), und sie musste allein hingehen. Als ich nach Hause kam, krachte es. Ich kramte aus meinem geistigen Koffer blitzschnell die tollsten kognitiven Konfliktlösungsmodelle heraus und war mir sicher, dass ich das alles sofort psychologisch in den Griff kriegen würde. Ich entschied mich für das kognitiv-reflektierende Gewinner-Gewinner-Modell.

Meine Frau stieß einen giftigen Brüller aus. Erst flog der Aschenbecher und knallte gegen die Tür, dann knallte die Tür zu. Ich war ernstlich betroffen über so viel Bauch. Ich dachte noch einen kleinen Moment über meine intellektuelle Betroffenheit nach und war beruhigt, dass sie auf die Tür gezielt hatte. Da ging eine andere Tür auf und sie meinte: »Deine kognitive Ausgewogenheit kotzt mich an, du kannst dir dein Gewinner-Gewinner-Modell sonst wohin stecken.« Dann warf sie die Tür zu und ich die Psychologie in die Ecke. Nun war ich ebenfalls stinksauer.

Offenbar ist es doch schon etwas schwieriger, in allen Situationen den Bauch im Griff zu haben, selbst als Profi. Sie hatte nämlich meinen höchsten moralischen Wert ganz böse erwischt: die Ausgewogenheit. Mein angeblich so logischer Kopf hatte sich von ihr ins Bockshorn jagen lassen. Dann kam der innere Bauch-Blödmann sofort hervor und der Streit konnte so richtig beginnen. Was sagt uns das?

Wissen schützt vor Dummheit nicht und vor dem Bauch schon gar nicht. Also kommen wir beim Erkennen unseres inneren Blödmanns mit all den alten, bekannten Methoden gar nicht so recht weiter. Es nutzt nichts, sich zurückzulehnen und wissend zu lächeln: »Aha ... so ist das also ... na dann, dann machen wir es ab morgen doch mal besser.« Das nutzt nichts. Die Bauchprogramme sind stärker. Bei nächster Gelegenheit bringen wir uns wieder in gewisse Schwierigkeiten und pinkeln aus dem Hotelfenster.

FAZIT

- Nichts ist so blöde, als dass der Bauch es nicht doch tun würde.
- Es ist mit den normalen Methoden von Lernen, Denken und Verstehen nicht zu bewerkstelligen, den inneren Blödmann zu erkennen – geschweige denn, ihn in den Griff zu bekommen. Da müssen andere Methoden her.

Den inneren Blödmann erkennen – Teil 2

»Lymbisch verankert«, nennen die Wissenschaftler die Programme des Bauches, die alle im Kern dazu dienen, die menschliche Art zu erhalten. Wie bereits anfänglich in diesem Buch erwähnt, dienten früher, vor über 400 000 Jahren, die Programme tatsächlich dem täglichen Überleben. Heute ist das nicht mehr so sehr notwendig. Wir überleben ohnehin in dieser mehr oder weniger gut behüteten modernen Gesellschaft. Der Säbelzahntiger lauert uns nicht mehr auf und kein Bär will uns das Futter wegfressen und uns gleich mit. Im Gegenteil.

Es ist in unserer behüteten Industriegesellschaft fast schon unmöglich, in echte Gefahr zu kommen, wenn die Bauchprogramme ausgeschaltet wären und das kognitive Prüfsystem funktionieren würde.

Ein Team von Studenten der Universität von Atlanta/Georgia wollte das genau wissen. Die Studenten testeten im Rahmen einer Versuchsanordnung, ob es in der Stadt Atlanta möglich wäre, sich einfach aus dem sozialen Set auszuklinken, sich abzuseilen – oder seine Lebensfunktionen wenigstens gen null streben zu lassen. Das heißt: Sie wollten wissen, was passiert, wenn man gar nichts tut.

Dazu verteilten die Studenten sich an unterschiedlichen Orten der Stadt. Der eine saß vor einer Kirche und wartete, was passieren würde. Der andere lungerte an einer Laterne herum, die an der Ausfallstraße stand. Der dritte hielt sich in einem Supermarkt auf. Einer saß an der Greyhound-Haltestelle herum ... und so weiter ... Alle hatten einen gemeinsamen Auftrag: Kein Wort mit anderen Menschen reden, kein Geld ausgeben, niemanden ansprechen, keine Kommentare abgeben, einfach nur am Ort verweilen nur »da« sein, sonst nichts ... und abwarten, was passiert. Das Ergebnis der Studie ist beeindruckend und lustig zugleich.

Der junge Mann im Supermarkt blieb ganze 10 Minuten an einer Säule stehen. Der Supermarktleiter sprach ihn zwei Mal an. Der junge Mann hatte jedoch den Auftrag, nicht zu reagieren. Da holte der Supermarktchef die Polizei. Nach einer Stunde Aufenthalt am Busbahnhof wurde eine Studentin abgeführt, weil sie nicht erklärte, warum sie am Busbahnhof schweigend und teilnahmslos herumhing. Der Student vor der Kirche hielt es am längsten aus: Es dauerte immerhin zwei Stunden, bis die Polizei ihn mitnahm.

Was sagt uns das?

Es ist in unserer modernen, sozial kontrollierten Gesellschaft fast unmöglich, umzukommen – aktiver Selbstmord oder ein Unfall einmal ausgenommen. Wenn jemand nichts tut, einfach nur da ist, kein Wort redet, wird er nach ein paar Minuten als Fremdkörper im sozialen Ordnungssystem erkannt und die Polizei oder irgendeine andere Ordnungsmacht erledigt den Rest. Hätten die jungen Leute im Sinne von normalem sozialen Verhalten dem fragenden Polizisten eine akzeptierbare Antwort gegeben – die Polizei hätte die Leute vermutlich in Ruhe gelassen. Die Studie der Hochschule in Atlanta ergab, dass es insgesamt keinem der 60 Studenten länger als zwei Stunden gelungen war, unbehelligt irgendwo im Zentrum der Stadt herumzulungern, ohne zu erklären, warum er sich so verhielt.

Der Bauch ist online mit der Steinzeit

Vor ein paar hunderttausend Jahren haben die Menschen ohne einer Sprache mächtig zu sein nur herumgelungert, jeden Tag. Kein anderer hätte sich dafür interessiert, als es noch keine Sippen oder Familien gab. Jeder war auf sich allein gestellt. Dabei konnte man durchaus ums Leben kommen, ohne dass es einem anderen überhaupt aufgefallen wäre. In der Frühzeit der Menschheit hatten die Menschen noch nicht einmal ein personalisiertes *Ich*-Bildnis. Sie nahmen die anderen als unbestimmte Lebewesen wahr, nicht als Gleiche unter Gleichen. In der Frühzeit gab es deshalb auch kein soziales Kontrollsystem. Jeder war auf sich selbst gestellt und stand in einer direkten Rivalität zu jedem anderen.

Heute ist das völlig anders. Insoweit ist unser uraltes, archaisches Überlebensprogramm wirklich überflüssig geworden. Diese Programme dienen heute niemandem mehr wirklich – ein paar kleine Naturvölker vielleicht ausgenommen.

Aber die archaischen Programme sind nach wie vor in uns Industriemenschen vorhanden. Und der Bauch benutzt seine Programme so wie vor über 400 000 Jahren. Er ist ein Blödmann. Niemand hat ihm erzählt, dass das inzwischen völlig überflüssig ist. Es *ist* überflüssig, Hass zu erleben, blinde Wut zu fühlen, jemanden sozial vernichten zu wollen oder Konflikte mit dem Knüppel (bzw. mit dem Panzer oder dem Kampfjet) zu lösen. Da Konflikte aber immer noch mit Gewalt gegen das Leben anderer und mit Mord und Totschlag gelöst werden, liegt der Verdacht sehr nahe, dass wir in unserer emotional-genetischen Bauchentwicklung irgendwo zwischen dem Viktoriasee und dem Neandertal stehen geblieben sind. Ein genetischer Zwangsaufenthalt sozusagen. Weil uns die Welt überholt hat. Und der Anschlusszug ist nicht da.

Futurologen, jene Wissenschaftler, die sich mit der Zukunft beschäftigen, haben ein sehr spannendes Modell entwickelt. Sie gehen davon aus, dass anderes, intelligentes Leben irgendwo im Weltall, sofern es uns Menschen weit überlegen wäre, auf alle archaischen Rivalitätsprogramme verzichten würde. Intellektuelle und höchste technische Leistung kann nur von Lebewesen erbracht werden, deren emotionale Energie ausschließlich positiv gepolt ist, sagen die Futurologen. Aber es ist eben Futurologie, und die hört sich eher nach dem guten alten E.T. an. Und eine Entwicklung zum emotional perfekten E.T. kann dauern. Bis dahin ärgern wir uns weiter über unsere emotionalen Neandertalerideen oder Cromagnon-Intuitionen.

Das Steinzeitprogramm *»Du musst mächtiger sein als der von nebenan, dann überlebst du«* lebt in uns Menschen weiter fort. Es ist eines der ältesten Programme der Menschheit. Älter als 600 000 Jahre.

Heute ist es für den Normalbürger ziemlich überflüssig, mächtiger sein zu wollen als der von nebenan. Man würde dabei nichts gewinnen. Ein solches Rivalitätsprogramm ist sozial gesehen sogar eher schädlich: Es behindert die Teamarbeit und macht nur Ärger. Wenn dieses Bauchprogramm sehr stark in Erscheinung tritt, verliert der Betroffene den Bezug zur Realität. Der Betroffene schädigt seine soziale Öffentlichkeit und demontiert sein persönliches »Standing« in einer Gruppe, wenn er dem Programm folgt. Wirkt das Machtprogramm sehr stark, werden Menschen straffällig oder gewalttätig. Je stärker dieses Machtprogramm abläuft, umso eher fühlen sich Betroffene durch andere in den Werten bedroht.

Zum Beispiel das Programm *»Du musst dich aggressiv vermehren«*. Es ist noch viel älter als das Rivalitätsprogramm. Ist das Programm stark wirksam, gehen soziale Beziehungen schnell kaputt. Männer beispielsweise (nicht alle gleich, aber fast ...) haben folgende intuitive Vorstellung, die ein »Männerwitz« mehr oder weniger humorvoll ausdrückt: »Man(n) kann nicht mit allen Frauen der Welt schlafen – aber Man(n) kann es doch wenigstens versuchen, oder?« Dass dieser archaische »Programmtick« manchmal gar nicht so lustig ist und gelegentlich strafbar, nehmen wir in Kauf. Die Inhaber eines starken Vermehr-dich-Programms neigen außerdem dazu, Phantome aufzubauen, um dem anderen Geschlecht zu imponieren. Andere entwickeln ein promiskuitives Sexualverhalten und wechseln die Sexualpartner wie die Hemden. Im Extremfall kann Strafbares dabei herauskommen, Vergewaltigung oder Nötigung – oder Mord und Totschlag. – Und sieben Milliarden Menschen, von denen mehr als die Hälfte nichts zu essen hat.

Zum Beispiel das Programm *»Territoriale Abgrenzung«.* In Ur-Zeiten war es überlebenswichtig, sein persönliches Terrain gegen andere zu verteidigen. Heute leben wir in Hochhausblöcken mit 3000 Wohneinheiten auf engstem Raum und niemand hat es ernsthaft nötig, sein Terrain gegen Eindringlinge zu verteidigen. Es gibt den Paragraphen des Hausfriedensbruchs und den Rest erledigt der Amtsrichter oder ein Staatsanwalt.

Auch der »Knallerbsenstrauch« und der »Maschendrahtzaun« (Stefan Raab) sind Ergebnisse von übertriebenen archaisch-territorialen Abgrenzungsprogrammen. Wenn Hausnachbarn sich zu nahe auf die Pelle rücken, wird vom Bauch offenbar das uralte Programm hervorgeholt und abgespult. Dann gibt es Krach und Krieg bis aufs Messer – was die Boulevardzeitungen und Magazine ganz besonders freut.

Zum Beispiel das soziale Bindungsprogramm *»Du musst dich an andere hängen, dann überlebst du vielleicht im Schutz der Sippe länger«.* Dieses Programm wurde relativ spät in uns installiert. Es ist erst um die 80 000 Jahre alt. Es resultiert aus einer Zeit, in der den Menschen bereits bekannt war, dass die Sippe besser überlebt als der Einzelne. Tritt dieses Programm heutzutage in Aktion, kann einem solch ein Sippenliebhaber ganz schön auf den Keks gehen.

Wir erleben in unserer modernen Gesellschaft allerdings zunehmend, dass die Sippe (die Familie) nicht mehr der einzige Ort ist, wo ein Überleben möglich wäre. Fast 50% aller Haushalte beispielsweise in der Bundesrepublik sind Singlehaushalte. Glaubt man den jammernden Kirchen und der kühlen Statistik, ist die Ehe als gruppenbindende Institution ein echtes Auslaufmodell. Die Psychologen bemängeln, dass beim weiteren Verlust sozialer Gruppenmodelle (der Ehe oder der Familie zum Beispiel) das Verantwortungsbewusstsein der Menschen demoliert wird – bis hin zur völligen Verantwortungslosigkeit. Dann zählt nur noch der eigene Nutzen, nichts sonst. Ich selbst habe öfter schon den Eindruck gehabt, dass »der weitere Verlust« längst eingetreten ist.

Interessant ist, dass wir Menschen in bedrohlichen Situationen gern auf die bewährten Gruppenmodelle zurückgreifen. Je mehr Stress (Impulsdichte, Wertebedrohung oder Einschränkung des Handlungsspielraums), umso eher suchen wir die Nähe von Gleichgesinnten in einer Gruppe. Es soll Familien geben, die sich nach dreißig Jahren bei der Beerdigung von Opa wiedersehen. Was ist der irrationale Auslöser dafür? Der Stress der bevorstehenden Erbschaft? Der Stress des erlebten Todes in der eigenen sozialen Gruppe? Oder die Demonstration sozial vollwertigen Verhaltens: »Wenn einer stirbt, da muss man halt hin. Da bekommt Opa doch noch ein paar späte Blumen, die er zu Lebzeiten nie bekommen hätte«?

Zum Beispiel das einfache archaische Überlebensprogramm *»Bremse deine Risikobereitschaft, fasse nichts Gefährliches an, es könnte den Tod bedeuten«*. Tritt dieses Programm extrem in Erscheinung, dann verhalten die Menschen sich übervorsichtig, tragen diffuse Ängste mit sich herum, haben ein ängstliches, freudloses Leben. Ist es stark zurückgedrängt, sind die Menschen übermütig. Es liegt im Zahn der Zeit, dieses Risikoprogramm zurückzudrängen. Es ist »in«, mutig zu sein. Immer neue lebensgefährliche Sportarten fordern extremen Mut. Derjenige, der darauf verzichtet, ist entweder zu alt oder ein sozialer »Warmduscher«.

Zum Beispiel das uralte Programm der Vergeltung *»Wie du mir – so ich dir«*. Jeder Rechtsstaat versucht mit seinen Gesetzen über dieses Programm Herr zu werden. Die soziale Gemeinschaft nimmt Schaden, wenn das Programm aktiv in Erscheinung tritt. Und durch massive Strafgesetze wird das Programm tatsächlich im Zaum gehalten. Aber durch nichts anderes. Als zwischen 1999 und heute ganze Serien von Kindesentführungen stattfanden, Mord und Vergewaltigung inklusive, besannen sich etliche Bürger auf dieses archaische Vergeltungsprogramm. Befragte äußerten sich in der Presse dahin gehend, dass es wohl das Beste sei, die Täter solcher Straftaten ebenfalls gleich umzubringen ... Was der Rechtsstaat wiederum nicht duldet – sonst wäre er kein Rechtsstaat.

Solches Vergeltungsprogramm fördert den Jähzorn, die Rache und den Fundamentalismus. Rein kognitiv betrachtet gehören Jähzorn, Rache und Fundamentalismus in das Jahr 200 000 vor unserer Zeitrechnung. Rein intuitiv begleiten uns diese Begriffe täglich. Man muss nur die Nachrichten hören oder sehen.

FAZIT

- Die Steinzeitprogramme unseres Vorgängers, des Neandertaler-Menschen, leben in uns weiter.
- Sie sind heute zwar weitgehend überflüssig – wir bekommen sie aber nicht immer in den Griff, um sie endlich wirklich überflüssig zu machen.

Die Intuition in den Griff bekommen

Wir versuchen es trotzdem. Wir wissen, dass es schwierig ist und dass es nicht immer und in allen Lebenslagen gelingen wird. Wir versuchen trotzdem, die Intuition ein wenig mehr in den Griff zu bekommen. Ein paar Spielregeln bzw. Empfehlungen dafür gibt es nämlich doch.

Strampeln, bis es Butter wird

1. Empfehlung:

Meiden Sie Lebenssituationen, in denen zu erwarten steht, dass eine Programmüberwältigung (Intuitionsübermacht) droht. Solche Lebenssituationen melden sich meistens an. Kaum jemand schliddert Hals über Kopf in eine dramatische emotionale Lage. Solche Lebenssituationen sind zum Beispiel: Einsamkeit, offener emotionaler Krieg mit einem anderen, personalisierte Meinungsverschiedenheiten, in denen es nicht mehr um die Sachfragen, sondern um Wertefragen geht, Bedrohungen des persönlichen Handlungsspielraums, allgemeine Wertebedrohungen. Wenn es irgendwie geht, halten Sie sich da raus. Wenn das nicht mehr geht, wenn Sie schon mittendrin stecken, dann reden Sie mit dem Gesprächspartner über die Gefahr der voreiligen intuitiven Bauchentscheidungen. Ein Problem ansprechen ist der erste Schritt zur Lösung.

2. Empfehlung:

Erstellen Sie über vier Wochen hinweg einen »Intuitionsplan«. Die Voraussetzung, so etwas zu tun, ist das Primat der Schriftlichkeit. So etwas muss man tatsächlich aufschreiben, nicht nur ausdenken. Es erfordert wenig Zeit. Sie können mit etwa vier Mal zwei Minuten pro Tag rechnen, also acht Minuten Aufwand – mehr nicht.

Und das geht so: Legen Sie für jeden Tag vier konkrete Zeiten im Intuitionsplan fest. Zum Beispiel: 9.20 Uhr, 13.15. Uhr, 17.05 Uhr und 22.10 Uhr. Halten Sie sich absolut präzise an diese vier fixierten Zeiten. Nehmen Sie keine vollen Stunden, sondern »krumme« Zeiten. Krumme Zeiten sind unserem Kopf auffälliger, verdächtiger als runde Zeiten und volle Stunden. Die Wahrscheinlichkeit, dass Sie die Termine mit sich selbst dann auch wirklich einhalten, ist auf jeden Fall größer. Zu jeder fixierten Zeit nehmen Sie Ihren Intuitionsplan und verkrümeln sich in ein Büro oder einen Raum, in dem Sie für zwei Minuten völlig ungestört und allein sind. Im Zweifel geht man aufs Klo.

Notieren Sie in Ihrem Intuitionsplan, ob zu diesem Zeitpunkt ein irrationales Bauchgefühl in Ihnen vorhanden ist. Es geht nicht um die Stunden davor, es geht nur um *diesen konkreten* Zeitpunkt. Horchen Sie in sich hinein, ob eine Angst, eine Sorge, eine Euphorie oder irgendein anderes Gefühl in Ihnen steckt. Notieren Sie in einem ganzen Satz dieses Gefühl. Wenn es mehrere sind, notieren Sie mehrere im Plan. Führen Sie diesen Intuitionsplan konsequent für einen ganzen Monat. Sie erlangen mit diesem System eine sehr gute Kenntnis darüber, wie Sie selber eigene Bauchgefühle erleben und entdecken können. Oder Sie entdecken, dass Sie dem Bauchdenken gar nicht so stark unterliegen.

Nach einem Monat beenden Sie diese Aufzeichnung. Denn inzwischen sind Sie so gut darauf trainiert, auf die eigenen Regungen des Bauches zu hören, dass Sie die Zettelwirtschaft nicht mehr benötigen. Sie denken dann automatisch sofort an den Bauch, wenn ein Gefühl in Ihnen hochkommt. Und in den allermeisten Fällen können Sie dieses Bauchgefühl auch ganz gut zuordnen, seine Risiken und Chancen erkennen. Wie man in sich hineinhört erfahren Sie im nächsten Absatz.

3. Empfehlung:

Versuchen Sie, ob *Focusing* etwas für Sie taugt. Über diese Methode wurde in den 1980er- und 1990er-Jahren viel geschrieben. Auch viel Unfug. Aber was ist Focusing? Es wurde in den USA in den 1960er-Jahren entwickelt bzw. in den 1980ern als therapeutische Technik kultiviert. Im Gesprächsdialog bringt der Therapeut den Fokussierten (Klienten) Schritt für Schritt mit dessen Körpergefühl in Kontakt. Der Therapeut fragt dabei wertfrei nach Befindlichkeiten und dem Körpergefühl und lässt den Fokussierten frei assoziieren. Wichtig hierbei ist, dass der Therapeut keinen moralischen Standort im Gespräch einnimmt, also nichts moralisch bewertet. Was immer auch der Klient sagt oder äußert – der Therapeut bleibt wertfrei. Er hört zu, formuliert das Erzählte um, gibt es zurück, hilft dem Klienten, die Dinge klarer zu ermitteln.

Das Ergebnis einer solchen Focusing-Sitzung kann so effektiv sein, dass die focussierte Person ihre eigene Körperbefindlichkeit tatsächlich treffender interpretieren kann. Diese Basisform des Focusing wurde später auch eingesetzt, um nicht nur die körperliche, sondern auch die seelische Befindlichkeit therapeutisch aufzuarbeiten. Insoweit kann es also als eine Art Gesprächstherapie bezeichnet werden.

Der wissenschaftliche Nährwert von Focusing ist sehr umstritten. Seine Anhänger schwören darauf – die Neurologen trauen der Methode nicht so ganz. Aber Placebos sind ebenfalls umstritten und mit Kartenlegen verdienen Wahrsager ebenfalls viel Geld. Alle drei, Placebos, Focusing und Kartenlegen, funktionieren hundertprozentig und einwandfrei. Doch nur dann, wenn die betroffene Person daran glaubt. Denn der Glaube versetzt Berge, das ist bewiesen. Sie werden in jeder Bücherei einiges über Focusing finden. Es lohnt sich, da einmal reinzuschauen.

4. Empfehlung:

Versuchen Sie, ob Sie mit NLP weiterkommen. Das ebenfalls in den USA entwickelte und von Richard Bandler begründete NLP (Neurolinguistisches Programmieren) ist eine Wissenschaft, die analytisch davon ausgeht, dass alle kommunikativen Äußerungen des Menschen etwas mit seinem neurologischen Programm zu tun haben. Einfach ausgedrückt: Jedes Wort, das wir sprechen, wird immer eine ganze Kettenreaktion von Gefühlsimpulsen in uns auslösen, ob wir das wollen oder nicht. Und umgekehrt: Jede Kette von Gefühlsimpulsen bedient sich der Worte, der Sprache und des Körpers, um sich auszudrücken.

Einige sehr beachtete und bekannte amerikanische Wissenschaftler bauten seinerzeit das Focusing weiter aus und brachten es mit dem NLP zusammen. Darunter auch Professor John Grinder von der Harvard-Universität, der dabei von folgender Theorie ausgeht: Jede menschliche Verhaltensweise ist das Ergebnis komplexer neurologischer Prozesse. Damit wir diese (nervlichen) Prozesse verstehen, reduziert Grinder die neurologischen Prozesse nun auf bestimmte systematische Muster, die wir immer wieder in gleichen Situationen unbewusst auch gleich benutzen. In diesem Buch nannte ich diese systematischen, sich immer wiederholenden Muster auch »Programme«. Alle neurologischen (nervlichen) Vorgänge in uns können sich nur über zwei Mitteilungskanäle äußern: das fühlbare, sichtbare Körperverhalten (Kommunikation ohne Sprache) und die hörbare sprachliche Kommunikation.

Beide Kommunikationen, die nonverbale und die verbale, bringt John Grinder in seine Denkmodelle ein. Er geht davon aus, dass wir Menschen unsere eigenen Verhaltensweisen und Intuitionen nur dann in den Griff bekommen, wenn wir sehr sorgfältig auf unser eigenes Verhalten und unsere Sprache achten. Einfacher: wenn wir uns selber besser zuhören. Denn gefahrvolle (aber auch ungefährliche) Intuitionen kündigen sich sprachgedanklich und sprachlich immer vorher an. Man muss nur gut zuhören. Das betrifft auch archaische Gefühle wie Hass, Liebe, Abneigung, Neid, Rivalität usw.

Ich möchte John Grinders Modell nun dazu benutzen, den so genannten inneren Blödmann besser in den Griff zu bekommen. Wie kaum ein anderes psychodiagnostisches Modell ist es dazu geeignet, eigenes Verhalten ganz präzise zu erleben und zu verstehen und – man glaubt es kaum – Stück für Stück zu verändern.

Die Sprache ist bei jeder Art von Sorgenbewältigung, bei jeder Art von Kommunikation von großer Bedeutung. Alle subjektiven Erlebnisse von Menschen, ihre Art, die Welt zu sehen, die Welt zu erleben, alle fixierten Programme in uns, alles, was uns ausmacht, äußert sich durch Körper und Sprache. Dabei repräsentiert die Sprache die Erfahrungen in uns – sie ist aber nicht etwa die Erfahrung selbst. Sie ist nur ein Vehikel, um das auszudrücken, was in uns steckt. Aus der sprachlichen Kommunikation erfährt man, wie ein Mensch denkt, wie er lebt, wie er die Dinge sieht und nach welchen Programmen er sein Leben einrichtet oder einrichten muss. Drei wesentliche intellektuell-sprachliche Verhaltensweisen kennzeichnen unsere menschliche Kommunikation:

1. Die Generalisierung

Generalisierung bedeutet, dass eine einmal gemachte Erfahrung, ein Erlebnis oder eine eigene oder fremde Verhaltensweise von uns so generalisiert (verallgemeinert) wird, dass man annehmen könnte, es müsste zukünftig immer so sein. Generalisierungen äußern sich sprachgedanklich durch Worte wie: immer, niemals, man kann, jeder, alle, das war schon immer so ... und so weiter.

2. Die Tilgung

Unter Tilgung versteht man sprachgedanklich das, was wir als »selektive Wahrnehmung« bezeichnen. Das heißt, wir denken sprachgedanklich in unserem Sprachzentrum im vorderen Gehirnlappen rein selektiv. Anders ausgedrückt: Wir wählen im Denken und im Sprechen die Worte, die uns in den »Kram« passen. Wir sind nicht objektiv – sondern sehr subjektiv beim Sprachdenken. Tilgungen bemerkt man an sich selber sprachlich gar nicht. Man bemerkt nur, dass man nach Worten sucht, um einen Zustand oder eine Sachlage zu beschreiben. Wenn wir Worte suchen und nicht so schnell finden, haben wir es häufig mit Tilgungen zu tun.

3. *Die Verzerrungen*

Wir neigen dazu, die Welt so zu interpretieren, wie wir sie sehen. Um mit einer Situation gut klarzukommen, wird die erlebte Wirklichkeit so zurechtgebogen (verzerrt), dass sie in unser Wertemodell passt. Verzerrungen äußern sich sprachgedanklich durch Häufungen von Hauptwörtern. Wenn Sie den Eindruck haben, dass Hauptwörter Ihnen sehr liegen, kann es gut sein, dass Sie sich die Welt öfter mal verzerren. Zum Beispiel: »Ist das deine *Entscheidung*?«, anstatt »Wie willst du *entscheiden*?«

Eine Entscheidung ist etwas Abgeschlossenes, Fertiges, etwas, was getroffen ist, basta. »Entscheiden« dagegen beinhaltet eine gewisse Freiheit, so oder so zu entscheiden. Es ist sprachlich nicht geschlossen, sondern offen und es schränkt den potenziellen Handlungsspielraum weniger ein.

Wenn man es fertig brächte, Generalisierungen, Tilgungen und Verzerrungen sprachgedanklich mit einer Alarmbimmel im Kopf zu versehen, das wäre schön. Wir könnten dann leichter eine Korrektur vornehmen ... ach nein, wir könnten dann leichter korrigieren ... Leider wird uns das nicht gelingen, jedenfalls nicht technisch. Aber vielleicht gedanklich. Die Wissenschaftler um John Grinder und er selbst meinen, dass Generalisieren, Tilgen und Verzerren die wesentlichen Türöffner für negativ wirkende Intuitionen sind. Wenn wir eine gedankliche Bimmel einbauen würden, könnte es sein, dass wir viel vorsichtiger und wachsamer auf die sich anschleichende intuitive Entscheidungsvorbereitung reagieren.

In einem Konfliktmanagement-Seminar beim NLP-»Papst« Richard Bandler, das ich an der Uni in Wien besuchen durfte, erzählte Bandler das hübsche Gleichnis:

Ein Frosch fällt in einen gut gefüllten, tiefen Milchtopf und droht in der Milch zu ersaufen. In andauernder Panik strampelt er und strampelt, um dem Ertrinken zu entfliehen. Als er die ganze Nacht und einen ganzen Tag gestrampelt hat, fühlt er unter seinen Füßen plötzlich etwas Festes: Butter. Er krabbelt erschöpft aus dem Milchtopf und sieht über den Rand.

Was lässt sich daraus lernen? Wir sollten nicht aufhören, in unserem ganz persönlichen Programm- und Intuitionstopf zu strampeln. Wenn wir genug strampeln, schauen wir irgendwann über den Rand hinweg, können ihn verlassen oder bleiben: Wir haben die Wahl.

FAZIT DIESES BUCHES

Überhaupt zu wissen, dass in unserem Bauch ein Blödmann haust, und zu verstehen, wie er arbeitet, könnte bereits die Macht dieses Untermieters sehr beschränken. Jetzt wissen Sie es. Beschränken Sie seine Macht.

Glossar

Benzodiazepine
Medikament-Wirkstoffgruppe zur kurzzeitigen Behandlung von Schlafstörungen, sowohl Einschlaf- wie auch Durchschlafstörungen, die durch Angst, Erregung oder innere Unruhe hervorgerufen werden, in zunehmendem Maße als Sucht- und Ausweichdroge missbraucht. Während Suizide mit Benzodiazepinen allein praktisch nicht vorkommen, besteht bei gleichzeitigem Konsum mit anderen ZNS-wirksamen Substanzen wie Alkohol, Barbituraten, Opiaten etc. die Gefahr einer additiven bis stark potenzierenden Wirkung, die oft zu Todesfällen geführt hat.

Ich-(Selbst-)Bewusstsein
Wissen des Menschen um die Tatsache, dass er alle Erlebnisse, Erfahrungen, Erinnerungen und Empfindungen individuell wahrnimmt.

Indikandum
In der Psychologie: der tatsächliche Motivauslöser, der tatsächliche Antrieb, der durch den Indikator erst sichtbar und messbar wird.

Indikator
In der Psychologie: ein sichtbares, messbares, wägbares, spürbares Merkmal; überprüfbarer Faktor in einem Geschehen.

Individualität
Einmaligkeit der Person als Inbegriff ihrer besonderen Merkmale, die im Spannungsfeld zwischen Anpassung und Selbstverwirklichung so weit wie möglich erhalten bleiben sollen.

Individuum
Erste Entwicklungsstufe der Persönlichkeit (... wir kommen als Individuum zur Welt ...); vorwiegend durch die Anlagen bestimmt.

Intention
Absicht, die hinter dem Erleben und Verhalten steht.

Interesse

Neigung des Menschen, sein Verhalten und Handeln auf bestimmte Erlebnisse, Tätigkeiten oder Objekte zu richten.

Intrinsisch motiviert

Bedeutet eine so genannte Primärmotivation. Intrinsisch motiviert sind Menschen, wenn sie aus einem tatsächlichen, inneren Antrieb etwas tun oder lassen und ihre Entscheidungen treffen. Intrinsisch motiviert ist beispielsweise der Angler, der angelt, um zu angeln – nicht um Fische in großer Zahl zu fangen, um sie dann zu verkaufen.

Introvertiert

Persönlichkeitstyp, der mehr nach innen gekehrt lebt und gekennzeichnet wird durch Zurückhaltung, ein scheues, verschlossenes Wesen, eine gewisse Weltfremdheit, durch Verletzlichkeit und Kontaktarmut.

Intuition

Eingebung. Plötzliche und unmittelbare Erkenntnis, die sich aus einer Vorstellung, Wahrnehmung oder der spontanen Organisation innerer Inhalte ergibt. Oder wir nehmen unsere komplexere Erklärung, wie wir sie hier im Buch wiederfinden.

Korrelation

Abhängigkeit von mindestens zwei Einzelparametern zueinander. Zum Beispiel: alkoholisiert Auto fahren und den Führerschein verlieren.

Lust

Gefühl, das zwischen den Extremen Erregtheit und Spannung einerseits und Beruhigung und Lösung der Spannung andererseits wechselt und von vielen Menschen in Erlebnissen gesucht wird; geistige Lust kann man mit dem Gefühl der Freude gleichsetzen.

Motivation

Darunter verstehen wir den Antrieb, eine Sache zu tun oder zu lassen. Wir unterscheiden sieben wesentliche Motivationshaltungen bei Menschen, das heißt, sieben wesentliche Gründe, etwas zu tun oder zu lassen: 1. Streben nach Anerkennung und Prestige, 2. Gesundheitsstreben, 3. Sicherheitsstreben, 4. Bequemlichkeitsstreben, 5. Neugier und Entdeckungsfreude, 6. Soziales Engagement, 7. Bereicherungsstreben. Diese Auflistung ist keine Präferenzliste. Das heißt, alle Antriebe sind gleich stark. Sie treten bei uns Menschen immer im Bündel auf.

Rolle

Begriff aus der Sozialpsychologie, der die mehr oder weniger bewusste, freiwillige oder durch äußere Umstände erzwungene Art und Weise bezeichnet, in der sich ein Mensch in einer bestimmten Situation in einer bestimmten Gruppe verhält; das richtet sich unter anderem nach der Stellung, die er innerhalb der Gruppe einnimmt, und nach den Erwartungen, die andere Mitglieder der Gruppe an ihn richten; die Rolle verlangt also immer Anpassung und schränkt die freie Selbstentfaltung ein.

Serotonin

Gewebshormon, das als Überträgerstoff im Nervensystem (Neurotransmitter) wirkt. Das Serotonin wird unter anderem im Zentralnervensystem, in der Lunge und in der Milz aus der Aminosäure Tryptophan synthetisiert (biogenes Amin) und in Thrombozyten und Mastzellen gespeichert. Es wirkt gefäßverengend (Lunge, Niere), anderenorts gefäßerweiternd (Skelettmuskulatur) und beeinflusst die Muskelspannung von Magen-Darm-Trakt, Bronchien und Gebärmutter. Im Zentralnervensystem hat Serotonin auch Einfluss auf den Schlaf-Wach-Rhythmus, auf die Nahrungsaufnahme, die Schmerzwahrnehmung und die Körpertemperatur. Serotoninmangel wird als eine der Ursachen für Depressionen und Migräne diskutiert. Therapeutisch findet Serotonin Verwendung als Antidepressivum, zur Bekämpfung von Angst- und Spannungszuständen (Anxiolytikum), bei Migräne und als Appetitzügler. Die Bestimmung des Serotonins im Blutserum und 24-Stunden-Urin kann Hinweise auf einen Serotonin produzierenden Tumor (Karzinoid) liefern.

Soziale Erwünschtheit

Ein sehr abstrakter Begriff der Soziologie und Psychologie. Dazu ein Beispiel: Ein großes deutsches Meinungsforschungsinstitut erhielt von einer großen deutschen Illustrierten den Auftrag, festzustellen, wer eigentlich die 7,4 Milliarden Umsatz in der bundesdeutschen Pornobranche macht. Bei der Befragung von 1500 Männern im Alter zwischen 24 und 48 Jahren nach ihren Pornokonsum-Gewohnheiten kam heraus, dass kaum einer offen sagte, er konsumiere regelmäßig in irgendeiner Form Pornographie, sei es in Form von Filmen oder Zeitschriften oder bei dem Besuch im Bordell oder im Sauna-Club. Das Ergebnis der Studie war erstaunlich: 7,4 Milliarden Umsatz einerseits – niemand, der den Umsatz machte andererseits. Die allerbeste Erklärung für den Begriff der sozialen Erwünschtheit: Es ist offenbar sozial nicht erwünscht, Pornographie zu konsumieren, aber es findet statt. Es ist sozial nicht erwünscht, zu saufen – aber es findet statt. Und so weiter.

Soziale Unerwünschtheit
Siehe soziale Erwünschtheit.

Sozialpsychologie
Zweig der Psychologie, der sich vorwiegend mit dem menschlichen Verhalten befasst, das sich aus der Zugehörigkeit des Menschen zu Gruppen ergibt.

Status
Er gibt die Zugehörigkeit eines Menschen zu einer sozialen Klasse innerhalb der Gruppe und Gesellschaft an und richtet sich hauptsächlich nach der Ausbildung, dem Beruf und Einkommen, darüber hinaus aber auch noch nach Alter und Geschlecht.

Subjektiv
Persönlich, von eigenen Vorstellungen ausgehend. Unbewusstes; alle Inhalte der Seele, die uns nicht ohne weiteres zum Bewusstsein gebracht werden können.

Verhalten
Gesamtheit der Aktivitäten eines Menschen oder einer Gruppe von Menschen.

Verhaltensänderung
Unter einer Verhaltensänderung verstehen die Psychologen, dass ein Verhalten eines Menschen intrinsisch verändert ist. Das bedeutet, dass der Betroffene seine Wertevorstellung für ein bestimmtes Verhalten geändert haben muss.

Vitalität
Energie (... Lebenskraft ...) eines Menschen, die zum Teil auf Veranlagung beruht und mit der körperlichen Spannkraft in Beziehung steht.

Vorurteil
Vorgefasste Meinung gegenüber einzelnen Menschen oder Gruppen (... oft handelt es sich um Minderheiten ...).